21世纪经济管理新形态教材·金融学系列

股权投资

刘玉国 ◎ 编著

清华大学出版社

北京

内 容 简 介

伴随着新质生产力的普及推广,创新驱动经济发展已经得到了社会的广泛认可。资本在创新创业中的作用突出,股权投资成为其中不可缺少的经济活动。本书介绍了私募股权投资公司"募、投、管、退"全过程各个阶段的主要工作,对股权投资发展中的经验教训进行了总结。本书还探讨了股权投资公司本身的治理模式以及政府在刺激和监管股权投资方面的政策措施。本书贴近私募股权投资活动实践,突出了中国 21 世纪以来股权投资的发展特征。

本书作为经济管理类学科股权投资、风险投资课程的专业教材,不仅适合私募股权投资从业人员、资产经营管理公司从业者阅读,也非常适合对股权投资、风险投资感兴趣的读者参考。

图书在版编目(CIP)数据

股权投资 / 刘玉国编著. -- 北京 : 清华大学出版
社,2024. 7. --(21 世纪经济管理新形态教材).
ISBN 978-7-302-66589-2

Ⅰ. F830.59

中国国家版本馆 CIP 数据核字第 2024X7W270 号

责任编辑:张　伟
封面设计:汉风唐韵
责任校对:王荣静
责任印制:刘　菲

出版发行:清华大学出版社
　　　　网　　　址:https://www.tup.com.cn,https://www.wqxuetang.com
　　　　地　　　址:北京清华大学学研大厦 A 座　　　邮　　　编:100084
　　　　社 总 机:010-83470000　　　　邮　　　购:010-62786544
　　　　投稿与读者服务:010-62776969,c-service@tup.tsinghua.edu.cn
　　　　质量反馈:010-62772015,zhiliang@tup.tsinghua.edu.cn
　　　　课件下载:https://www.tup.com.cn,010-83470332
印 装 者:艺通印刷(天津)有限公司
经　　销:全国新华书店
开　　本:185mm×260mm　　印　　张:16.25　　　　字　　数:347 千字
版　　次:2024 年 7 月第 1 版　　　　　　　印　　次:2024 年 7 月第 1 次印刷
定　　价:55.00 元

产品编号:100946-01

前　言

　　在中国经济蓬勃发展和资本市场持续优化之际，股权投资作为资本运作的关键方式，在促进科技创新企业成长、推动中小企业发展以及推进产业结构升级换代等方面，扮演了不可或缺的角色。中央经济工作会议明确提出，要依托科技创新驱动产业革新，尤其是借助颠覆性技术和尖端技术孕育新产业、新商业模式、新动能，进而发展新型生产力。国内外多年的实践已充分证明，风险投资、股权投资是提升经济发展品质、塑造新型生产力的有效路径之一。其对于以科技创新为核心的生产力，以及摆脱传统增长模式、满足高质量发展要求的新型生产力的培育和发展，具有积极的推动效应。

　　本书围绕私募股权投资公司"募资、投资、管理、退出"的全流程工作环节，分章节详细阐述了每一阶段的核心内容，并对我国股权投资的发展历程进行了细致的梳理与分析；同时，探讨了股权投资公司的治理结构、政府在激励和监管股权投资方面的政策举措，以及股权投资本身的社会价值。本书的特点在于其实用性。在编写过程中，我们注重理论与实践的结合，力求在内容的深度和广度上综合考虑，既有专业性也兼顾易读性。同时，我们也关注行业发展趋势和相关经济政策，对行业发展中出现的新情况、新问题进行了探讨。

　　在编写方法上，我们采取了文献研究与案例研究相结合的方式，力求使内容真实、准确、实用。在总结风险投资、股权投资等相关领域的书籍和资料的基础上，本书结合国内外股权投资的实际发展经验，参照我国风险投资政策的演变历程，针对学科专业教学需求编写而成。在编写过程中，我们还特别引入我国改革开放进程中风险投资、股权投资的经典案例，以增强本书的可读性和实用性。

　　本书的第二章由陈云乾撰写，第八章由赵竣瑶撰写，第十章由曲浩迅撰写，其余章节由刘玉国完成。本书的出版得到了吉林大学商学与管理学院众多同事的大力支持。在此，我们要感谢为本书提供相关资料和建议的学生与教师，感激分享风险投资、股权投资经验的从业者以及参与相关投资政策制定的工作人员。同时，我们也要感谢清华大学出版社工作人员的帮助。

　　鉴于编者的专业水平有限，加之我国经济发展迅速，各种信息知识的总结整理难以与经济活动的实践发展同步，书中难免存在疏漏之处，敬请广大读者不吝赐教。

刘玉国

2024 年 1 月

目 录

第一章

股权投资概述

　　20世纪80年代,为了发展高新技术产业,我国开始自上而下地推动国内风险投资行业的发展,但当时国内普遍缺乏风投的市场和环境,而且对这个领域有所了解的人也是少之又少,所以第一次风投浪潮最终以失败收尾。创业投资与股权投资开始飞速发展是最近20年间的事,在这20年的时间内,国内不仅涌进了许多国际私募股权投资基金(PE基金),而且本土私募股权投资基金也在发展壮大,投资机构数量和投资额度的猛增便是其高速发展的佐证。

　　本章将会为大家介绍股权投资的概念、私募股权投资基金的概念和特点及私募股权投资的发展历史等三部分内容。

第一节　股权投资的概念

一、股权投资的定义

　　股权投资,是指投资人或投资机构购买的其他企业的股票或以货币资金、无形资产和其他实物资产直接投资于其他企业。长期股权投资的最终目的是获得较大的经济利益,这种经济利益可以通过分得利润或股利获取,也可以通过其他方式取得,如被投资单位生产的产品为投资企业生产所需的原材料,在市场上这种原材料的价格波动较大,且不能保证供应。在这种情况下,投资企业通过所持股份,达到控制或对被投资单位施加重大影响,使其生产所需的原材料能够直接从被投资单位取得,而且价格比较稳定,保证其生产经营的顺利进行。但是,如果被投资单位经营状况不佳,或者进行破产清算,投资企业作为股东,也需要承担相应的投资损失。

　　与长期股权投资不同,债权投资也叫债券投资,长期债权投资是企业购买的各种一年期以上的债券,包括其他企业的债券、金融债券和国债等。债权投资不是为了获取被投资单位的所有者权益,债权投资只能获取被投资单位的债权,债权投资自投资之日起即成为债务单位的债权人,并按约定的利率收取利息,到期收回本金。

　　应当明确:长期股权投资的目的是长期持有被投资单位的股份,成为被投资单位的股东,依所持股份额享有股东的权利并承担相应的义务,一般情况下不能随意抽回投资。长期股权投资相对于长期债权投资而言,投资风险较大。

二、股权投资与私募股权投资

股权投资的定义已在上文给出。

私募股权投资,是指投资人或投资机构通过向特定对象募集资金对私有企业,即非上市企业进行的权益性投资,在交易实施过程中附带考虑了将来的退出机制,即通过上市、并购或管理层回购等方式,出售持股获利。

两者主要的区别是"私募",即是否发生了募集行为。私募股权投资是非公开的募集,并且是以货币资金进入的。私募股权投资不是以控制被投资企业为目的,获利退出是其根本属性。

三、长期投资和短期投资

股权投资一般都是长期投资,债权投资一般都是短期投资,长期投资与短期投资相比,二者有一定的差别。

(一)投资期限不同

短期投资往往是指投资期限短于一年或短于超过一年的一个营业周期的投资,它可以随时收回或随时变现。长期投资的期限一般要长于一年或长于超过一年的一个营业周期。在此期间,企业并不想收回或无法收回其投出的资金。

(二)投资方式不同

短期投资的方式主要包括购入随时能够变现的股票和债券。长期投资不仅包括购买被投资公司的股票和债券,而且包括以现金、材料等流动资产、固定资产及其他资产对其他企业进行的直接投资,并按投资额占被投资企业股权的比例分享利润。

(三)投资目的不同

短期投资的目的在于充分利用暂时多余的资金,购入能随时变为货币资金的股票和债券,以在短期内获取比市场利率更高的收益。长期投资的目的则在于经营和理财方面的需要。如企业为保障其所需求原材料的供应来源,购买并长期持有某原料公司所发行的股票;企业为保障其持久的产品销路,购买并长期持有客户公司或其他公司所发行的股票;或者是把剩余资产长期投放于对其长远发展有利的单位。

四、股权投资的原则

股权投资如何降低风险、取得成功？需要把握以下三项原则。

（1）端正投资态度。股权投资如同与他人合伙做生意，追求的是本金的安全和持续、稳定的投资回报，不论投资的公司能否在证券市场上市，只要它能给投资人带来可观的投资回报，即为理想的投资对象。由于公司上市能够带来股权价格的大幅上升，一些投资者急功近利的心态使其过于关注"企业上市"概念，以至于忽略了对企业本身的了解，这样就放大了投资风险，也给一些骗子带来了可乘之机。事实证明，很多以"海外上市"、暴利等为名义的投资诱惑，往往以骗局告终。毕竟，能上市的公司总是少数，寻找优质公司才是投资的正道。

（2）了解自己所投资的公司。要想投资成功，投资者一定要对自己的投资对象有一定程度的了解。例如，公司管理人的经营能力、品质以及能否为股东着想，公司的资产状况、盈利水平、竞争优势如何等信息。由于大部分投资人的信息收集能力有限，因此，投资者最好投资本地的优质企业。投资者可以通过在该企业或在银行、税务、市场监管部门工作的亲朋好友对其经营情况进行跟踪观察，也可以通过一些渠道与企业高管进行沟通。

（3）知道控制投资成本。即使是优质公司，假如买入股权价格过高，也还是会导致投资回收期过长、投资回报率下降，算不得一笔好的投资。因此，股权投资时一定要计算好按公司正常盈利水平收回投资成本的时间。通常情况下，时间要控制在10年之内。但有的投资者在买入股权时，总是拿股权上市后的价格与买入成本比较，很少考虑如果公司不能上市，何时才能收回成本，这种追求暴利的心态往往会使投资风险骤然加大。

第二节　私募股权投资基金的概念、分类及特点

一、私募股权投资基金的概念

作为典型的直接融资工具，私募股权投资基金是指投资于非公开发行和交易股权的投资基金，具有投资期限长、投后管理投入资源多、专业要求高、收益波动性高等特点。

私募股权投资基金的概念界定主要从下面八个要素入手。

（1）概念属性。其仍然是一种基金，因此具有基金所具有的一般属性，如具有收益性和增值潜能，本质上是一种信托关系。

（2）募集（发行）对象。区别于"公募"，私募股权投资基金的募集对象仅限于符合投资资格的投资者，这一条件要求很高，因此限定了特定的投资者。但这并不妨碍募集资金的渠道，其募集的资金来源仍然相当广泛，如保险公司、养老基金、杠杆收购基金等。

（3）投资风险。私募股权投资基金具有高风险率和高回报率，利弊参半。如果私募股权投资基金没有找到具有高潜力的投资机会，它会选择退还募集对象的部分资金；如果投资失败，则会损失惨重。假如投资到很有潜力并且成功的企业，则会获得比公募市场中投资管理公司高得多的回报。

（4）募集（发行）方式。不同于公募股权投资基金的公开发行，私募股权投资基金不能通过任何公开的广告宣传、研讨会等形式来募集资金，同时私募股权投资基金的信息披露程度较低，它不需要时时向投资者公布其具体运营情况。

（5）运作流程。私募股权投资基金还有一个很大的特点是其流动性较低。由于是非公开的，因此常常出现雄厚资金持有者无法找到好的企业进行投资，而具有高增长潜力却资金匮乏的企业无法找到投资者。这就需要双方依靠个人关系、中介机构等来促成合作。同时，一旦"有钱人"投资私募股权，其资金很难在短时间内收回，只有在退出时，如将股权变现、公开上市、资本重组，才能拿到资金。

（6）投资对象。其全部或主要投资于未上市公司股权。各国对投资对象的规定各有不同，有的国家只允许对未上市公司进行股权投资，有的国家则规定可以以私募方式对上市公司进行股票投资，有的国家甚至规定可以进行少量的债券投资。

（7）专业化管理。私募股权投资基金一般由特定私募股权公司的投资专家进行募集并管理；作为私募股权投资基金的发起人、管理人，其必须是基金的股份持有者，所占股份在2%～5%之间浮动。这种模式主要是将管理人或发起人与基金"紧密"联系起来，一旦基金发生亏损，其所具有的股份将优先用来赔付。因此，基金的发起人、管理者与基金是荣辱与共的。

（8）周期性。基金管理人对基金实行投资管理，为投资者提供增值服务，整合资源，最终实现退出，收取投资收益。区别于战略投资者的长期投资，私募股权投资基金每完成募集、投资、退出"三部曲"，就完成一个循环；如果要继续进行下一轮的基金募集，则需要成立新的基金。

二、私募股权投资基金的分类

（一）根据隶属关系划分

根据隶属关系，私募股权投资基金可分为独立型基金、附属型基金和半附属型基金。

1．独立型基金

独立型基金是最普遍的一种形式，主要采取有限合伙制形式，不隶属于任何机构，可从多种渠道筹集资本，如养老基金、保险公司、企业退休基金、公司投资者等，由富有经验的基金管理人进行基金管理，每年收取固定的管理费和一定的基金收益报酬。独立型基金往往是由专业的基金管理机构进行管理。黑石集团是最典型的独立型基金，是全世界最大的独立另类资产管理机构之一,也是美国规模最大的上市投资管理公司。

2．附属型基金

附属型基金主要是一些具有丰厚财力的大型投资机构,如商业银行、保险机构、券商、捐赠基金等,它们由于某些限制不设立独立型基金,但在更高利益的驱使下,成立独立的机构进行投资,如券商设立私募股权管理基金,信托公司通过私募股权信托计划。附属型基金一般不对外募集资金,而是作为大型机构的分支机构管理母机构的资金,如英特尔投资、IBM(国际商业机器公司)VC就是全球著名的附属型基金,在私募股权投资基金中扮演着有限合伙人(LP)的角色。

3．半附属型基金

半附属型基金是前两只基金的组合,即募集的基金与母机构基金共同存在,如高盛、摩根士丹利等直接在其旗下设立投资部门,不仅管理母公司的资金,也将基金管理作为母公司的一项业务和重要收入来源,通过对外募集成立更大规模的基金。虽然在机构上仍隶属于母公司,但其所管理基金的资金来源中,来自母公司的仅占一小部分。花旗创投是著名的半附属型基金,旗下有40多位资深投资专家,其在中国内地先后成功投资瑞安房地产、中科智集团、中气投资等10多家企业,并帮助这些企业在境外上市,曾是新兴市场私募股权投资基金的"领头羊"。

(二)根据企业发展周期划分

根据企业发展周期,私募股权投资基金可分为天使投资(angel invest)、创业投资(venture capital)、成长资本(growth capital)、夹层基金(mezzanine fund)、并购资本(buyout capital)、公开上市前投资(Pre-IPO)、上市后的私募投资(Private Investment in Public Equity,PIPE)、重振资金(turnaround fund)。

1．天使投资

天使投资,是美国风险投资研究所的创始人威廉·威索(Wetzel)于1978年开始使用,意指企业的第一批投资人,即投资于年轻公司以协助被投资公司迅速启动,资金相对充足的个人对具有原创性或专门技术的小型企业的一次性的前期投资,而此时,公司或企业的产品及业务还未成型。一般情况下,天使投资人对投资初创期的企业的回报要求并不高,比如只需要20倍的回报率。天使投资者具有很强的风险分担意识,他们会同时投资许多个初创型企业,只要有几个项目获得成功,那么天使投资者就能保证自己的盈利率高于赔付率。在投资过程中,天使投资者会扮演企业的管理者或战略意见提供者的角色,积极参与企业的决策,帮助被投企业成长、扩展。同时,天使投资的金额一般较小,更多是投资者的主观判断或个人好恶,他们或许只是相信企业创始人的能力、潜能而投资。在我国,泰山天使就是一个专门为中国处于初创阶段的企业提供投资的天使投资基金,它有许多成功投资案例。因此,可以说天使投资是起步公司的最佳融资对象之一。

2. 创业投资

创业投资,是指对种子期和初创期的高风险企业进行投资。我国最初曾因为这类投资的高风险性而将其称为风险投资。美国风险投资协会将创业投资定义为,由金融家投入新兴的、具有巨大发展潜力和巨大竞争潜力的企业中的一种投资资本。其广义上是指一切具有高风险、高潜力的投资,狭义上是指以技术为基点,生产与经营技术密集型产品的投资。其主要目的是期待企业高速成长而给其带来高增值收益,往往在企业完成创业阶段后退出,以保证自身的资本增值,进行新一期的资本投资。典型而成功的创业投资,如 IDG 技术创业投资基金,主要投资于具有很大市场增长潜力的高科技创业企业,其最知名的投资对象有腾讯、搜狐等;软银中国创业投资有限公司,其主要投资于 IT(信息技术)、软件、网络产业等,其著名的投资案例是投资阿里巴巴,在使阿里巴巴获得巨大成功的同时,其也获得了巨额回报。

3. 成长资本

成长资本主要是投资于成长期和扩张期的、有较稳定现金流的企业,对企业控制权并无兴趣。其主要是给企业的发展及扩展提供资金,这类企业已经具有很强的竞争力、相对稳定的资金来源及合理的公司经营、管理结构。如 2023 年红杉资本中国管理的基金规模已接近 560 亿美元,主要用于投资中国的高成长企业,如万达电影院、唯品会、京东商城、新浪网等。

4. 夹层基金

夹层基金是杠杆收购特别是管理层收购(MBO)中的一种融资来源,也是介于债券投资和股权投资之间的一种融资手段,此类基金投资者既受益于公司财务增长所带来的股权收益,也兼顾了次级债权收益。其一般是对成长型企业进行上市准备或两轮融资间的投资。夹层基金可通过可转换债券、次级债券、可转换优先股等金融工具进行投资。典型案例是新浪管理层收购案例:2009 年 9 月 28 日,以 CEO(首席执行官)曹国伟为首的新浪管理层,购入新浪约 560 万普通股,成为新浪第一大股东,这也是中国互联网行业首例"管理层收购"案例。

5. 并购资本

并购资本的选择对象是成熟企业,其最大的目的是获得企业的控制权。并购资金主要是用来对目标企业进行并购,通过收购目标企业的股权,成为目标企业的股东,获得目标企业的实际控制权,然后对目标企业改造重组再出售。如联想并购 IBM 的 PC(个人计算机)业务,TCL 并购汤姆逊、阿里巴巴并购雅虎中国、华润控股华源等案例。

6. 公开上市前投资

Pre-IPO 专指投资于上市之前,或近期可能上市的企业,其盈利模式是企业上市后,从公开资本市场出售股票退出。可见,企业一旦上市,投资的基金即刻回笼,相比种子期、初创期、成长期的风险投资,该基金投资时,企业自身规模与营收已经具备上市水平,因此,公开上市前的投资具有风险小、回收快的优点。近些年来,在西方发达国家及中国香港等资本市场上,已有专注于投资上市前企业的基金管理公司,如 Pre-IPO 已经成为高盛基金的重要组成部分。

7. 上市后的私募投资

PIPE 是私募股权投资基金、共同基金或者其他合格投资者以市场价格的一定折价率购买上市公司股份以扩大公司资本的一种投资方式。PIPE 主要分为传统型和结构型两种形式。传统型 PIPE 由发行人以设定价格向 PIPE 投资人发行优先股或普通股来扩大资本。而结构型 PIPE 则是发行可转债(转换股份可以是普通股,也可以是优先股)。比如,2005 年 12 月,MS Asia Investment Limited 和国际金融公司分别持有上市公司海螺水泥 13 200 万股和 4 800 万股。2006 年 5 月,CVC 认购上市公司晨鸣纸业非公开发行不超过 10 亿 A 股股票,募集资金总额达 50 亿元。

8. 重振资金

重振资金是对盈利不佳或经营不善、急需资金助其摆脱困境的企业的投资,以期通过资金的注入,改善企业的经营管理、经营效率和提高盈利。但重振基金并非具有完全的"起死回生"的能力,如果投资不善,企业仍旧倒闭,则会出现很大的亏损。所以,只有那些仍具有很大的市场与发展潜力的企业才会吸引到重振资金。成功的案例是 2007 年 9 月,黑石集团出资 6 亿美元购入蓝星集团 20% 的股权,以期将蓝星打造成为在化工新材料、特种化学品行业的全球领先公司。

(三)根据资金来源的地域属性划分

根据资金来源的地域属性,私募股权投资基金可分为本土私募股权投资基金和海外私募股权投资基金。

本土私募股权投资基金即在本国注册并且是以本国货币筹集资金,具体又可划分为国有资金主导的基金、民间资金主导的基金;海外私募股权投资基金是在国外(如英、美等发达国家)注册,以外币(如欧元、美元)的形式筹集资金,筹集的资金来自海外。

目前活跃在中国的大部分私募股权投资基金是海外私募股权投资基金,如凯雷基金,它在中国特别偏爱与其他投资机构联合行动,共同投资以降低风险,并且喜欢投资行业领先或技术领先的公司。除此之外,KRR、黑石集团、华平创投、橡树资本等,都在国内比较活跃。国有资金主导的私募股权投资基金一般规模较大,有严密的组织结构和复杂的投资决策程序,主要集中于大型水电工程、道路桥梁工程、基础设施等重大项目。如国务院特批的渤海产业投资基金主要用于投资未上市公司。民间资金主导的私募股权投资基金主要是一部分民营创投公司和有限合伙制创投企业,更倾向于投资国内早期的有良好前景的民营企业,并涉及一些后期的投资,比较著名和成功的民间资金主导的基金有联想投资有限公司、红鼎创业投资有限公司、南海成长创业投资合伙企业、辰能哈工大高科技风险投资有限公司等。

（四）根据投资对象划分

根据投资对象,私募股权投资基金可分为创业风险投资基金与非创业风险投资基金。前者主要投资于高科技、高风险行业,我国早期风险投资基金都是此类基金。创业风险投资基金之外的所有资金类型都可以称为非创业风险投资基金,也称为狭义的私募股权投资基金,如前文所述的并购资本就属于非创业风险投资基金,其选择对象是成熟企业,通过对目标企业的并购,获得目标企业的实际控制权,然后通过对目标企业改造重组再出售,获得利润。

三、私募股权投资基金的特点

（一）募集对象广泛

私募股权投资基金只能向少数特定的机构投资者或者个人投资者以非公开的方式进行募集,具体的对于合格投资者的规定遵循相关法律法规,主要包括:具有与投资风险承受能力相匹配的主体资格;投资于单只私募股权基金的金额符合相应募集形式监管法律规定;在新的法律出台后,社保基金、养老基金等也被视为合格投资者。

募集对象之一:机构投资者(包括银行等金融机构、养老基金等社会基金财产、保险公司、证券公司、其他商业主体、上市公司以及非上市公司等)。金融机构聚集的资金存量巨大,其庞大的资金存量可以为 PE 资金募集拓宽通道,增加募集资金来源,同时也可以为 PE 资金提供托管服务。除了金融机构以外,各类商业主体进行实业投资的时候,以进行股权投资,意在获取商业盈利的同时,对相关行业、相关企业的控制权起到一定的约束作用。其与战略投资只是一个概念外延界定的问题,实质并无差别。

募集对象之二:个人投资者。当前资本市场环境下,随着资本市场的不断发展,私募股权基金可以向富有的个人募集资金,也有越来越多的实业家、企业家已经放弃了只顾低头赶路的企业发展策略,开始抬起头看资本市场的大路,紧跟时代的发展,选择股权投资的方式获利。这些有实力的实业家、企业家自身拥有雄厚的财力,还有其后代在享受父辈的财力的时候,也看准了股权基金投资的获利方式,相比父辈,其思维更紧跟资本市场,有很强的风险承受能力,但是不乏缺乏资本运作能力和风险辨识能力的企业主。

综上所述,私募股权投资基金虽然募集方式上为私下募集,但是其募集渠道非常广泛,其放眼整个资本市场,仍在不断扩大。

（二）禁止公开募集宣传

从私募股权投资基金的定义可知其募集应采用私下非公开(私下募集)的方式,不能采用广告、报纸等纸媒、召开宣传推介会等公开宣传方式或媒介向大众宣传，一般是基金发起人或者基金经理通过与特定投资者进行私下协商，通过拟投资者的申请向其以电子邮件等方式发送私募投资基金项目的材料，以及按照法律监管的规定召开主要面向特定对象（机构或者个人投资者）的基金路演会等方式进行宣传。

（三）投资方式多样化

私募股权投资基金是一种权益性的投资方式，其投资标的是非上市公司的股权，其投资过程包括募集、投资、管理及退出四个步骤。对于不同的投资标的，将采取不同的投资方式，同时签订不同的法律协议。从前期谈判、尽职调查（DD）到预测被投资企业或项目的后期退出的估值，以及中间的对被投资企业或项目的管理经营，在法律条款的设计上，都可用不同的投资方式实施。由于私募股权投资的标的为非上市企业的股权，因此其似乎与传统的私募股权基金投资的对象不同。但是私募股权投资基金在收购公司之后，不论是以公司制还是以合伙企业制、信托制，基金管理人均会在企业的经营管理和战略方向上对投资企业进行规划，所以一定意义上与传统企业有相似之处。

股权投资的多样性，除了募集形式的不同，还有投资企业类型和项目的不同，反映出其风险也不同，主要因为其流动性相对较差，投资周期长，且其收益依赖于被投资企业日后的经营状况。一般私募股权基金的基金管理人，在获得投资之初，已经将日后上市退出的方式、策略确定好，在选择项目或被投资企业时，聘请专业的律师事务所及会计师事务所等第三方服务机构，通过法律和财务两大重要模块，对被投资的目标企业或者标的项目进行全面的尽职调查、后续的估值、签订商业计划书（BP）及在合作条款中约定一定风险预警条款（附上管理层回购的条款、优先权条款、拖带条款、对赌条款等），以此来尽量保证投资者的合法权益和投资的安全性。即使私募股权基金未能按照预期策略IPO（首次公开募股）上市溢价或者股权出售，投资也能获得最基本（不低于债权孳息）的收益。出于对私募股权投资风险规避的考虑，可将单项的股权和债权投资方式融合在一起，类似于投资于二级市场的投资人，用股票投资与期货市场金融衍生物投资进行对冲的方式来分散系统性风险和降低非系统性风险。例如，股权可转债投资方式，私募股权投资基金投资人在投资之初的角色是不确定的，也就是角色随着私募股权投资基金的投资风险而变化，可在与被投资企业签订的合作协议中约定，当私募股权投资基金投资于被投资企业后，若企业在私募股权基金管理人的经营理念和资金注入后，发展良好，符合基金管理人投资之初的发展策略和规划，此时可将私募股权基金财产的投资作为股权投资，待被投资企业最终按照基金的投资策略和退出策略实现安全退出获利时，按照合作协议获得高额的利润，并享有股权权利；相反，若被投资企业或者标的项目在基金管理人注入私募股权基金财产和经营管理理念后，由于各方面的原因，而未达到基金管理人开始的投资目标（公司发展未能达到投资人预期的目标，或者目标企业发展不明显），不符合基金管理人对目标企业制订的发展规划，可能会导致投资失败，此时为了保护投资人的利益，可以将基金财产原定位的股权转换为债权，即基金投资人为借款人的角色,是贷款人,可以按照协议约定的债权人的身份取得固定的本金回收和利息回报。这种"进可攻、退可守"的运作方式,对于投资人合法权益的保护将起到重要的作用,在企业达到预期时转换为股东地位,获得股利回报;在企业发展无法达到预期的时候,可以保证本金,可谓对股权投资中风险和投资收益博弈平衡的最佳组合方式。

(四) 投资期限较长,资金流动性较差

私募股权投资基金在对目标企业或项目投资的过程中,一般的封闭期都在 24 个月或以上,5 年以下,期限最长可达 10 年之久,如若投资于商业地产等项目,其周期相对就比较长,属于中长期的投资方式,而且多为全封闭式或者半封闭式投资,在项目封闭期间(或者非开放日),禁止赎回、退出,投资人只能待被投资企业按照既定的退出策略安全退出后实现退出并获得收益,退出方式主要有 IPO、上市转让股权或者股权并购(M&A)、管理层回购等,其资金的流动性较差。究其原因,可从基金四个阶段说起,首先募集阶段即融资阶段是基金能否成功设立的关键阶段,募集的主要资金来源为机构投资者(符合合格投资人规定的大型公司或者企业)和资质较好的个人投资者,根据《中华人民共和国公司法》(以下简称《公司法》)的规定,也包括一些公司、企业或者社保基金、养老基金、保险基金等政府基金,在认购基金份额的时间上,可以设定三次募集次数。募集成功后要根据相关法律监管的规定,向中国证券投资基金业协会备案、登记,当然按照不同的募集形式,所备案、登记及披露的信息也不同,否则募集不成立。其次在基金投资阶段,此阶段为重要的阶段之二,在此阶段,私募股权投资基金管理人除了 PE 资金的注入,更多的是企业经营理念、战略思维、管理方法的注入,使企业在有限的时间内最快地达成可以出手盈利的目的,在此将此阶段与投资阶段一起阐述。最后是基金退出阶段,一般在募集之初,基金管理人就已经制定好了退出计划和方式,只是要在企业经营管理过程中把控好各方面的风险,保证私募股权投资基金在既定的时间按照退出的计划和方式实现退出而获得收益。加之所投资的企业和项目的行业限制,不同的行业具有不同的特点,而企业的发展和成长需要过程,所以要实现资本利得和风险溢价的投资期限比较长,只有安全实现退出,才能实现利润变现,故其资金的流动性比较差,适合那些喜欢长线投资的机构和个人。

(五) 投资的风险相对较高

私募股权投资基金,如上述是对那些未上市的企业或者前景较好的项目进行投资,分析其风险主要从宏观和微观两个层次分析,宏观层次主要是指国际和国内的整个资本市场环境,如金融危机、互联网泡沫等历史事件,对整个资本市场的环境的影响都是巨大的,而私募股权投资基金在这个大背景下,谋求发展也深受其害。除此还有一些系统性风险,如政策性风险、利率风险等,这都是国家为了整个经济的稳定发展制定的统关全局的政策,势必对私募股权投资基金的发展起到一定的限制和制约作用;也有行业的风险,不同的行业,面临的风险也不同。从微观层次则要落脚于私募股权投资基金进驻企业后对企业的经营

管理、战略规划,一般被投资企业都是因为内部经营不善、治理结构出现一定的问题,制约了企业的发展,不仅仅是注入新鲜资金的问题能全部解决。若基金管理人对于企业的经营管理没有达到预期的效果,企业经营失败或者无法达到既定退出策略的退出要求,则也无法实现私募股权投资基金的获利。当然,不同阶段进入和不同行业的企业风险也不同,其风险主要为行业风险、市场风险和政策风险。因此,要规避和分散这种较高的投资风险,就需要私募股权投资基金的基金管理人在筛选被投资标的过程中的专业度、行业经验的丰富程度、对行业的敏感度较高,只有精确的风险定位,才能运用高杠杆的操作方式从财务和战略角度出发,降低基金的投资风险,实现目标值最大化的退出收益。

(六)是一种集合投资工具

私募股权投资基金本质是将投资者的资本通过一定的形式组织起来,依据相关法律规定形成基金财产,并按照不同的募集和运作模式,进行投资并获取收益。在这个过程中,私募股权投资基金是连接投资者与融资企业的桥梁,有一定的金融中介属性。其通过发行基金财产份额,并将基金财产交给符合法律和监管要求的基金管理人管理、特定的基金托管人保管,实现所有权与经营管理权的隔离,以此来分散"把鸡蛋放在一个篮子里"的风险。其以投资者、融资方和私募股权基金三方达成共赢为目的。

(七)投资的收益较高

根据投资的客观规律,风险与收益是成正比的,投资的风险越高,收益也越高,如私募证券投资基金投资于二级市场的股票等,可在短期内实现资金的流动,而私募股权投资基金,投资时间一般较长,对资金的占用时间较长,从时间价值的维度和风险的角度分析,一般股权基金成功退出后获利都较高,最佳的获利方式一般为 IPO 退出,以较高的投资回报来平衡对投资人较长时间的资金占用,以及冲抵基金管理人在私募股权投资基金整个募集、运作过程中花费的人力、物力、资金及风险承担的成本。

第三节 私募股权投资的发展与演化

一、美国私募股权投资的发展

私募股权投资起源于美国。20 世纪末,有不少富有的私人银行家通过律师、会计师的介绍和安排,将资金投资于风险较大的石油、钢铁、铁路等新兴产业,这类投资完全由投资者个人决策,没有专门的机构进行组织,这便是私募股权投资的雏形。而现代私募股权投资行业则先后经历了五个重要的发展时期。

早期萌芽阶段(20 世纪 40 年代中期到 60 年代末):美国私募股权投资的前身是帮助富

裕家庭诸如洛克菲勒家族等进行理财的办公室,美国东方航空公司、施乐公司等就接受过这些家族的投资。这些办公室逐渐发展成为专业的私募股权投资机构。

前期发展阶段(20 世纪 70 年代):通过留住行业内的专业人士和吸引更多的资金,有限合伙人制逐渐取代公司制成为美国私募股权投资的主流形式,推动私募股权投资行业进入全新的发展阶段。

中期发展阶段(20 世纪 80 年代):由于美国政府对于私募股权投资的大力支持,20 世纪 80 年代初,私募股权行业开始蓬勃发展。1987 年之后,在某些领域(如计算机硬件)的过度投资、缺乏经验的创业投资家的进入及投资机构之间的竞争加剧导致投资回报下滑,以及随之而来的投资者满意度的下降,使得美国私募股权投资急剧下降。

高峰调整阶段(20 世纪 90 年代至 21 世纪初):20 世纪 90 年代初,许多缺乏经验的投资者逐渐退出,而且在这 10 年中,证券市场发展态势良好使得股权退出的难度降低,叠加技术创新尤其是与信息技术相关行业的发展,给创业投资家创造了极好的机会,私募股权投资回报极好。尽管 2000 年互联网泡沫破灭后行业出现一定调整,但是平均规模及募集数目仍然庞大。

资本市场的新宠阶段(2004 年至今):2004 年,不动产价格达到高峰,富人们普遍选在高点获利了结,从而腾挪出资金进行其他投资,而此时股市发展态势不稳定,因此富人们对私募股权投资重燃信心。这股风潮延续到 2005 年,私募股权投资的金额几乎超越 2000 年网络泡沫之前创下的历史纪录,成为富有人群的理财新宠。

二、我国私募股权基金的历史演化

从发展实践来看,我国的私募股权基金起步于 20 世纪 80 年代中期,后续大致经历了三个历史阶段。

第一阶段(1985—1997 年),是我国私募股权基金的探索发展阶段。1985 年,在《中共中央关于科学技术体制改革的决定》的大背景下,国内第一批开展政策性创业投资业务的国有投资机构先后设立,是我国私募股权基金业务的前身。1992 年,美国 IDG 技术创业投资公司成立,成为第一家进入中国的外资私募股权投资机构。其间,由于国内资本市场的退出通道狭窄,国内上市难度大,大批私募股权基金运营举步维艰,大多数基金业务无法正常开展。

第二阶段(1998—2004 年),是我国私募股权基金行业的大发展与大调整的波动阶段。1998 年至 1999 年,国家相继出台多项鼓励风险投资的政策措施,各地纷纷成立国资背景的创业投资公司和外资、民营的私募股权基金。百度、腾讯、新浪、搜狐、网易等企业纷纷在海外上市。21 世纪初,受美国互联网泡沫破裂影响,全球私募股权基金业跌入低谷,我国私募股权基金行业也随之进入低潮,直到 2003 年逐步复苏,2004 年中小板的推出,进一步加快了行业复苏的势头。

第三阶段(2005—2012 年),是我国私募股权基金行业快速发展阶段。2005 年,国家发改委等十部委出台《创业投资企业管理暂行办法》,对创业投资企业的设立与管理提出了规范要求。2007 年开始,伴随着股权分置改革基本完成以及 2010 年创业板的设立,演变成全民 PE 的热潮。

第四阶段(2013 年至今),是我国私募股权基金行业进入规范发展的阶段。2013 年,国家明确由中国证券监督管理委员会(以下简称"中国证监会")行使私募股权基金监管职责。2014 年,中国证监会发布《私募投资基金监督管理暂行办法》,对基金的设立、运作和管理进行了规范。同时,私募股权基金行业的募资渠道得到了极大的拓展,政府、银行、保险、大型企业等机构均成为重要资金来源。当前,随着"大众创业、万众创新"和国家各项经济战略的深入实施以及投融资体制改革的加快推进,各类基金在全国如雨后春笋般纷纷成立,我国的私募股权基金行业进入一个全面快速发展的阶段。

三、我国私募股权基金的特点

总体来看,在我国,私募股权投资基金在 20 世纪 80 年代起步,经过了 1985—2004 年的探索发展阶段、2005—2012 年的快速发展阶段、2013 年至今统一监管下的规范发展阶段等 30 多年的探索和发展,呈现出规模不断壮大、质量不断提升、监管与自律不断规范的发展态势。从运作模式和发展方式上来看,私募股权投资基金与我国经济创新驱动发展的内在要求高度一致,在当前我国新旧动能转换、迈向高质量发展的历史进程中,发挥着支持企业重建重组、促进科技创新和新兴产业发展、推动经济转型升级不可替代的重要作用。其具体来看有如下几方面。

(一)私募股权基金总体规模不断扩大,市场前景看好

自 2014 年国家对私募股权投资基金实行登记备案改革以来,私募股权投资规模迅速扩大。如图 1-1 所示,根据中国证券投资基金业协会的数据,截至 2023 年 12 月末,私募股权投资基金〔含 FOF(基金的基金)〕153 079 只,基金规模 20.58 万亿元。特别是涌现出一批具有较强管理实力、运作规范的私募股权投资管理机构,与实体经济紧密相关的私募股权投资基金和创业投资基金更是成为行业的两道亮丽风景。然而,目前我国私募股权投资基金产品占国民经济的比重还很低,基金行业的发展规模有望进一步扩大。

(二)参与主体更加多样化

近年来,股权投资在我国得到快速的发展,除了私募股权基金管理公司等专业的股权投资机构以外,其他金融机构包括银行、保险、证券、信托也纷纷加入股权投资的竞争市场,在国家政策的支持之下,更多类型的机构被允许获得私募股权投资基金管理人牌照。各大金融机构在股权投资市场上虽然业务各有优势、各有侧重,但是这也意味着股权投资不再

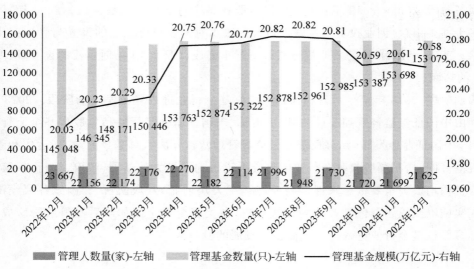

图 1-1　私募基金管理人存续情况趋势

资料来源：中国证券投资基金业协会。

是金融领域的非主流业务，参与主体的多样化为私募股权投资市场注入新的血液，带来了更多的资金、资源流入。

（三）"双创"推动下，国有成分的私募股权投资基金正在崛起

中国私募股权基金参与各类投资交易活跃度因"大众创业、万众创新"的推动而大幅提升。2015 年底，国家提出发展直接融资多项举措，发展创投、丰富直接融资工具，完善股债等多层次资本市场等重点措施被提上日程，由于有政府参与的私募股权投资基金往往在资金募集和项目投向上具有其他基金不可比拟的优势，各地政府纷纷成立或者加入基金以支持本地经济发展。在此背景下，政府引导基金的作用日益凸显，其数量和规模都得到持续扩大，标志着国有成分的私募股权投资基金正在崛起。

（四）行业竞争更加激烈

当前市场上的私募股权投资机构数量大幅增加，而且银行、券商、保险、信托等都加入私募股权投资的竞争市场。例如，随着商业银行参与市场化债转股工作的持续推进，多家商业银行成立了金融投资公司，从事债转股及股权投资业务。因此，未来私募股权投资市场的竞争将日益凸显。但是由于各种金融机构所拥有的资源优势和专业优势各不相同，不同类型的机构在实务中多采用差异化的竞争策略，在股权投资市场上开展各自有优势的业务，最终将与传统的私募股权投资基金管理公司形成既有竞争又有合作的市场格局。

（五）由重数量向重质量转变

股票市场的大幅波动、房地产投资及债券市场的降温，使得已持续多时的"资产荒"情

况愈演愈烈。在 2016 年资管新政之后,私募投资规模发展总体趋缓,使得资金向优质的私募项目聚集,具有价值创造效应的私募股权优质项目得到投资者更多的关注。

—————— **即测即练** ——————

第二章

股权投资基金来源

"募投管退"，即募资、投资、管理、退出，这是私募股权投资的四个阶段，这四个阶段形成了私募股权投资的闭环，任何一个环节受阻，则资本就难以顺利退出再投资。募资作为第一个阶段，毫无疑问非常重要，良好的开端是成功的一半，虽然有些夸大，但募资阶段的顺利进行确实会为接下来的推进省下来很多力气。本章我们会了解私募股权基金的设立条件及流程、私募股权基金的组织形式、私募股权基金的募集模式及私募股权基金的募集渠道。

第一节 私募股权基金的设立条件及流程

一、私募股权基金的设立条件

（1）名称应符合《名称登记管理规定》，允许达到规模的投资企业名称使用"投资基金"字样。

（2）名称中的行业用语可以使用"风险投资基金""创业投资基金""股权投资基金""投资基金"等字样。

（3）注册资本（出资数额）不低于 5 亿元，全部为货币形式出资，设立时实收资本（实际缴付的出资额）不低于 1 亿元；5 年内注册资本按照公司章程（合伙协议书）承诺全部到位。

（4）单个投资者的投资额不低于 1 000 万元［有限合伙企业中的普通合伙人（GP）不在本限制条款内］。

（5）至少 3 名高管具备股权投资基金管理运作经验或相关业务经验。

（6）基金型企业的经营范围核定为：非证券业务的投资、投资管理、咨询。（基金型企业可申请从事上述经营范围以外的其他经营项目，但不得从事下列业务：发放贷款；公开交易证券类投资或金融衍生品交易；以公开方式募集资金；对除被投资企业以外的企业提供担保。）

（7）管理型基金公司：单个投资者的投资额不低于 100 万元（有限合伙企业中的普通合伙人不在本限制条款内）。

二、私募股权基金的设立流程

（一）设立投资企业或公司

根据《中华人民共和国证券投资基金法》(以下简称《证券投资基金法》)的规定,基金管理人由依法设立的公司或者合伙企业担任,根据中国证监会和中国证券投资基金业协会的解释,私募基金管理人使用同样的标准,自然人不能登记为私募基金管理人,所以第一步要先成立一个公司或合伙企业作为私募基金管理人。

（二）中国证券投资基金业协会登记备案

根据《证券投资基金法》《私募投资基金监督管理暂行办法》《私募投资基金管理人登记和基金备案办法(试行)》的规定,私募基金应当进行登记手续,无登记手续的私募基金机构不得从事业务活动。

中国证监会委托中国证券投资基金业协会负责私募的登记备案,私募基金管理人员需要上交的材料有基金管理人基本信息、高级管理人员及其他从业人员基本信息、股东或合伙人基本信息和管理基金信息等。

（三）尽职调查材料

在产品筹备期间,证券公司、期货公司等经纪商,信托公司、公募基金等通道方,银行、三方销售平台等资金方,这些机构都会对私募管理人员进行尽职调查,需要私募管理人员提供相关材料。

尽职调查需要准备的材料包括公司概况、投资流程和风控制度、投资理念、投资策略、历史业绩、交易记录和获奖情况等。

（四）产品设计

产品设计的结果可以分为结构化产品和管理型(非结构化)产品。

1. 结构化产品

在结构化产品中,产品份额分为不同的类型,每一类份额有不同的权利和义务。最常见的结构化产品分为优先级和劣后级(又称 B 级、风险级、普通级)两类份额,由劣后级资金为优先级资金承担所有损失或者由劣后级资金来确保优先级资金的固定收益。通过结构化的设计,优先级资金一般享有优先分配产品利润的权利和本金安全的保障,而劣后级资金在承担产品的大部分或全部的风险的同时有可能获得较高的收益。

2. 管理型(非结构化)产品

在管理型(非结构化)产品中,所有份额享有相同的权利,承担相同的风险。比起结构化产品,更多的基金管理人还是更青睐管理型产品,因为管理型产品没有为优先级保本保收益的压力,压力更小,操作更自如。

(五)确定发行及销售通道

私募发行的通道主要有信托、公募专户、私募备案自主发行和有限合伙等。私募销售的通道主要有基金管理人自行销售、经济商销售、三方平台销售和银行销售等。

(六)产品备案登记

根据《私募投资基金监督管理暂行办法》《私募投资基金管理人登记和基金备案办法(试行)》的规定,私募基金管理人应当在私募基金募集完毕后 20 个工作日内,通过私募基金登记备案系统进行备案。私募基金备案材料完备且符合要求的,中国证券投资基金业协会则会自收齐备案材料之日 20 个工作日内,通过网站公示私募基金的基本情况。

第二节 私募股权基金的组织形式

一、有限合伙制

一般情况下,有限合伙企业由 2 个以上 50 个以下合伙人设立,合伙人中至少应有一个普通合伙人。有限合伙人是真正的投资者,但不负责具体经营,普通合伙人有权管理、决定合伙事务,负责带领团队运营,对合伙债务负无限责任。有限合伙人以投资的数额为上限承担有限责任,而普通合伙人对投资公司组合的选择和管理负无限责任。

在私募股权交易中,有限合伙人不会因为私募股权基金所投资的公司出问题而承担任何责任,LP 可能会损失掉全部投资,然而如果是因为私募股权基金自身的疏忽,它们的投资同样受到法律的保护。相反,GP 作为投资和管理投资的自然人则要承担无限责任。在某些情况下为了避免它们自己承担这种风险并且处理好其他法律问题,大部分美国私募股权公司创立了有限责任公司(LLC),对产品故障和其他不利的情况负责。严格意义上来说,这种公司成为普通合伙人,而自然人投资者则成为公司的董事。

(一)有限合伙人

之前我们间接提到了 LP 的一般特点——它们是愿意用私募股权投资的低流动性换取高于市场收益的机构。接下来让我们进一步来研究这些资金提供者。

1. 天使投资者

天使投资者是指用他们的净财富进行投资的个人,是与纯粹直接投资模式最接近的例子。他们多数是成功的企业家,自身就接受了私募股权的投资,喜欢考察新的技术和团队。

天使投资的规模通常在1万美元到20万美元之间——足够支持资金缺乏、产品不足够成型却可以吸引VC(风险投资)公司的初创企业。

天使投资起到重要的桥梁作用,可以支持企业使其能证明它的理念,足够估计未来成本并形成更详细的商业计划。这使机构投资者可以更准确地评估这个机会是否可以在培育企业成熟所需的这段时间内提供合适的回报。

天使投资者主要依靠个人关系来投资,而不太看重特定的市场或技术。他们可能受某种愿望驱使去投资,这种渴望可能是希望回馈创业群体,也可能是不用承担创始人责任而能享有开发新技术的兴奋感。

天使投资交易的架构往往不太正式。Goldfarb等人对182个非常早期的投资进行了研究,这些交易由天使投资人、VC公司或是他们的组合进行投资,他们发现只有天使投资者参与投资的项目相对于有VC公司参与的项目,控制权会更弱,这支持了天使投资者倾向于扮演企业家导师和朋友的特点。绝大部分天使投资者会接受创始人的普通股,并且他们不需要董事会席位或者特定的公司治理权力,而风险投资者则倾向于接受优先股。

在机构投资者参与融资的时候,这种非正式的结构可能会产生矛盾。天使投资于小项目,而且通常是在公司会从机构投资者获得新投资的前提下。然而,天使投资者和创始人的密切关系可能会阻碍风险投资者在企业成长时为提升其管理能力所做的努力。因此,VC公司可能不太愿意投资于天使投资占比太高的项目,除非VC公司可以构建新的融资结构,使它们获得对项目的相当控制权。

天使投资具有两个重要的作用:第一是之前提到的桥梁作用;第二为初创企业背书,使风投机构注意到这些企业。

2. 捐赠资金

捐赠基金(endowments)是指通常用来支持大学和基金会的资金池。相对于养老金,捐赠基金受到的监管审查限制更少,是投资于私募股权的第一批机构之一。捐赠基金通常有很长的投资期,可能由个人使用非传统的方法进行投资管理。

3. 养老金

成熟的企业养老基金,比如各个企业、事业单位在基本养老金之外自行建立的为本单位员工服务的养老基金,也有保持流动性和市场平均回报的要求。不过与捐赠基金不同,它们关注的不是支持大学或慈善事业,而是向它们的退休员工支付承诺的养老金。公共养老金比私募股权投资的出现要晚很多,但是它们规模巨大的资金池使其成为重要的力量。

4. 银行、企业和保险公司

银行、企业和保险公司参与私募股权投资有它们各自的理由。与养老金类似,保险公司用它们销售保险产品获得的保费进行投资,从而对其资产进行保值增值,以应付未来的赔付。

一些企业,如英特尔、西门子、强生和微软,都有直接进行风险投资的部门。传统上,私募股权公司是小规模和反应灵活的组织,它们给从业者提供高度的自治和体面的薪酬待遇,而这些要在大企业里实行则具有挑战性,所以很多企业更倾向于作为 LP 投资于私募股权基金。这使它们可以追踪感兴趣的高成长领域的发展状况,或者追求某种外包的研发。它们可能与 GP 一道进行投资,甚至收购投资组合中的公司。这种情况经常发生于大的制药公司,它们收购有前景的初创公司,提升它们的产品开发能力。商业银行和投资银行也可能作为 GP 参与私募股权,从而为它们的客户配置相应资产类别,或者作为 LP 参与,从而跟上市场步伐。较之参与 VC,银行更有可能参与收购,经常会为交易提供贷款。

5. 主权财富基金

主权财富基金作为私募股权的投资者已经有一段时间了,并且变得越来越活跃。它们附属于政府,如挪威、中国、阿布扎比、文莱、新加坡和卡塔尔等国家的主权财富基金。不同于公共养老金,主权财富基金更倾向于投资缺乏流动性的资产类别,从而实现多元化投资,并保证有长期收入。比如,中国的主权财富基金中国投资有限责任公司(CIC)曾用 9.56 亿美元购买了 Apax Partners(一家总部位于伦敦的私募股权基金)2.3% 的股份,除此之外还投资了美国电力公司 AES 和一家俄罗斯的原油生产商。

6. 中介

中介包括大量为 LP 和 GP 提供帮助与信息的组织,如咨询公司提供信息。另外一些组织,如基金之基金,从它们自己的 LP 那里募集资金并投资于私募股权基金。比较有趣的是,尽管世界上许多事情是不需要中介的,但私募股权行业的中介却很多。

第一家中介组织在 1972 年由芝加哥第一国民银行创立。尽管允许投资者行使最终的投资决策权,它还是合并了小型投资者的资产放入"基金之基金"中,然后投资于私募股权基金。

基金之基金,扮演着 LP 和 GP 的双重角色。基金之基金帮助大型客户找到并评估大量较小的基金,以类似于共同基金的身份帮助较小客户,获得投资多个基金的机会,实现分散投资的目的,从而进行私募股权投资。

其他中介机构包括养老金顾问,也称守门人,它们为公共养老金评估私募股权基金;咨询公司则基于客户的风险承受能力、流动性需求和现金流帮助他们确定最优的资产配置比例,并介绍给私募股权机构;信息供应商,按照管理资产金额的百分比、服务费或年度认购来获取酬劳。

(二)有限合伙人的特征

1. 较强的风险承受能力

有限合伙私募股权基金存续时间范围是 7~10 年,参照风险投资的运行方式,风险资本投入、风险资本退出以及实现投资收益,需要的时间周期是 3~7 年,假设遇到市场行情不理想的状况,退出所需时间会更长。投资周期所需要的时间长,会导致有限合伙私募股权基金的投资者投入资金长时间呈现不流动的状况；与此同时，私募股权基金的投资，在收获高回报率时，也存在较高的风险性。有限合伙私募股权基金的投资人员是长时间投资者，存在较高的风险辨识能力，可全面充分地了解投资高风险以及回报周期，与此同时具备与之对应的承受力。

2. 机构投资者是主要的投资人员

就当前的发展状况而言，国际私募股份基金的投资人员一般有较多的资本，主要的投资人员是机构投资者。风险资本最根本的来源是养老基金。借助聚集形式不同渠道的小数额资本，私募股权投资体系构成是一个具备一定规模的资本池，可投资在较大的项目上并且分散投资的风险。

3. 依赖专业管理

有限合伙投资人具有充裕的资金，并对资金增值保值有现实的需要，但是在私募股权投资范围，缺少经验与技术，不能直接实施风险投资。所以，投资者更信任掌握较强专业知识、投资水平与投资经验的基金管理人员，与此同时，分享集合资金才可以获取投资便利。私募股权投资基金可达到投资人的资金与基金管理者专业能力有效组合。投资人是有限合伙人，不会参加到基金的管理中，投资某一个特定项目的决定权掌握在基金管理者手中。基金管理者是普通合伙人，肩负着无限责任，其通常是投资范围的专家。投资者在选取基金管理者的过程中，一般会参照基金管理者的队伍、以往成就、运营等多种条件，并且具备非常严格的评判要求，有限合伙的内部治理构造能够实现风险投资管理的特殊性质。

（三）LP 的关注点

1. 过往业绩

LP 的一个主要关注点是过往业绩，因为他们正在投资于有很长持有期的盲池。GP 通过积极投资来影响投资组合的结果。因此，LP 想要了解 GP 进行过哪些投资，获得了怎样的收益，GP 与被投资公司的关系如何，他们在多大程度上锁定自己的项目，他们除了资金外还能为公司带来什么，他们遇到过什么困境，又是如何解决的。LP 不可能对自己的投资置之不理，他们需要知道的是，GP 发现他们自己身处困境时，是否会尽全力来挽救。

2. GP 的经验

LP 另外一个主要关注点是 GP 的经验，这一点既针对个体，也针对整个团队。一些公司对于如何获取及审查项目都有具体的流程；LP 希望对此有所了解，而 GP 会对此进行解释，这样的一个流程可以区分公司的好坏。GP 会详细解释他们的团队已经一起工作了多久，每一位团队成员给合伙企业带来的独特技能，以及为什么团队作为一个整体会比个体的加总更强大。GP 任何人事变动都必须说明。

3. 不喜欢发生意外

LP 不喜欢发生意外。鉴于在一只基金的 10 年期间可能发生多次变化，LP 希望尽可能控制不确定性。一种可行的方法是支持一个过去已经获得了成功并在未来计划继续做和过去完全一样事情的团队。由于强调过往业绩和经验,初创基金的形势就有很大的不确定性。LP 可是出了名的不愿投资于新的团队,即使是过去在大型机构中工作过而现在分离出来的团队。这种担心主要源于业绩归因的困难性。尽管这些个人在他们之前工作的机构中有出色的业绩,但是现在的工作环境却变了。正如一位经验丰富的风险投资家说的:"你的合伙人也许无法估计你作出聪明的决策,但他们可以避免你作出愚蠢的决策。"

(四) 有限合伙制的界定

有限合伙制是起源于英美法系下的一种公司组织形式,最早于 1822 年在美国纽约州和康涅狄格州的法律中得到确认。1916 年,美国统一州委员会通过并经 1976 年和 1985 年两次修订的《统一有限合伙法》在 101 节第 7 款对有限合伙作出了明确规定:有限合伙是指按照本国法律,由两人或超过两人设立的拥有一个或多个普通合伙人且拥有一个或多个有限合伙人的合伙。对于这种组织形式的法律界定因法系不同、国家不同而有差异,但是在基本的结构等方面是一致的。

根据《中华人民共和国合伙企业法》(以下简称《合伙企业法》)第 14 条的规定,设立有限合伙企业应具备以下条件。

(1) 符合要求的合伙人。根据《合伙企业法》第 61 条的规定,有限合伙企业由普通合伙人和有限合伙人组成,缺一不可,有限合伙兼具资合性和人合性。作为普通合伙人应具有完全行为能力且能承担无限责任,因为普通合伙人要履行执行有限合伙企业事务的职责。但是有限合伙人则可不具备相应的民事行为能力,因为有限合伙人并不执行和管理合伙企业相关事务,只是以在合伙企业中所占的资金份额为限承担责任。

(2) 有限合伙协议(LPA)。其是合伙企业的合作各方为确立合伙关系而签订的书面合同。根据《合伙企业法》第 18 条以及第 63 条的规定,有限合伙协议中应当包括合伙企业名称、经营场所、经营范围、合伙人名称及住所、出资方式、利润与收益分配方式等。除合伙协议另有约定的情况,合伙协议的成立、修改或补充都必须经合伙企业中的全体普通合伙人和有限合伙人签名盖章后方可生效。

(3) 合伙人实际缴付的出资。按照合伙协议的约定及相关法律法规的规定,合伙人应当确定其出资形式、资金到位期限,并按照约定履行义务,以固定资产或无形资产作为出资的合伙人需要办理产权过户手续,如果合伙人违反出资义务构成违约,其他合伙人可以根据《中华人民共和国民法典》(以下简称《民法典》)追究其违约责任。合伙人只以其实际向合伙企业缴付的出资部分作为其合伙份额,并据此享受相应的权利和义务。

(4) 有限合伙的名称。依法成立的合伙企业依据《民法典》的规定,对其按法律规定登记注册的名称享有专有使用的权利,即名称权。任何其他人和其他组织未经合伙企业的许可的使用将构成民事侵权,侵权方将承担相应侵权责任。因此,有限合伙企业的名称中应当标明"有限合伙"字样,并且合伙企业必须注册登记,拥有自己专门的名称后,才能在民事法律关系中享有民事权利。

（5）经营场所和其他必要条件。合伙企业必须具有一个经营场所方能依法成立。合伙企业在有关国家机关进行登记注册时登记的经营场所和地点，对确定未来的诉讼管辖、债务履行地等具有法律意义。从事经营活动的其他必要条件则是指不同合伙企业依据其不同的业务性质、规模和其他因素，需要具备设施、设备、人员等各个方面的条件。例如私募股权投资基金业务方面的现行规定，从事私募股权投资基金业务应有具备相关从业经验高级管理员和员工。

（五）LPA

LPA 从几个主要维度来定义基金：基金的特点，比如其存续期和投资规模；成本和激励机制，比如由 LP 支付的费用和其计算方法，以及收益分成的比例和基数；GP 的行为。有些内容会增加 LP 对于基金的了解；其他内容则规定花谁的钱，谁赚钱。这些条款所表示的相对力量平衡，反映了私募股权服务总体上的需求和供给以及由特定基金所提供服务的市场。下面简要介绍基金的特征（内容）。

1. 基金协议的初始条款会规定基金的最小规模和最大规模，以及 GP 的出资金额

一方面，LP 希望确保 GP 募集至少一定规模的基金，以保证基金的可行性。如果 GP 在一定的时间内无法募集到足够的资金（通常基金在首次融资关闭后的几个月内必须完成最后融资关闭），那么 LP 会倾向于基金就此解散。另一方面，LP 也希望确保 GP 募集的基金不要过大，以免超出其投资或管理能力。在许多情况下，只要能够得到现有 LP 的明确同意，那么 GP 募集的基金规模可能会超出合同规定最大规模的 10%～20%。较晚进入的 LP 通常必须支付和初始 LP 一样的费用，而他们可能无法获得初始 LP 承诺投资资本所获得的收益分成。

2. 基金协议会规定 GP 必须投入的资金金额

在 1986 年美国《税收改革法案》实施之前，GP 的出资比例是其基金规模的 1%，自此之后这一比例由 GP 自行决定。2007 年有法案提议将这一比例提升到 5%，虽然最终并没有实施，但在 2009 年有超过 45% 的基金 GP 承诺投入的资金都超过了 1%（平均为 2.5%）；同时有超过 30% 的基金这一比例保持在 1%。GP 很少以无息票据的方式投入资本，而是用现金。对于首次募集的基金，GP 的出资比例通常高于所要求的比例，以表明他们努力工作的决心。我国《私募投资基金监督管理条例》中规定，私募基金管理人应当持续符合下列要求：①财务状况良好，具有与业务类型和管理资产规模相适应的运营资金；②法定代表人、执行事务合伙人或者委派代表、负责投资管理的高级管理人员按照国务院证券监督管理机构规定持有一定比例的私募基金管理人的股权或者财产份额，但国家另有规定的除外。

3. LPA 也规定了每个 LP 的最小出资金额和最大出资金额

机构投资者的限额通常比个人投资者高。协议这部分反映了 LP 的几个关注点。如果没有最低出资金额限制，GP 可能会从大量小型投资者手中筹集基金，因此会花费大量的时间在文书工作上,而不是将基金投出去。如果没有最大出资金额限制,某个 LP 的出资占比可能会非常大,从而对基金的策略造成过度影响。LPA 还认为 LP 的总数量应该保持在合理的水平。1940 年的《投资公司法案》(*Investment Company Act*)规定,如果基金的合伙人超过几百个(原先的标准是 100 个),基金必须注册投资顾问,并满足复杂的监管和信息披露要求。通常来说,随着 LP 数量的上升,管理一只私募股权基金的成本也会上升。对于"另袋存放"基金这类特殊工具来说,可能会取消最小出资金额的要求。这类基金专门为私募股权公司的朋友、家庭、对公司有其他帮助的人或者成功的企业家设计。这类基金会跟随主基金按照某个比例进行投资。

4. 绝大多数基金有一定的存续期

对于 LP 来说,资金有限存续期是影响 GP 的一个关键手段。通常一只 VC 基金的存续期为 10 年,并且有两次延期 1 年的机会。而并购基金一般只有 7 年,但是也有延期的机会。有时会需要 LP 顾问委员会的批准才可以延期;而在其他情况下,只有在原来的基础上再次延期才需要批准。基金的存续期也为 GP 提供了进行投资的时间界限。尽管可以将投资从一只基金转移到另外一只基金,但是潜在的利益冲突使得这种情形一般不太受欢迎,合伙协议通常规定类似的情形必须经 LP 顾问委员会的批准。这种运作系统的意义在于可以鼓励 GP 选择能在合理的时间内实现显著增长的公司;鼓励企业家采取进取的发展战略;允许 LP 评估 GP 在各个时间段的表现。的确,10 年是一段很长的时间,但却是有限的时间。在 10 年结束时,资金又获得了流动性。基金有限生命周期的概念还衍生出了开始投资年份的概念。

5. 基金的有限生命周期必然形成责任制

当公司想要募集另外一只基金时,现有的 LP 有理由问:"你为我做了什么?"公司必须给出令人信服的回答,不论是说明已经实现的收益,还是马上要完成一个非常好的项目。几乎所有的合伙关系都允许基金在极端情况下,在 10 年存续期结束前终止,比如 GP 死亡或退出或者基金破产。如果大多数 LP 认为 GP 正在损害基金的利益,大多数协议会允许LP 解散合伙关系或者替换 GP。不过在这种情况下,双方最后通常会在法庭上相见。

(六) LP 的约束与限制

1. 基金管理(LP 对 GP)

可以理解,LP 会担心 GP 对于基金的管理,特别是 LP 的有限责任状态使得他们无法积极介入管理。

第一类约束主要是限制基金投资于单一公司的金额。对于 VC 和并购基金,协议中通常都会规定一个"集中度限额"或者基金的百分比(通常基于承诺资本),即限制基金投资于单一公司的资金比例。这种限制可以防止基金对一家企业已经投入大量资金后,还在该公司身上花费过多的时间和资金。普通合伙人可能会追求高风险策略,将大量资金投资于陷入困境的公司。从 GP 的角度来看,这种行为是合理的。因为在一般情况下,只有在 LP 完全收回其初始投资后,GP 才能得到收益分成。所以,可以将 GP 的收益分成视为一个买入期权,即有权但无义务在未来按照设定的价格买入一项金融资产。在这种情况下,这项资产为投资组合的未来价值。如果投资组合出现亏损,GP 的收益分成没有任何价值,但他们也不会为损失承担责任。而如果投资组合价值上升,他们可以获得 20% 的资本利得。因此,随着投资组合风险的增加,收益分成期权的价值可能会增加。这样做的一种方式是投资于风险更高的公司;另一种方式是集中投资于单一一公司(如果在典型的合伙协议中没有被禁止)。当然对于基金经理来说,如果把所有资金都投资于某家高风险公司而损失了整只基金,那这位基金经理将很难再次募集到另一只基金,这在一定程度上限制了上述行为的发生。私募股权公司通常会采取两种方式来提高“集中度限额”的规定比例,一种是征得 LP 顾问委员会的批准,另一种是允许 LP 对交易进行联合投资。

第二类约束主要是限制债务的使用,尤其针对风险投资基金。由于 GP 的收益分成可以被视为一种期权,因此他们可能会试图通过杠杆来增加其投资组合回报的变化。合伙协议通常会限制私募股权投资者自身的借贷能力,或者限制对投资组合公司的债务(可以被视为等同于直接借贷)进行担保。如果允许借债,合伙协议也可能会将债务规模限定于承诺资本或资产的一定比例,在一些情况下还会要求所有债务都是短期债务。

第三类约束是针对由公司所管理的基金对同一家公司进行的前后投资。这是另一种可以造成机会主义行为的情形,因为许多私募股权机构会管理多只基金,且这些基金相隔若干年成立。如果一家私募股权机构的首只基金投资于一家处于困境的公司,那么 GP 可能会让自己的第二只基金也投资于这家公司,从而使公司脱离困境。如果 GP 想为以后成立的基金募集资金,他们需要报告自己的第一只基金获得不错的收益,这样也会造成机会主义行为。许多风险投资基金对于自己投资组合的估值,会按照最后一轮融资时的价格来计算。通过让第二只基金以较高的估值投资于第一只基金所投的公司,GP 可以(临时)提升其第一只基金的报告业绩。正因为如此,第二只或更晚基金的合伙协议中通常会包含这样的条款,要求基金的顾问委员会必须对这类投资进行审查,或者这类投资必须得到大多数(或者绝大多数)LP 的批准。另一种替代安排是,更早的基金或非关联的私募股权公司可能被要求以同样的估值同时进行投资。

第四类约束与利润再投资相关。对于将利润进行再投资,而不是向 LP 分配,GP 可能有这么几个理由:首先,很多 GP 收取管理费是基于管理资产的价值或调整后的承诺资本(资本扣除分配的利润)进行的,那么利润的分配将会减少管理费。其次,资本利得再投资会为 GP 和 LP 创造更多的利润。将利润进行再投资可能需要得到顾问委员会或 LP 的批准。但是如果过了一定的日期,或者投资了一定比例的承诺资本之后,就不允许将利润进行再投资。

2. 个人资金的投资

跟投于基金所投资的目标公司可能会为 GP 带来巨额的财富。不过,对于 LP,必须小心进行管理。如果 GP 可以从基金的投资组合中选择自己参与投资的公司,那么 LP 可能担心 GP 更加致力于有 GP 个人资金投资的公司,并且会牺牲投资组合中的其他公司来为该公司牟利。而且,对于有问题的公司,GP 可能会不愿意终止融资。为了解决这一问题,GP 投资于某一家公司的金额可能受到限制(通常是交易金额的一定比例,或者少数情况下按照 GP 的净资产值来计算)或者 GP 在投资前需要获得 LP 顾问委员会的批准。在一些情况下,合伙协议会要求 GP 对每家投资组合中的公司投资同样的比例,或者直接限制他们对任何公司进行投资。对于跟投来说,另一个问题在于 GP 投资的时点选择。某些情况下,风险投资者可以按照非常低的估值购买新成立公司的股权,之后迅速让合伙基金按照更高的估值投资于该公司。因此一些合伙协议会要求 GP 与他们所管理的基金在同一时间、按照同一价格进行投资。

3. GP 出售合伙权益

GP 出售合伙权益,即 GP 出售自己在基金利润中的份额。尽管 GP 在基金中的权益不能完全与 LP 的权益相比(比如,一般情况下,只有当 LP 收回全部投资后,GP 才能分享资本利得),但这仍可能是一笔不错的投资。LP 会担心这样的交易完成后降低 GP 继续监管投资的积极性。因此合伙协议可能会禁止 GP 完全出售合伙权益,或者要求得到大多数(或者绝大多数)LP 的批准。

4. 未来募资

新募集一只基金会增加 GP 收取的管理费,可能会降低其对现有管理基金的重视程度。此外,募集基金活动会严重分化合伙关系,使 GP 可能进行次优的选择。合伙协议可能会限制 GP 发行新的基金,除非现有的基金已经投资了规定的比例或者达到了某个规定的时间。另外一种安排是,募集资金可能被限定于固定规模或专业领域的某只基金(比如,一家风险投资机构可能被允许发行一只并购基金,前提是由其他 GP 进行管理,但是如果要募集另外一只风险投资基金的话,只有现有基金的某一比例的资金进行投资之后才可以)。

5. GP 用于投资的时间

因为外部的活动可能会降低 GP 对于投资的关注程度,GP 会被要求花费“基本上所有”(或其他比例)的时间来管理合伙企业的投资。这一限制通常存在于合伙企业的前几年,或者基金的资金已经投资了一定比例,因为这段时间往往是最需要 GP 全身心投入基金工作的。

6. 新的普通合伙人

通过雇用较少经验的 GP,私募股权投资者可能会减轻自身的工作负担,但就向新的雇员介绍公司文化这点来说,引入新的合伙人所付出的代价也是相当大的。而且,LP 通常会选择将他们的资金交给在基金募集书中提到的特定个人来进行管理。因此,许多基金要求,新增任何 GP 需要获得顾问委员会或者一定比例的 LP 批准。很多情况下,为了不破坏合伙协议的规定,新的雇员通常会先以“风险投资合伙人”的身份出现,直到一只新的基金募集,那时他们才成为真正意义上的 GP。

7．投资的类型

LP 会担心 GP 追求的投资类型。第一个原因是如果 GP 选择投资于股票而非高科技的创业企业,他们获得的报酬就过多了,因为其他人能做得更专业并且管理费更低,比如共同基金经理。第二个原因是 GP 可能为了提高某方面的能力而选择投资于其他资产类别,显然 LP 希望 GP 将他们的专业能力用在拥有良好投资业绩记录的行业上,在一开始出现的限制性条款中并没有对投资类型的限制,后来很多 LPA 中都加上了此类的条款。

二、公司制

公司制私募股权投资基金顾名思义是以依法成立的公司法人或金融机构作为载体,以《公司法》为法律基础,发起并负责筹集资金作为其主要操作内容,以发行股权投资基金的方式投资于暂未上市的中小企业股权的投资基金。其股东单纯只是作为基金份额的认购人和持有人,不直接参与投资和管理,而由股东选出公司的董事会作为该企业的管理机构,负责日常的管理和基金的运作。

我国现行《公司法》关于设立公司的相关规定、《外商投资创业投资企业管理规定》及《创业投资企业管理暂行办法》是设立公司制私募股权投资基金的法律基础,同时应符合在国内设立公司制创业投资基金的其他特别法律规定。在公司制私募股权投资基金中,投资者可以任意选择法定的两种公司形式募集设立基金,投资者享有作为公司股东的权利和义务。私募股权投资基金公司具有和一般公司一样的内部治理结构,具有公司的股东会(或股东大会)、董事会和监事会三个主要的内部制衡治理结构,以确保融资公司和投资者的利益,在资本私募过程中仅涉及具有高风险鉴别能力和承受能力的投资者。公司制 PE 具有较规范的章程,为配置主体间的权利义务关系提供了更加多样、均衡的选择。

公司制 PE 的运作模式主要有:首先是自行管理模式,在该种模式下,私募股权投资基金公司与一般公司具有同样完备的治理结构,并合法且有能力从事基金管理活动,此类公司将根据董事会的决定在公司内部聘用专业管理团队并建立委托代理关系,通过其聘用的专业管理团队对基金进行管理和对外投资。委托管理模式一般只设一个由独立董事占多数的董事会,并不具备一般公司完整的公司治理结构(corporate governance),而是由旗下专门聘请或委托的专业经理人或专门机构协助负责公司的投资业务,同时重大的投资决策需要报经董事会进行决定,再由管理者对融资企业进行管理。

三、信托制

信托起源于英国,是指由受托人以委托人的意愿和名义,在委托人信任的基础上,保障委托人利益的前提下,对委托人的财产进行管理和处分的行为,其法律关系的核心内容就是信任。

2008 年,中国银行业监督管理委员会颁布的《信托公司私人股权投资信托业务操作指引》提出并确立了信托制 PE(也被称为契约制 PE)的操作及指导方针。信托制 PE 主要分布在英国、中国和日本,是投资者通过与发起人之间订立信托合同等非公开的方式,将其自有资金信托给发起人,由发起人通过将资金以组合方式投资于非上市公司,并将收益按照信托合同的条款交付给受益人的资产管理模式,投资者与发起人之间凭借的完全是人与人之间的信任基础。

在信托制 PE 的法律关系中,基金托管人、基金管理人和基金的受益人是三个主要的主体。其中,基金托管人一般是基金受益人的权益代表;基金管理人通常是专业的基金管理公司;基金的受益人则是基金单位的投资人。

基金托管人的职责主要是根据基金管理人的指示进行资产的处理,确保投资者的财产安全,对资产进行投资管理并保证资产的存放分开,此外还有职责审查、监督基金管理人的投资活动。由此,基金托管人可以根据其与基金管理人之间的托管协议从其职责的履行中收取一定比例的托管费作为其托管职责的回报。基金托管人并非基金实质上的所有人,只有财产持有人的名义而已,因此其不具有基金财产的所有权。由基金托管人托管的资金存放在托管账户的独立账户内,对财产的任何处置或处理均须得到基金管理人的指示方能进行,但是对于不合法的指令,基金托管人有权利拒绝执行并向基金管理人呈报拒绝执行的理由。当然,除了权利和职责之外,若基金托管人由于其主观原因造成托管财产损失,应由基金托管人承担。

基金管理人主要是根据投资收益获取一定的管理费,而基金管理团队的实力直接决定了其管理费的收取比率。因此,基金管理人对私募股权基金的设立、审批、资金募集、投资运作等行为承担着不可推卸的责任,并接受投资者的监督。

基金投资者也是最终的受益者,在享受权益的同时承担风险。基金持有人大会是信托制私募股权基金公司的最高权力机关,投资者可以通过该机关实现自己应有的权利。基金持有人大会一般一年召开一次,也可应 1/3 以上受益人的要求而召开,其有权确定基金的详细投资计划、确定基金公司如何分配投资收益、对公司章程进行修改、延长或缩短基金的经营期限等。但若涉及撤销管理人、托管人及基金的终止的,则仍需要监管机关的批准方能执行,并且需要 2/3 以上的基金份额持有人出席通过决议才有效。

第三节　私募股权基金的募集模式

一、有限合伙制私募股权投资基金

有限合伙制私募股权基金,是依据《合伙企业法》的法律规定,至少由 1 个普通合伙人和 1 个有限合伙人组成,普通合伙人与有限合伙人根据所签订的有限合伙协议,由普通合伙人执行合伙企业事务。由普通合伙人或其委派代表(一般为普通合伙人自行担任)担任该有限合伙企业的执行事务合伙人,管理有限合伙企业、运作并承担无限连带的法律责任。而有限合伙人以根据有限合伙协议及《合伙企业法》的规定出资为限,对该有限合伙企业承担有限责任。在实践中,普通合伙人作为有限合伙制私募股权投资基金的管理人,向基金财产收取一定比例的管理费(一般为 2%～5%),同时享有对基金财产的管理和投资决策权,有限合伙人则不得参与基金的经营、决策和管理。

有限合伙制私募股权投资基金的募集模式如图 2-1 所示。

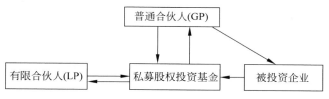

图 2-1　有限合伙制私募股权投资基金的募集模式

有限合伙制之所以存在,主要原因有以下几个。

(一)制度结构合理

一个好的企业制度,不仅能让企业获得更多的盈利,保障投资人的投资回报,更能处理好投资人与管理人之间的利益关系,最终达到共赢的状态。有限合伙制 PE 不但满足了投资人的需要,将自己的资金委托给有专业管理能力的普通合伙人管理,从中获利,还发挥了GP 的管理作用,使其从中获利。最重要的是管理人不必听命于投资人,独立投资,独立决策。这样的制度结构优势使得有限合伙制 PE 蓬勃发展,备受人们青睐。

(二)设立程序简便

私募股权基金采取有限合伙的形式设立,设立采用准则制,不需要国家专门行政机关的审批,只需向相应的企业登记机关申请登记即可。相对于公司制 PE 和信托制 PE,有限合伙的设立程序要简便得多。另外,各个地方政府为了促进本区域私募股权基金的发展,先后纷纷出台政策文件,为有限合伙制 PE 的设立提供了强有力的支持,既增强了可操作性,也使得设立程序更加简便。

(三)企业管理结构高效

在有限合伙制 PE 中,LP 主要是资金的持有者,对合伙债务仅承担有限责任,不参与经营管理与投资决策,对投资拥有知情权和监督权;GP 作为基金发起人,一般会向合伙企业投资少量资金,其作为基金管理人全面负责 PE 的具体运作,并对合伙债务承担无限连带责任,这样会使 GP 具有极强的风险意识,慎重选择优秀的合伙人和可投资项目等。另外,在投资决策上,GP 作为基金管理人拥有最终决定权,很多投资项目可以在短时间内作出决策,经营方式灵活,更容易赢得回报率高的项目资源。

（四）有良性的内部激励机制

在实践中,有限合伙制 PE 普遍采用利益捆绑,即将 GP 的利益与基金本身的利益牢牢捆绑在一起,一般做法是把基金管理人的收益具体分成三个部分:一是管理费,通常占到已投资金额的 1%~3%,主要作为 GP 日常开支经费用于管理。二是管理分红,即与 LP 按一定比例分配合伙企业的收益。通常分配程序为:以规定的任务是否实现为分界点,在任务实现前,所有收益由 LP 获得;超出任务之外的收益,由 GP 和 LP 按照一定比例进行分配。三是 GP 投入合伙企业的资金所产生的投资收益。在基金管理人的三部分收益中,管理费所占比例最小,后两者都与基金投资项目本身的收益息息相关,因此,这一机制被认为是有限合伙制 PE 激励 GP 努力工作的主要方式。

（五）有良好的内部约束机制

有限合伙制 PE 在建立良好激励机制的同时,也对 GP 设置了良好的约束机制。因为 GP 对基金享有全面的经营管理和决策权,如果不适当加以约束,难免会出现好心办坏事的情形,导致 LP 投资资金有去无回。这种对 GP 的约束着重体现在三个方面:一是法律规定 GP 承担无限连带责任,有助于约束 GP 的随意性投资行为,弱化其道德风险;二是有限合伙协议的约束,通过对有限合伙协议条款的精心设计,同样可以防止 GP 滥用权利,保护 LP 利益;三是对外声誉的软约束,良好的声誉是 GP 筹集资金的基础,GP 为了不断筹集新资,就要努力做出业绩,提高收益,以保持声誉彰显能力。

（六）资本制度灵活方便

有限合伙制 PE 完全实行承诺出资制度。首先,有限合伙制 PE 在设立之时,并不要求各合伙人实际出资,也无须向市场监管部门提交验资报告;其次,各合伙人完全依照 GP 或管理合伙人的要求,随时缴付出资,管理人的这种安排可以缩短资金闲置时间,极大改善投资业绩;最后,《合伙企业法》明确规定合伙人可以用劳务出资,从法律上扫清了普通合伙人凭其专业才能出资的障碍,尽管如此,实践中一般还是会要求普通合伙人或管理合伙人承诺出资基金总额的 1%。

（七）税收优势

公司制 PE 一般都存在着双重征税,即公司缴纳企业所得税、股东缴纳个人所得税,若股东仍为企业,还得再缴纳企业所得税。而有限合伙制 PE 则可以合法地规避双重征税,因为有限合伙企业不具备法人资格,本身并不构成税法上独立的纳税主体。合伙企业的生产经营所得,由合伙人分别缴纳所得税。据此,有限合伙制 PE 本身不需要缴纳企业所得税,只从投资人层面上缴税,实行先分后税的原则,若合伙企业没有对投资利益进行分配,合伙人是不用缴纳所得税的,只有分配了收益,合伙人才缴纳,双重征税得以避免,减轻了基金投资人的纳税负担,增加了投资回报,按照这个原则,有限合伙制 PE 就有了得天独厚的税收优势。

二、公司制私募股权投资基金

公司制私募股权投资基金是按照《公司法》和公司章程的规定,以有限制责任公司、股份有限公司两种形式设立,投资人以出资作为公司股东,按照《公司法》等在公司注册所在地履行工商登记注册的手续,领取营业执照等资质证明,合格投资人即公司的股东按照《公司法》规定的人数和主体资格参与设立公司并开展公司业务,公司成功设立后,公司的所有股东出资即成为公司的合法财产,也就是公司制私募股权投资基金的基金财产,股东按照出资所占的股权比例来承担有限责任,按照法律规定在公司内部设立相应的决策机构。投资人的出资组成公司所有的资产且以股息和分红的方式来分享收益。公司制私募股权投资基金具有独立法人地位。公司治理方面同样适用《公司法》,内部组织架构包括股东会、董事会和监事会等组织机构,同样履行不同角色所承担的责任,与非私募股权投资基金募集及运作而成立的传统的公司不同,传统的公司内部结构,股东根据股东大会或者公司章程,对公司的运营管理有一定的决策参与权,参与公司各个环节的运作和发展,但以设立公司的形式开展私募股权投资基金的运作,投资人作为股东大多不参与公司经营管理。基金资产将委托专业的第三方保管机构进行保管,公司的运作和投资管理是由基金管理人来履行的义务。按照《公司法》和公司章程(与一般公司制企业类似)的规定来管理公司制私募股权投资基金的财产,重大事项的决议通过召开董事会或股东大会决定,并在实现安全退出时获得利润。实质上公司制私募股权投资基金不存在募集的问题,公司成功设立,即视为募集成功,投资人以出资入股。

公司制私募股权投资基金的募集模式如图 2-2 所示。

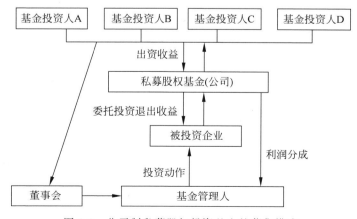

图 2-2 公司制私募股权投资基金的募集模式

三、信托制私募股权投资基金

信托制私募股权投资基金（契约形式的私募股权投资基金），是通过投资人即委托人、基金托管人、基金管理人三方信托财产的当事人，订立信托合同，各自按照法律规定承担责任、履行各自的义务的私募股权投资基金的募集模式。其账户独立，根据其相互之间的法律关系，基金管理人、基金托管人、基金委托人（也就是信托资产的所有者）三方根据基金合同履行各自义务，承担各自的责任，并按照基金合同的规定开展信托基金财产的募集、投资及运作管理。基金管理人在其募集、运作过程中，将受到基金托管人以及委托人的依法监督。

信托制私募股权投资基金的募集模式如图 2-3 所示。

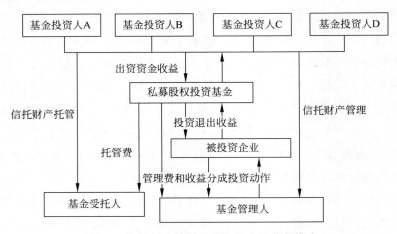

图 2-3　信托制私募股权投资基金的募集模式

四、我国私募股权投资基金不同募集模式比较分析

（一）资金募集的难易方面

有限合伙制私募股权投资基金的普通合伙人或其委派代表担任执行事务合伙人的角色，其募集主要依托执行事务合伙人的管理水平、专业能力、过往的品牌效应以及个人信用，可以辩证地看其募集的难易程度，有限合伙企业的设立和登记虽然要履行一定的工商登记手续，但相对手续简单，且对出资和规模也没有明确的限制，只是会对合伙人的出资方式和出资额度及人数有一定的规定。有限合伙企业可以自行通过投资项目募集资金，当然项目不同，募集的难易程度也不同，一般属于国家大力发展的行业或者项目，募集起来相对容易一些。有限合伙制私募股权投资基金遇到募集困难的时候，也可以借助有资质的第三方专业机构进行募集，成功募集的经验也比比皆是。例如红杉资本曾经通过诺亚财富（著名第三方财富管理机构）的协助进行募集。

公司制私募股权投资基金依据《公司法》设立募集,其股东就是基金投资人,一般是先设立公司,再进行投资,所以关注点不是后期投资运作、管理等事宜。公司设立不成功则募集失败,从本质上讲不存在募集的过程,只是要按照《公司法》和工商企业相关的登记注册条例完成"公司"的登记、注册和备案程序。加之修订的《公司法》降低了公司设立的资金规模条件,简化了公司登记注册的流程,且现在实行营业执照、组织机构代码证、税务登记证三证合一,实现了一次提交材料加上一次审核,三证合一的目的,大大简化了"公司"设立登记的程序。

信托制私募股权投资基金,通过三方当事人签订基金合同等法律文件,相互约束监督彼此的行为,不需要像公司制一样履行公司注册登记手续。信托资产持有人将投资资金按照基金合同委托给专业基金管理人(一般信托公司),由基金管理人间接代理基金资产持有人进行投资和管理。其基金财产募集的过程就是投资人将资金委托信托公司(基金管理人)进行管理的过程,一般有一定的募集期限,大多为 24 个自然月,也有时间更长的。信托制的"刚性兑付"原则,要求信托公司在信托计划出现不能如期兑付或兑付困难的时候,做兜底处理。投资者对信托公司的信任度还是很高,且项目不同,募集的难易程度也不同,比如政府介入的"政信"合作类项目,深得投资人的肯定和信任,因此类项目有政府财政的支持,一般会纳入地方政府的财政预算范围,总体来看对基金财产的募集相对容易。

(二)资金的利用效率

有限合伙制私募股权投资基金,投资人出资按照合伙协议可以实缴出资,也可以承诺出资,均以双方签订的合伙协议为基础,投资人作为有限合伙人,在协议规定的时间内缴清出资即可,届时将向投资人发送资金确认函,其资金的利用效率较其他两种更高。

《公司法》修订实施后,公司制私募股权投资基金的注册资本均为认缴制,无须初始的实缴注册资本,相对以前的公司注册制资金的利用效率更高。

信托制投资者资金利用效率最低,主要因其对资金的要求是一次性到位,又因信托计划融资主体的性质不同而不同,比如"政信"类项目,顾名思义为政府财政为到期兑付保证的项目,其资金利用效率上会降低。还有信托资产用途不同,资金利用效率也不同。

(三)IPO 退出的便利程度

私募股权投资基金不论以哪种方式募集设立后,都会在募集之初将日后退出的方式确定好。一般都会结合实际投资项目情况和资本市场的环境选择最适合且利润最丰厚的退出策略。就目前而言,利润空间最大的就是以 IPO 方式退出,也是许多 PE 退出的首选,在我国法律环境下,不考虑收益的比较,公司制和有限合伙制私募股权投资基金除了税赋的承担不同以外,较之信托制私募股权投资基金,退出相对便利。

(四)税收成本

根据前面对三种募集模式的私募股权投资基金税收的分析,不难看出,公司制私募股权投资基金募集模式因其双重税赋的问题存在导致其税收成本最大,除了以公司本身为纳税主体缴纳企业所得税(根据当期税率),投资者个人分配利润时需要缴纳个人或者企业所得税(机构投资者担任股东)。信托制和有限合伙制私募股权投资基金本身均非征税实体,所以不收税,只是根据投资人属性依据其到期收益的情况缴纳相应的税。

第四节　私募股权基金的募集渠道

私募股权基金不同于公募基金的公开化、大众化等特点,其更加私人化、小众化,即它只能私下或直接面向特定的群体进行资金募集,因此在基金销售上更多的是依赖私人关系、券商、投资银行或投资咨询公司等直接渠道,而不能借助广告宣传等其他传播媒体进行产品的宣传与推介等。

一、私募自行销售

这类销售方式一般适合那些号召力大、市场影响力强的私募股权基金管理人,如拥有明星私募股权基金经理、业绩突出产品、券商明星分析师等的私募。

二、经纪商销售

这类经纪商包括证券公司及期货公司等,它们一方面对投顾比较熟悉和有信心,另一方面还能通过销售私募产品获取一定的佣金收入、通道收入及服务收入,同时提升结算量、规模存量等业绩,因此经纪商跟各大私募有着比较强烈的合作意愿。

三、第三方平台销售

第三方平台都是专业的私募产品销售机构,因此有着其他渠道无法比拟的优势:拥有各类风险收益偏好不同的高净值客户,可以根据客户的实际需求提供更加匹配的产品,另外还能在法律允许的范围内,借助平台及合作方的力量为私募股权基金向合格投资者开展一定程度的宣传。

四、银行销售

银行不仅自身拥有强大的资金池,同时拥有强大的高净值客户资源。所以保收益型结构化产品的优先资金一般都可以直接对接银行资金池的资金,银行的高净值客户对银行信任度高,因此银行在推荐私募产品时具有得天独厚的信任优势。

五、政府引导基金

政府引导基金的身影遍布大部分私募机构,是很多私募股权基金拿到的第一笔钱。引导基金一般可投资金相对充裕,但基本上都有返投和落地的要求,所以一只基金一般只能引入一个地区的政府引导基金,比较好的情况是省和市级引导基金搭配引入。政府引导基金设立的本意是对本地招商引资起到一定的作用,所以才有返投的限制。尴尬的是欠发达地区一般优质项目比较少,所以 GP 即使拿到了钱,也没办法选出心仪企业投资,导致政府引导基金的大部分资金还在账上"睡大觉"。

政府引导基金的优势在于可投资金相对充裕,但是缺点在于基本上都有返投、区域、行业等要求,而且在绩效考核、退出机制、让利机制等方面也有区别于市场化基金的管理机制。也因为这些限制,很多私募股权基金在拿到政府引导基金出资承诺后,在吸引社会资本方面有所缺乏,可能导致基金最终无法成立。

值得注意的是,2020 年 2 月,财政部发出《关于加强政府投资基金管理 提高财政出资效益的通知》(财预〔2020〕7 号),对政府投资基金(包括母基金)提出了诸多要求。针对政府引导基金"政策目标重复、资金闲置和碎片化"等比较严重的问题,该通知提出对财政资金出资设立的政府投资基金加强监管,具体包括要强化政府预算对财政出资的约束、着力提升政府投资基金使用效能、实施政府投资基金全过程绩效管理、健全政府投资基金退出机制、禁止通过政府投资基金变相举债、完善政府投资基金报告制度等。该通知对 PE 和 VC机构的募、投、管、退提出了更高要求。

六、保险公司

保险资金也是私募股权投资基金募资渠道中较理想的选择之一。从监管政策上看,保险资金可以投资股权投资基金、创业投资基金。其主要法律依据包括《保险资金投资股权暂行办法》(2010 年)、《关于保险资金投资股权和不动产有关问题的通知》(2012 年)、《保险资金运用管理办法》(2018 年)。

保险资金的优点在于长期、稳定,从期限上看与私募股权投资基金具有较好的匹配性。但是其政策上准入门槛较高,实践中对管理人要求较高,能入围险资的私募股权基金管理人并不多。

险资有期限长、资金来源相对稳定的特点,也是众多私募股权基金都青睐的募资对象。但是目前来看,险资比较偏好债权方向,股权的投资限制比较多。首先是倾向于投资体量大的基金;其次是在行业方面更偏好于自身业务可起到协同效应的领域,如大健康产业。

七、社保基金

社保基金是私募股权投资基金募资的传统渠道之一。社保基金自 2004 年开始投资股权投资基金,主要依据是《全国社会保障基金投资管理暂行办法》(2001 年)(以下简称《暂行办法》)。

与险资类似,社保基金也是 GP 心仪的选择——规模大、资金稳定、期限长,但也正是因为规模大,单笔的投资金额不可能小,能承接这么多资金的自然也只能是头部大 GP,小 GP 连汤都没得喝。另外,由于社保基金的民生性质,投资会更谨慎。

社保基金的主要优势是规模大、资金稳定、期限长,是私募股权投资基金理想的募资对象。但是其缺点在于对于 GP 要求较高。另外,由于社保基金的民生性质,虽然社保基金可投资的体量大,但是实际投资很谨慎,目前可查社保基金已投资 20 多只股权投资基金,共向这些基金投资超过 400 亿元,总金额远低于《暂行办法》中规定的可用于投资权益类资产的余额。

八、商业银行

《人民银行 银保监会 证监会 外汇局关于规范金融机构资产管理业务的指导意见》(以下简称《资管新规》)出台以前,商业银行理财资金通过通道认购结构化私募股权基金的优先级是非常流行的一种募资渠道。《资管新规》出台后,这个通道被禁止。2018 年 12 月,银保监会出台了《银行理财子公司管理办法》,银行理财子公司的理财资金可以投资私募股权基金。

商业银行理财子公司的投资范围几乎囊括私募股权基金的一般投资范围,但是基于流动性、安全性以及资管新规对久期管理、禁止资金池等要求,理财子公司投资私募股权基金必要性动力不足,相对谨慎。

根据《中华人民共和国商业银行法》的规定,商业银行自有资金禁止在境内向非银行金融机构和企业投资,但是实践中存在商业银行在境外设立子公司,境内、境外投资私募股权基金的情况;另外,商业银行与私募股权基金合作的形式还可能是通过私人银行部把私募股权基金推荐给高净值客户,但是这些均不属于普遍的募资渠道。

九、证券期货资管计划

根据《证券期货经营机构私募资产管理业务管理办法》,证券期货经营机构,是指证券公司、基金管理公司、期货公司及前述机构依法设立的从事私募资产管理业务的子公司。其设立的资管计划可以投资私募股权基金。但是实践中,证券期货经营机构自身也面临较大的募资压力,故向私募股权基金出资时相对谨慎、保守。

十、市场化资金

与前三类政策性比较强的资金方相比,市场化资金的优势是相对灵活,内部审批一般不需要经过冗长的流程,也是众多 GP 追逐的对象。另外,市场化资金一般更类似于财务投资的角色,可以给 GP 更大的自主空间。

如果做个简单分类,市场化资金可主要分为以下几类。

(1)家族办公室。一些高净值个人的财富管理采用了家族办公室的模式。家族性质的财富管理资金一般期限较长,与股权投资期限适配,但是中国的家族办公室仍处于起步阶段。虽然处于良莠不齐的起步阶段,但是家族性质的财富管理资金一般期限较长,在股权投资方面比较适合进行一些布局。在服务性家办中,一般投资由家族自己完成,GP 们可以通过家办联络到家族的投资负责人去进行对接。在投资性家办中,家办可能要从产品端收代销费,所以 GP 与这类家办合作,除了产品本身要优质,还要考虑中间的"让利"部分。

(2)高净值个人。多为某一领域有建树的企业家,对某些行业有很深入的见解,所以也愿意去投这方向的项目,更适合于单项目募资。

(3)第三方理财公司。中国财富管理机构数量已达上万家,其中私募股权基金的投资管理规模占比较大。尽管这个行业目前面临一场信任危机,但由于其较大的客户基础,仍然有募资快的优势,GP 可以考虑和这个行业中的一些头部机构进行合作。

(4)市场化母基金。中国市场化母基金仍处于发展初期。目前国内市场化母基金管理机构所管资产规模较大的主要为国资背景母基金。市场化母基金作为市场中最专业的 LP,在当前整体市场募资难的背景下,母基金募资也成为一个难题。一些国资背景但整体运作较市场化的母基金受募资影响较小,成为 GP 募资关注的重点之一。作为中国私募股权投资市场最专业的 LP,市场化母基金这个"有钱人"可能要加一个定语——"偶尔"。在整个市场募资都很艰难的背景下,有些母基金可能"自身难保",甚至成了 GP 的竞争对手,一般 GP 要从母基金募集就更难。

(5)上市公司。目前,私募股权投资基金的资金来源中,企业投资者出资占比最高,这也从侧面反映了中国 LP 市场尚不成熟,机构投资人匮乏。企业投资者用于私募股权投资的资金来源主要是自由的闲散资金。一些上市公司闲置资金较多的话,会进行一些股权投资,属于财务投资。部分上市公司想通过私募股权基金的专业能力进行产业链布局,会得到相关行业领域的青睐。GP 可根据自身专注领域寻找对应的上市公司作为 LP。国有企业对外投资主要按照国有企业内部政策规定执行。实践中,部分民营上市公司、大型企业集团自身面临经营困难,资金压力较大;还有部分上市公司、国有企业虽然有资金实力且有对外投资需求,但偏谨慎,可用资金收紧。

十一、信托公司

信托公司的发展历史让其更偏好债权投资，很少涉及股权投资。从投资的资金来源看，分固有资产投资和信托资金投资两大类。同时在受托资产规模缩减的背景下，为防范系统性风险，信托公司在固有资产投资股权这方面也会更谨慎。如果是信托计划投资股权，则可能面临"三类股东"的问题，因此通过信托财富团队代销私募股权基金可能是更好的路径。GP 可以先将产品纳入信托财富管理业务的产品库中，寻求与信托公司的财富管理中心合作的契机。

十二、大学校友基金会

在美国，大学校友基金会是私募股权基金的重要资金来源，如众所周知的耶鲁大学基金会。但在中国，大学校友基金会却很低调。大学教育基金会成立的初衷是以独特形式帮助大学解决特定问题，特别是财物供给的问题，所以在投资上偏保守，以资产保值为主。另外，很多大学校友基金会的组织体系不完善、缺少专门的投资管理机构、投资决策不健全等，也导致了消极投资。不过，在清华大学、中国人民大学等相对比较成熟的高校基金会中，还是有可挖掘的机会，只是这个渠道很容易被忽视，需要私募股权基金做更多调研和接触。

十三、外资

境内私募股权投资基金的外资募资对象主要包括境外投资者、外商投资性公司、QFLP（合格境外有限合伙人）、外商投资创业投资企业（FIVCE）和一般外商投资企业。外商投资性公司（holding company）设定的门槛较高，主要针对的是规模大、有产业背景的公司，更适合跨国公司做战略投资或私募股权基金，实践中，外商投资性公司所投资的企业有很大可能会被认定为外商投资企业。因为投资范围有要求，实践操作中 FIVCE 作为外资参与的私募股权基金主体运用较少，PIVCE 投资的企业会被认定为一般外商投资企业。地方的 QFLP 政策曾经试图突破此监管。上海和天津的 QFLP 政策中都有如下类似的规定，即试点股权投资管理机构可以按照外汇管理相关规定向托管银行办理结汇，并将结汇后的资金全部投入所发起的股权投资企业中，该部分出资不影响所投资合伙制股权投资企业的原有属性。但实践中政策执行仍存疑。无论是外国投资者直接投资还是通过外资企业投资于私募股权基金，含有外资成分都会给基金带来一定的不利影响。外资私募股权投资在市场准入方面存在一些障碍，一些《外商投资准入负面清单》中禁止外资投资的领域会受到限制。此外，外商投资企业的一个常见问题是投资结汇和用汇问题。一些城市的 QFLP 试点给出了用汇、结汇路径，但是申请用汇额度视额度余额情况而定，具体放款进度还要依赖地方金融局和外汇管理局的配合。

—— 即测即练 ——

第 三 章

股权投资项目的寻找与评估

在第二章中我们学习到了资金募集阶段的相关内容,如果机构顺利募集到足够的资金,这时就要进入正式的投资阶段,把筹集好的资金运用一定的方法投资到适合的项目中去。在本章中,我们会了解到私募股权投资运作流程中的"投",学习到私募机构发掘投资项目的渠道、对投资项目的尽职调查以及有哪些方法可以对投资项目进行合理评估。

第一节　投资项目的寻找

进行项目投资,需要考虑私募股权公司如何找到一个项目、一位创业者如何找到投资者。然而,投资者必须找到一位正在寻找资金的创业者,而创业者必须找到一个正在寻找投资机会的投资者,也有各种第三方服务机构在促成这种相互发现。如何在茫茫大海中寻找合适的目标,往往最能体现 GP 的核心投资能力,因为好项目就像金子,都是藏身于泥土和岩石中,需要大浪淘沙的能力和毅力。

一、发现项目

就私募股权而言,发现项目涉及几个方面。

(一) 专业化和分散化

私募股权公司会在适合自己专业、声誉并符合有限合伙人规定的领域去寻找投资机会;进行早期投资的 VC 公司通常会专注在有巨变的行业,如信息技术和生命科学;杠杆收购(LBO)公司则可能把目光放在正经历代季转换或者是寻求重组以提高竞争力的公司;而对于一只初创基金,它的早期投资项目应该在私募股权公司用于募集资金的私募备忘录(PPM)上的拟投资行业中寻找。

但是如果有一个很有前景的项目,却不在目标行业中怎么办呢?私募股权公司应该在多大程度上坚持它原有的投资策略呢?难道主要追求的目标不是高回报吗?

有两篇论文分析了私募股权公司如何考虑专业化和分散化。Edgar Norton 和 Bernard Tenenbaum 调查了 98 家 VC 公司,研究它们投资战略的专业化程度。分散化是一种大家熟知的能降低非系统风险(某家公司或者行业的特定风险)的战略。然而,这篇研究发现,专注早期投资的私募股权公司倾向于专业化(从而增加了风险),而它们这样做是为了更好地和其他风险投资者分享信息、网络和项目流。这些公司并没有把投资组合分散到各种处在不同投资阶段的项目,而是专注于某个阶段或者某几个相邻的阶段,如起步阶段和早期阶段,或者是扩张阶段和后期阶段。这不仅因为有利于信息共享,还因为私募股权公司的时间有限,为某个领域的新兴企业及其团队提供建议已经是很有挑战了,如果再同时为两个领域的企业提供建议,那将是极其困难的。另外,专业化有助于私募股权公司建立它们在某个领域的声誉,并提高它们在信息和项目流网络中的地位。

尽管专业化有助于建立声誉和专业能力,但有时也会适得其反。如果过于集中在某一行业或者阶段,私募股权公司会容易受到市场波动的影响,如许多投资信息技术的 VC 公司,在互联网泡沫破裂后损失惨重。过度集中投资于某行业,会使合伙人该行业的专业能力分散到太多的公司,这减少了被投资企业能够获得的帮助和成功的可能性。私募股权公司必须牢记这样一个事实:向投资组合中增加公司要比向合伙企业中增加投资者更容易。

(二)吸引项目和寻找项目

一旦某家私募股权公司确定其投资项目的总体战略——行业、阶段、地域和战略之后,它就必须寻找并评估项目。私募股权公司获得项目有两种方法:吸引项目和寻找项目。

每一家私募股权公司都希望能够吸引项目。前面也提到,顶级私募股权公司能够吸引顶级创业者,是因为和这些公司合作更可能获得成功。实际上,顶级私募股权公司不仅能吸引顶级项目,更会将所有可投资项目中的大部分都吸引过来,因此使得可供这些公司选择的项目更广泛。增加的项目流数量是私募股权公司业绩记录的函数。但一般而言,吸引项目的公司很少能够实现,特别是在并购中,大部分项目都是通过竞标获得的。后面会进行讨论。

寻找项目更困难,但也更有前瞻性,这可以带来一些重要的好处。

(三)专有项目

对于一个专有项目,创业家会直接找到私募股权公司或者 GP。在项目的推进过程中,GP 会密切参与。专有项目的优势在于熟悉程度、差异化和价格,因为创业家已经选择了投资者,GP 能密切了解项目。

专有项目在 VC 和并购领域都可见到。一家刚刚开发技术的种子企业可以向私募股权公司展示自己,而一家后期阶段的并购交易也可以这样。有时候 GP 会成立一家企业,专门招募创始团队并为其提供资金去开发某项技术。而一家处于后期阶段的企业在融资中可能会特别要求某一家私募股权公司投资。创业家决定接触某一家私募股权公司,是因为他们已对该公司进行过调查,知道该公司在该领域有专业能力,或者有很高的声誉,或者是企业和 GP 有私人交情。

做专有项目的 GP 会获得时间优势,因为这种项目通常是没有竞争的。GP 可以非常了解企业的技术或业务,从而降低不确定性。这使得 GP 可以对项目更好地定价,并更有效率地管理项目。此外,有一个公共关系的因素——如果项目成功,那么支持该项目的私募股权公司无疑也会成功。

专有项目对于并购公司来说同样重要。很多并购交易广泛传播,最后需要通过竞标决定买方,这种方式缺乏效率,基本没有机会轻松获利。尽管卖方通过竞拍可能获得最高的价格,但也给各方带来风险。并购公司会担心,它们可能要花大量时间、人力和资金对标的企业做尽职调查,结果却是其他公司赢得项目。卖方则担心招标失败,在尴尬之余,还可能由于招标分散了管理层的精力而导致公司业绩下降。还有一个担心是信息究竟在多大范围内传播。合格的买方,通常是竞争对手,可以从投资银行准备的材料(称为项目建议书或机密信息备忘录 CIM)和放置所有企业信息的资料室(Dataroom,企业信息的绝对宝库)中完全获得企业的内部信息。

私募股权公司试图通过"分级"拍卖避免这个问题。在这种情形下,拍卖会有若干轮。例如,初始竞标价必须超过 1 亿美元,第二轮要超过 1.5 亿美元,以此类推。随着买方被层层筛掉,剩下来的买方对企业的经营状况和前景会有更多的了解。

拍卖失败带来的尴尬,使得收购标的的管理层或者所有者力图避免流标,哪怕价格上会低一些。企业的所有者可能会直接或者通过投资银行去接触某家收购公司,从而形成专有项目。

像 VC 公司一样,专有收购项目允许收购公司有足够时间去熟悉交易,并对最终成交价格施加影响。但就收购而言,买方并没有完全自由,因为卖方随时可以将项目转回拍卖程序,或者干脆取消出售。

除了定价权,专有项目对于许多方面,尤其是 LP 来说有强烈的示范效应,大部分私募股权公司的募资文件会提到专有项目的数量或者积极发展专有项目的计划。这些将把该公司与其他私募股权公司区别开来。而互相邀请参与专有项目使得一家公司可以优惠的价格接触到另外一家公司的交易。我们将在本章稍后讨论这种项目共享(辛迪加)背后的机理。最后,可以吸引专有项目的声誉也会提高公司在服务提供方中的声誉,如投资银行和其他项目介绍方。

尽管我们觉得专有项目有这么多好处,但声誉风险却非常高,以至于很多 VC 公司会对它们在极早阶段就投入的项目保密,直到项目获得第一轮外部融资。对于收购来说,避开竞标所获得的收益以及对卖方动机和状况的更好了解要大过专有收购的风险。不过,一系列不佳的专有项目,会使 LP 质疑私募股权公司的判断力。

二、横向延伸渠道

(一)财务顾问(FA)

财务顾问(financial advisory,FA)一般是扮演协助公司融资的角色,市面上有诸多 FA,

每家 FA 均有自己擅长的项目领域和阶段,也会推荐不同的项目给机构。FA 推荐的项目也会有精品项目、爆款项目,但往往价格昂贵,估值要靠将来很多年的成长来填平,如果看准了,也可以坚决下手。一般 FA 都会协助公司做某些包装,涉及核心投资亮点提炼,有诸多美化的 PPT,可以节省我们的时间和精力,但也会掩饰诸多问题。而且 FA 鱼龙混杂,需要通过长时间接触,才懂得这家机构提供的项目是否靠谱。

(二)PE 投资机构

这是相对比较靠谱的渠道,目前已经不是"独行侠"的时代,各家机构也需要其他机构来判断风险,诸多投资机构都是合投。因此,如果你有诸多投资机构的朋友,将来投资的时候,乐意分享某些额度给你,那你的项目将源源不断。

(三)VC 投资机构

这里辨别 VC 投资机构和 PE 投资机构的重点是阶段,VC 投资机构是我们诸多项目的来源,简单地说,VC 机构帮我们筛选、培养和裁减,选出有收入、有利润、有正现金流的公司。VC 在这个阶段功不可没,因为许多创业公司不能挺过这个阶段,而有能力存活下来的公司才值得我们去投资。跟 VC 投资机构保持密切联系,一是能够有好项目进入 PE 阶段,可以结识老板,通过增资入股的方式进入;二是可以受让 VC 投资机构的老股。

(四)投资银行

最优秀的 Pre-IPO 项目大部分集中在投资银行手中,这些项目大部分处在"临门一脚"的阶段,如果有靠谱的投资银行的渠道,拿到一手的 Pre-IPO 项目,其实是很畅通的渠道。投资银行一般会介入公司,协助规范法律、财务等问题,我们只用判断行业、团队、业务和成长性就好了,其他的交给投行,让它们把控上市可行性。

横向延伸渠道主要是以上四个渠道,固然尚有零零散散的其他渠道,涉及个人、上市公司等,但主要的是以上渠道。

三、纵向延伸渠道

(一)个人资源

从自身所熟悉的领域进行挖掘,每个投资经理都有自己擅长投资的行业,从行业中选择比较优秀的具有代表性的企业开始看,看过 50 家公司之后就会发现这一行业的规律和问题,而它们共同的问题就是行业痛点。

(二)企业资源

作为投资经理必须擅长交际,积累丰富的人脉资源很重要。你经常打交道的各公司高层便是项目来源渠道之一。找公司的高管推荐项目,参与业内活动和集会,从会议信息中发掘项目需求,都是不错的项目来源之一。例如,过去投资过的公司老板,一个优秀的公司老板必然会跟这个行业内最优秀的产业链上下游合伙,而这其中蕴含着巨大的投资机会。在他的合伙方中剔除上市公司,留下潜力的非上市公司,通过老板的简介搭上线,会获得意外的收获。毕竟产业链上公司的口碑评价,比我们自己从外围媒体理解到的更加客观、公正。

四、中介机构

寻找项目的另一种使用更广泛的方法是从中介机构[如银行、股票经纪、朋友(friends)、会计师、律师和公司内部的业务拓展专员]处获得。每个中介都有他们促成交易的动机和激励,对此,GP 和创业家都应该牢记在心。

朋友可能是最坦率的。VC 的某个朋友可能出自纯粹的利他主义,其他一些朋友可能比较自利,他们可能已经作为天使投入公司或者会收到中介费(通常是融资额的一定百分比)。还有一种可能的激励是 VC 投资会验证之前投资的正确性,或者是考虑机构投资者可能会向早期投资者购买股份,此时手中的股份可以溢价变现。朋友在收购项目中也有类似作用。

商业银行家(commercial bankers)了解业内各种规模和经营状况的有兴趣的企业。初创企业需要银行服务,而银行也愿意为这些企业的成功贡献力量。当企业需要的贷款服务超出正常银行服务的范围或者会违反标准的贷款操作时,银行可能也会把企业介绍给私募股权公司。银行可能也希望增加风险资本家的信任,以拓展有 VC 投资的企业名单。尽管对于投资者来说私募股权是一种缺乏流动性的资产,但是却为银行提供了流动性。一家公司可以融资几百万美元并将资金放置在银行账户或货币市场基金账户中。随着开发产品或者技术的需要,企业会逐渐提出资金,当资金用完后,企业又会进入下一轮融资。因此,这部分企业存款能冲抵银行资产负债表上流动性较低的资产(贷款)。

投资银行家(investment banker)在兼并、收购、并购和首次公开发行中提供服务。他们也会帮助寻找投资机会,尤其是为并购公司服务。在实践中,企业的股东或者管理层常常挑选一家投资银行代表企业,通常按照"选美比赛"的方法挑选。挑选过程中,参选的投资银行会展现它们为代表企业所制定的策略和所设定的价格。被选中的投资银行会起草早先提到的项目建议书并向感兴趣的机构进行推介。

投资银行向并购公司推荐标的企业时并不收取费用。但是当一项交易成交时,投资银行会获得各种费用,包括提供融资方案的安排费、提供贷款的承诺费(商业银行也会获得承诺费)以及联合费(当该投资银行联合几家银行提供融资时)。这些费用的收取要视交易完成的具体情况而定。但是如果投资银行通过其私募股权基金投资于交易,或者已经推荐其高净值客户投资于这些基金,就可以与并购公司维持更长期的关系。另外,投资银行也希望和 GP 保持良好关系,以期从他们身上获得更多的业务。

股票经纪人(stockbrokers)会关注各种公司和行业,可能了解哪些企业在寻求出售其某些部门。但他们必须保持必要的监管距离,以确保他们没有从内幕消息中获利。

服务提供方(service provider),如会计师和律师,是项目的另一个来源。他们往往认识一些有才干的人,这些人拥有有前景的创意,因为这些未来的创业者在创立公司前,一般会咨询这些会计师和律师。而且,随着企业成长并开始产生收入或者需要融资,创业者们可能会和他们的会计师和律师讨论公司目前的状况,而会计师和律师则倾向于建议企业和私募股权公司接触。

和上面提到的外部中介不同,业务拓展专员是在企业里任职的高管。他们通常负责和供应商、分销商或者伙伴公司建立联系,他们也会将企业作为投资机会向私募股权公司展示。

了解每种情况下中介的动机很重要。商业银行可能是为了增加某特定行业内的客户。投资银行是为了获得服务费用和未来合作机会。律师和会计师希望企业能继续生存并继续使用他们的服务。业务发展专员可能是将成功和投资者接触作为提升职业生涯的途径。很多中介可能认为,成功的推荐项目可以增强他们在私募股权行业的影响力。

第二节　投资项目的尽职调查

仅仅发现项目是不够的,投资者还必须对项目进行估值。一个好的项目并不是容易发现的;不同的风险资本家,即使都有非常成功的业绩记录,但他们对不同项目特征所给予的重视度也是不同的。而项目寻找主要是为了发现投资的机会,相对乐观地看项目;寻找过后,投资人还需要反问自己,这个项目有哪些风险我还没有发现? 所说的机会是不是真的存在? 需要对公司所有情况进行检查核对,这个检查的过程就是尽职调查。在尽职调查的过程中可能会越查心里越有底,觉得公司靠谱,也有可能会越查越担忧焦虑,发现公司很多不靠谱的地方。那么,尽职调查是什么? 它有什么目的和作用? 如何进行尽职调查呢?

一、尽职调查的定义和作用

(一)尽职调查的定义

尽职调查是指 PE 投资人在与目标企业达成初步合作意向后,经协商一致,对目标公司的一切与本次投资相关的事项进行现场调查、资料分析的一系列活动,又称审慎性调查。尽职调查的目的,是要把投资目标公司调查透彻,为投资决策部门提供参考材料和决策依据。尽职调查一般由私募股权基金的法务部门组织和进行,调查结束后出具尽职调查报告。当然,尽职调查的工作也可以外包给律师事务所或者会计师事务所,由第三方专业机构提供服务。

（二）尽职调查的作用

风险发现：PE 需要收集充分的信息，全面识别投资风险，评估风险大小并提出风险应对的方案，考察的内容包括企业经营风险、股权瑕疵、或然债务、法律诉讼、环保问题以及监管问题。

价值发现：PE 通过尽职调查获得的信息，对目标公司市场、产品与服务、商业模式、管理团队等方面进行评估，结合 PE 的投资偏好，判断目标公司是否值得投资。

投资决策辅助：尽职调查还有助于 PE 更好地进行各项投资决策，包括投资协议谈判策略、投资后管理的重点、评估项目退出的方式和可行性。

二、尽职调查的内容

一般地，尽职调查主要包括业务尽职调查、财务尽职调查和法务尽职调查三类，也就是从这三个方面去检查验证公司的机会和风险。

业务尽职调查主要由项目团队来进行，财务尽职调查和法务尽职调查一般由专业财务、法务人员来进行。需要提到的是，早期的项目因为没有大的收入和利润、公司存续期也不长，所以很少让专业的财务人员做详细尽职调查，但投资公司一般会请专业的法务人员尽职调查，后期和复杂的项目都需要专业的财务、法务人员做尽职调查。

（一）业务尽职调查

业务方面可以分为市场、管理团队、产品和技术、客户、竞争、盈利预测六个方面。

（1）市场。市场规模大小和增长速度是投资人一开始筛选项目就看重的点，投资就是为了分享企业的高增长、高回报，要去严格验证。尤其要防止两点：一是创业者针对的市场可能是个伪需求，不刚需、不高频、用户付费意愿不高；二是过分夸大了所在的市场，我们要看的是潜在市场，是真正可及的市场，许多人现在都看好基因测序，说基因测序是千亿美元市场，但是不能这么算的，要看你具体的产品是做什么的，如果只是做健康体检的，那就是健康体检的市场，是不能把临床检测都算进去的，两个市场的逻辑、用户、收费都是不一样的。对市场分析还有一个核心的点需要注意，即"踩对点"很重要，过早或者过晚进入市场都不好，所以投资人在分析市场兴起的驱动力方面尤其要注意，市场兴起需要供给，也需要需求，两方面都基本具备才可能驱动市场发展。

（2）管理团队。建议对公司所有的高层都去访谈。实际上，市场和管理团队应该是业务尽职调查的重中之重。我们也说过，投资就是要选择能做到行业前三名或者前五名的团队，如何判断对方是不是，这是投资人的另一个核心竞争力。优秀的投资人应该有识人辨物的能力，有很好的第六感，或者说经验值。因为见过很多的创业者，有成功的，也有最后走不下去的,成功的创业者有一些共性,即投资人的经验值。这里要防止一点,有的创业者比较拗,或者不太理人,有的投资人就受不了,觉得创业者不尊重人或者太狂。这就是太爱面子了,好的投资人是成人之美。当然,投资人肯定也要被创业者认可,是一个互相认可的事情,没有过人之处的投资人很难得到有过人之处的创业者的认可。比如当年有个知名的投资机构就觉得 Facebook 的创始人扎克伯格太狂了,于是放弃了投资,后来悔得肠子都青了。当然,投资人不可能每个优秀的案子都投到,但是,如果是因为创业者表面的狂和傲就不投了,那就不是称职的投资人了。

私募股权投资者——VC 或者并购公司——在执行交易前都必须清楚了解管理团队的优劣势。刚开始的时候,大家都希望原有的团队能胜任。如果不胜任,大家会希望团队有自知之明,接受辞退。随着创业公司的成长,会要求他们的领导者具备不同的技能。当企业涉及更多琐碎但又很重要的日常管理任务时,企业中研发了突破性技术的科学家可能并不希望继续留在 CEO 的位置,他/她一般会成为首席技术官(CTO)。早期的控制人也可能退位让贤,成为 CFO(首席财务官)。但有时创始人会激烈抗争保持控制权,从而引发一场激烈内斗。GP 可能需要投入大量的时间促成更换团队的董事会决议,之后要找到接替者并安抚留任的员工。投资者必须掌握高管的能力、个性和积极性,这样就能在交易价格中将更换团队所需的财务和时间成本考虑进去。

为此,投资者需要对团队做详尽的背景调查,主要包括三个方面:管理团队目前的优劣势是什么?企业目前需要的是什么?企业未来需要什么?这个团队/个人具备吗?对于私募股权行业,背景调查不应该是单方面的,创业家也应该对投资者进行背景调查。管理团队需要理解投资者的动机和方法,他们会管得很细吗?他们的人脉如何?他们的建议有用吗?发生危机时,他们会怎么做?要知道这些问题的答案,最好的方法是问那些曾经和投资者一起面对过危机的管理者,而好的投资者也应该知道创业家会问这方面的问题。

(3)产品和技术。评估技术的时候可以咨询相关领域的专家或者第三方,尤其是涉及专利保护的技术,要查清楚标的公司的技术是否侵害了他人的专利。对于产品要详细尽职调查各项参数,了解产品的优点和缺点,对于一些特定产品,投资人也可以进行试用。通过对标的公司产品和技术的了解,可以初步判断公司是否有竞争壁垒、有一定的产品力。

(4)客户。要调查清楚谁是公司的客户,是否有少数关键客户的依赖性?这里的客户包括上下游,上游的供应商是谁,下游的买家是谁。对于 to C 也就是直接面对终端大量消费者的公司,要看客户群体是否稳定、客户是否在高频购买、平均客单价有多少、客户群体有多大。对于 to B 也就是下游为企业的公司,一般会看前十大供应商、前十大客户,看前十大占了整体的多少,前十大中是否有一两家是关键的,避免出现单一客户依赖性。一般情况下,在做尽职调查时,投资人会进行客户访谈、抽查、满意度调查等,验证公司的销售能力和未来订单的真实性,还要调查清楚公司的销售模式是如何运作和管理的,是否高效。

(5)竞争。理论上讲,有潜力的市场都会有竞争,假如有一家公司说我们是独一无二的,是世界第一,没有竞争对手或者潜在竞争对手,这个时候要特别小心,如果一个创业团队低估了市场竞争,说明其团队的管理能力是有欠缺的。要尽职调查清楚,谁是公司的竞争者?与竞争对手相比,公司的优势和劣势各是什么?公司如何建立可持续的竞争优势赢得市场?

(6)盈利预测。盈利预测关系到公司的未来成长,也关系到投资人的未来收益。一般标的公司会在商业计划书里对公司业务进行预测。投资人需要将公司的每项收入进行拆分(breakdown),详细验证预测是否能做到,一般投资公司会建立自己的预测模型,会设立不同的情境。

(二)财务尽职调查

财务尽职调查是从财务的方面了解标的公司状况,为投资决策过程提供参考。财务尽职调查的主要内容可以概括为三个方面:第一是尽职调查公司财务的真实性、可靠性、规范性;第二是从财务数据的角度反映公司的经营情况;第三是看公司的盈利预测是否能达到,既看过去,也希望验证未来。早期的公司账目相对少,财务尽职调查稍简单点,越是后期的公司,越需要做详细的财务尽职调查。通常我们说投资公司要入场尽职调查了,基本上就是指财务到标的公司查账的过程。

(1)财务的真实性验证。投资公司会收集标的公司的财务资料,包括审计报告、企业每月的财务报表、科目余额表、序时账和明细账、纳税申报表等,从各个角度来核查公司的财务数据是否真实、可靠。关于财务造假的新闻事件一直都有报道,现在不光是后期的、传统的公司财务造假,早期的、互联网公司也有造假,包括刷单、电商虚假出口等,投资公司必须擦亮火眼金睛来发现这些虚假财务数据。财务会从各个角度来验证,包括电费、运费、银行账单、海关报关单据、员工社保缴费等角度来检查,是一项事无巨细的尽职调查工作。

(2)从财务数据角度反映公司的经营情况,包括流动比率、资产负债率、资产周转率、三项费用率、现金流、毛利率、净利率等,看公司运营情况是否稳健,与竞争对手相比,优势体现在哪些点,是因为资产周转率更高还是费用率更低,等等,尤其是防止创业公司"烧钱"速度太快。

(3)看公司的盈利预测是否可行。公司要做增长,必须投入费用,也要看市场发展情况、竞争对手发展情况。一般来讲,标的公司自己的预测都会偏乐观,财务尽职调查会从更审慎的角度来验证盈利预测的可行性。尤其是需要大资本投入的项目,盈利预测必须多角度验证。

(三)法务尽职调查

法务尽职调查大致分三点:①目标公司的主体资格、资质、资产,包括工商注册、年审、股东情况、特殊行业有无监管部门颁发的证书、牌照、专利证书、土地厂房所有权等。②各种合同、协议、纪要、决议、章程等法律文件的核查,看是否合规、有无重大法律缺陷、前一轮的投资人是否签有对下一轮投资人不利的条款等。③看公司有无重大法律诉讼、或有负债、重大罚款、未缴纳费用等。

三、如何做尽职调查

(一)看准一个团队(团队)

私募股权基金的投资理念是投资即是投入,投资就是投团队,尤其要看准投团队的领头人,对于目标企业团队成员的要求是:目标远大,脚踏实地;富有激情,和善诚信;专业敬业,社会责任。

(二)发掘两个优势(优势行业+优势企业)

优势行业指具有广阔发展前景、国家政策支持、市场成长空间巨大的行业;优势企业是在优势行业中具有核心竞争力,细分行业排名靠前的优秀企业,其核心业务或主营业务要突出,企业的核心竞争力要突出,要超越其他竞争者。通过尽职调查,确认企业所处行业是否属于国家鼓励发展的行业、产业,是否得到国家相关产业政策的支持,企业在该行业中是否处于领先的行业地位等。

(三)弄清三个模式(业务模式+盈利模式+营销模式)

业务模式是企业提供什么产品或服务,业务流程如何实现,包括业务逻辑是否可行,技术及工艺是否可行并先进,是否符合消费者心理和使用习惯等,企业的人力、资金、资源是否足以支持。而盈利模式是指企业如何挣钱,通过什么手段或环节挣钱,盈利模式是否得到市场和消费者的认可。再者,营销模式是企业如何推广自己的产品或服务,销售渠道、销售激励机制如何等。好的业务模式,必须能够盈利;好的盈利模式,必须能够推行。

(四)查看四个指标(营业收入+营业利润+净利率+增长率)

PE投资的重要目标是目标企业尽快改制上市,大多为财务投资,因此在做尽职调查时一般会非常关注、查看目标企业近三年的盈利能力和成长性。其中,营业收入、营业利润、净利率和增长率能较好地反映出企业的业务模式、盈利能力和发展前景。营业收入代表企业通过销售商品或提供劳务获得的总收入,反映了销售能力和市场份额,营业利润则是在营业收入基础上扣除成本和费用后的剩余净额,更直接地指示了企业的盈利状况和成本管理效率。另外,净利率是销售净利润率,表达了一个企业的盈利能力和抗风险能力,增长率可以迅速降低投资成本,让投资人获取更高的投资回报。把握这四个指标,则基本把握了项目的可投资性。

(五)厘清五个结构(股权结构+高管结构+业务结构+客户结构+供应商结构)

厘清五个结构很重要,让投资人对目标企业的具体结构清晰,便于判断企业的好坏优劣。

（1）股权结构。主次分明，主次合理。

（2）高管结构。人才配置合理，优势互补，团结协作。

（3）业务结构。主营突出，不断研发新产品，具备持续研发新产品的能力、潜力和机制。

（4）客户结构。既不太散又不太集中，客户有实力。

（5）供应商结构。既不太散又不太集中，质量有保证，供应有保证。

（六）考察六个层面（历史合规＋财务规范＋依法纳税＋产权清晰＋劳动合规＋环保合规）

考察六个层面是对目标企业的深度了解，任何一个层面存在关键性问题，都可能影响企业的改制上市。当然，有些企业存在一些细小瑕疵，可以通过规范手段予以改进。

（1）历史合规。目标企业的历史沿革合法合规，在注册验资、股权变更等不存在重大历史瑕疵。

（2）财务规范。财务制度健全，会计标准合规，坚持公正审计。

（3）依法纳税。不存在依法纳税的问题。

（4）产权清晰。企业的产权清晰到位（含专利、商标、房产等），不存在纠纷。

（5）劳动合规。严格执行劳动法规。

（6）环保合规。企业生产经营符合环保要求，不存在搬迁、处罚等隐患。

（七）落实七个关注（制度汇编＋例会制度＋企业文化＋战略规划＋人力资源＋公共关系＋激励机制）

七个关注是对目标企业细小环节的关注。如果存在其中的问题，可以通过规范、引导的办法加以改进。但其现状是我们判断目标企业经营管理的重要依据。

（1）制度汇编。查看企业的制度汇编可以迅速认识企业管理的规范程度。有的企业制度不全，更没有制度汇编。

（2）例会制度。询问企业的例会情况（含总经理办公周例会、董事会例会、股东会例会）能够了解规范管理情况，也能了解企业高管对股东是否尊重。

（3）企业文化。通过了解企业的文化建设能知道企业是否具有凝聚力和亲和力，是否具备长远发展的可能。

（4）战略规划。了解企业的战略规划情况，可以知道企业的发展有无目标，查看其目标是否符合行业经济发展的实际方向。

（5）人力资源。了解企业对员工培训、激励计划、使用办法，可以了解企业是否能充分调动全体员工发展业务的积极性和能动性，考察企业的综合竞争力。

（6）公共关系。了解企业的公共关系策略和状况，可以知道企业是否具备社会公民意识，是否注重企业形象和品牌，是否具有社会责任意识。

（7）激励机制。一个优秀的现代企业应该有一个激励员工、提升团队的机制或计划，否则,企业难以持续做强做大。

(八) 分析八个数据(总资产周转率、资产负债率、流动比率、应收账款周转率、销售毛利率、净值报酬率、经营活动净现金流、市场占有率)

在厘清四个指标的基础上,我们很有必要分析以下八个数据,是我们对目标企业的深度分析、判断。

(1) 总资产周转率。总资产周转率表示多少资产创造多少销售收入,表明一个公司是资产(资本)密集型还是轻资产型。该项指标反映资产总额的周转速度,周转越快,反映销售能力越强,企业可以通过薄利多销的办法,加速资产的周转,带来利润绝对数的增加。计算公式:总资产周转率＝销售收入÷平均总资产。

(2) 资产负债率。资产负债率是负债总额除以资产总额的百分比,也就是负债总额与资产总额的比例关系。资产负债率反映在总资产中有多大比例是通过借债来筹资的,也可以衡量企业在清算时保护债权人利益的程度;资产负债率的高低,体现一个企业的资本结构是否合理。计算公式:资产负债率＝(负债总额÷资产总额)×100%。

(3) 流动比率。流动比率是流动资产除以流动负债的比例,反映企业的短期偿债能力。流动资产是最容易变现的资产,流动资产越多,流动负债越少,则短期偿债能力越强。计算公式:流动比率＝流动资产÷流动负债。

(4) 应收账款周转率。应收账款周转率(应收账款周转天数)反映应收账款的周转速度,也就是年度内应收账款转为现金的平均次数。用时间表示的周转速度是应收账款周转天数,也叫平均收现期,表示自企业从取得应收账款的权利到收回款项,转换为现金所需要的时间。一般来说,应收账款周转率越高、平均收账期越短,说明应收账款收回快。否则,企业的营运资金会过多地呆滞在应收账款上,影响正常的资金周转。计算公式:应收账款周转率＝销售收入÷平均应收账款;应收账款周转天数＝360÷应收账款周转率。

(5) 销售毛利率。销售毛利率表示每一元销售收入扣除销售产品或商品成本后,有多少钱可以用于各期间费用和形成利润,是企业销售净利率的最初基础,没有足够大的毛利率,便不能盈利。计算公式:销售毛利率＝(销售收入－销售成本)÷销售收入×100%。

(6) 净值报酬率。净值报酬率是净利润除以平均股东权益(所有者权益)的百分比,也叫股东权益报酬率。该指标反映股东权益的收益水平。计算公式:净值报酬率＝(净利润÷平均股东权益)×100%。

(7) 经营活动净现金流。经营活动净现金流是企业在一个会计期间(年度或月份,通常指年度)经营活动产生的现金流入与经营活动产生的现金流出的差额。这一指标说明经营活动产生现金的能力,企业筹集资金额根据实际生产经营需要,通过现金流量表,可以确定企业筹资总额。一般来说,企业财务状况越好,现金净流量越多,所需资金越少;相反,财务状况越差,现金净流量越少,所需资金越多。一个企业经营净现金流量为负,说明企业需筹集更多的资金满足于生产经营所需,否则企业正常生产经营难以为继。

（8）市场占有率。市场占有率也可称为"市场份额"，是企业在运作的市场上所占有的百分比，是企业的产品在市场上所占份额，也就是企业对市场的控制能力。企业市场份额的不断扩大，可以使企业获得某种形式的垄断，这种垄断既能带来垄断利润，又能保持一定的竞争优势。当一个企业获得市场 25％的占有率时，一般就被认为控制了市场。市场占有率对企业至关重要，一方面它是反映企业经营业绩最关键的指标之一，另一方面它是企业市场地位最直观的体现。市场占有率是由企业的产品力、营销力和形象力共同决定的。

（九）走好九个程序（收集资料＋高管面谈＋企业考察＋竞争调查＋供应商走访＋客户走访＋协会走访＋政府走访＋券商咨询）

要做好一个投资项目，我们有很多程序要走，而且不同的目标企业所采取的程序应该有所不同、分别对待，但是以下九个程序是应该坚持履行的。

（1）收集资料。通过多种形式收集企业资料。

（2）高管面谈。高管面谈是创业投资的一个初步环境，也是非常重要的环节。依据过往经验，往往能很快得出对目标企业业务发展、团队素质的印象。有时一次高管接触，你就不想再深入下去了，因为印象不好。第一感觉往往很重要，也比较可靠。

（3）企业考察。对企业的经营、研发、生产、管理、资源等进行实地考察；对高管以下的员工进行随机或不经意的访谈，能够得出更深层次的印象或结论。

（4）竞争调查。梳理清楚该市场中的竞争格局和对手的情况。通过各种方式和途径对竞争企业进行考察、访谈或第三方评价；对比清楚市场中的各种竞争力量及其竞争优劣势。对竞争企业的信息和对比掌握得越充分，投资的判断就会越准。

（5）供应商走访。了解企业的采购量、信誉，可以帮助我们判断企业声誉、真实产量；同时也从侧面了解行业竞争格局。

（6）客户走访。可以了解企业产品质量和受欢迎程度，了解企业真实销售情况，了解竞争企业情况；同时，客户自身的档次和优质情况也有助于判断企业的市场地位及市场需求的潜力与可持续程度。

（7）协会走访。了解企业的行业地位和声誉，了解行业的发展态势。

（8）政府走访。了解企业的行业地位和声誉，了解政府对企业所处行业的支持程度。

（9）券商咨询。针对上市可行性和上市时间问题咨询券商，对我们判断企业成熟度有重要作用。

（十）报告十个内容（企业历史沿革＋企业产品与技术＋行业分析＋企业优势及不足＋发展规划＋股权结构＋高管结构＋财务分析＋融资计划＋投资意见）

《尽职调查报告》是业务的基本功，是对前期工作的总结，是最终决策依据。写好《尽职调查报告》，至少应包括以下十个方面的主要内容。

（1）企业历史沿革。股权变动情况，重大历史事件等。

（2）企业产品与技术。公司业务情况、技术来源。

（3）行业分析。行业概况、行业机会与威胁，竞争对手分析。

（4）企业优势及不足。企业有哪些优势，哪些是核心竞争力；存在不足或缺陷有无解决或改进办法。

（5）发展规划。企业的近期、中期的发展规划和发展战略；发展规划的可实现性。

（6）股权结构。股权结构情况，合理性分析。

（7）高管结构。高管人员和技术人员的背景情况，优势、劣势分析。

（8）财务分析。近年各项财务数据或指标情况及分析。

（9）融资计划。企业发展计划和融资计划及融资条件。

（10）投资意见。投资经理对项目的总体意见或建议。

四、怎样做好尽职调查

（一）找到并识别风险

根据以上长篇幅的讨论，尽职调查耗时耗力。单个投资者很难有全面评估一个项目所需要的全部专业知识，这就存在时间上的问题。投资者必须迅速得出结论，以便锁定一个好项目，并通过迅速的回复表示对创业者的尊重。一位天使投资者一般花 35～40 个小时来评估一个早期项目。私募股权投资者找到的项目中只有一小部分最后获得投资——一项研究显示，这个比例为 0.6%～4%，另一项研究则估计是 1%。尽管外部专家如会计师、学术研究人员、顾问可以提供关键的看法并节约了合伙人的时间，但 GP 必须确定识别的各种风险的重要性以及这些风险对于整个投资的影响，即这些风险的实质。但不是所有的风险都能解决。

在这些风险中，哪一种才是最重要的？根据 11 家 VC 公司对 67 家公司的投资备忘录，Kaplan 和 Stromberg 研究了在评估交易可行性时的三类风险的相对重要性。风险被划分为内部风险、外部风险和执行相关风险三类。内部因素，创业者通常会比投资者更了解创业者的自身行为、努力工作的意愿和道德。内部因素既是投资原因，又是风险。例如，GP 对创业者的技术知识印象深刻，但是对其管理能力却不太确定。外部因素，交易双方都不太了解，如市场规模或者使用率。外部因素会更经常被认为是投资原因，而不是风险。这可能是因为这些因素可以从外部进行评估或者是因不确定性由创业者和投资者共同分担。执行相关因素不完全是内部或者外部的方面，如战略是否能执行或技术是否可行。执行相关因素也很重要，但是不如另外两种因素那么经常受人注意。为解决这种不确定性，投资者会使用技术和证券来构建交易结构。另外一种控制这些不确定性的方法是良好的公司治理，通过董事会和股权分配上达成的一致利益来执行。这些不仅在投资时很重要，而且应该贯穿整个交易的生命周期。

（二）建立全局观

尽职调查永远不会终结，了解这点很重要。如果给我们无限的时间，项目团队总是可以发现新的问题。尽职调查需要视野从精确的细节转换到项目全貌。尽职调查的发现必须融入项目全貌中，而投资团队也必须清楚哪些额外信息对于整体决策有实质作用。就好像盲人摸象，过度关注未知细节会得到一个错误的全局判断。成功运用尽职调查的关键是建立对项目的全局理解，找到不确定因素，并由此入手。

过度关注细节可能导致错误肯定（即公司的各个方面都足够好，尽管整体上看这个项目应该否定掉）和错误否定（即投资团队基于局部信息否定了一个项目）。投资团队可能因为过于在意这些缺陷而忽视了自己可以主动投资来改变这些状况。

（三）合伙企业的作用

尽职调查的发现必须在相应环境中理解——这里的环境也包括交易是否适合私募股权公司自身。这对于 VC 和 LBO 交易都是适用的。该交易是否提升了公司在某个领域的形象？拥有该领域专业知识的合伙人是否有时间管理该交易？很多问题在尽职调查开始时就会问到，但这并不是说进行简单回复，然后忘记，而是会不断回头再问。GP 启动对某一家公司的尽职调查后，可能突然在现有投资组合中的公司上遇到问题，发现无法再负责这家新的公司，因为这家公司要求每月在东欧举行董事会。或者，负担很重的这名 GP 可能会出售一家企业或者放弃一项难度高的交易，而把解放出来的时间用于一项有前景的交易。

如果尽职调查的结果让团队认为应该放弃一个项目呢？VC 公司对其不满意的项目不会直接拒绝，而是会回复说，"还不行"。一家早期企业，如果有太多没有得到解决的问题，则可能更倾向于在晚些时候再考虑投资，或者私募股权公司可能会投资创业者的下一家创业企业。在一家暂时不适合公司的 VC 项目"边上徘徊"，是一种由来已久的传统对于感兴趣但无法承诺的项目，私募股权公司常常会参与甚至主导下一轮的融资。很多并购公司会从竞标失败的项目中获取专业知识，并用于同行业下一次收购。

第三节　投资项目的评估

投资项目的评估是投资最重要的环节之一，估值条款也是投资协议的重要内容。股权投资基金投资之前，需要考虑该项投资的性质、事实和背景，为之选择恰当的估值方法，并结合市场参与者的假设，采用合理的市场数据和参数对目标公司进行估值，明确目标公司的公允价值。目前针对股权的估值方法，主要包括：相对估值法［具体估值方法包括市盈率（P/E）倍数法、市净率（P/B）倍数法、市销率（P/S）倍数法、企业价值/息税前利润（EV/EBIT）倍数法、企业价值/息税前折旧摊销前利润（EV/EBITDA）倍数法］等，这主要适用于创业投资基金和并购基金,常见于天使投资和成本资本;折现现金流估值法(红利折现模型、股权自由现金流折现模型、企业自由现金流折现模型),这要适用于目标公司现金流稳定、未来可预测性较高的情形;创业投资估值法(基于目标收益率,倒推当前价值)主要适用于创业早期企业的估值;其他估值法[如成本法、清算价值法、博克斯估值法、格雷厄姆估值公式、净资产价值法(NAV 估值法)等]中,清算价值法主要适用于杠杆收购和破产策略投资。

一、相对估值法

相对估值法主要是依据可比公司的价格为基础,评估目标公司的相应价值,评估价值可以作为企业价值或股权价值。计算公式为

目标公司价值＝目标公司某种指标×(可比公司价值/可比公司某种指标)

式中,"可比公司价值/可比公司某种指标"被称为倍数。

估值步骤:一是选取可比公司,可比公司是与目标公司所处的行业、公司主营业务或主导产业、公司规模、盈利能力、资本结构、市场环境以及风险度等方面相同或相近的公司;二是计算可比公司的估值倍数,若目标公司和可比公司属于某一特殊行业,可使用复核该行业特点的估值倍数;三是计算适用于目标公司的可比倍数。通常选取若干可比公司,用其可比倍数的平均值或中位数(剔除异常值)作为目标公司的倍数参考值,并适当调整;四是计算目标公司的企业价值或股权价值。

该估值方法运用简单,易于理解;主观因素相对较少,可以及时反映市场看法的变化,但是该估值方式受可比公司企业价值偏差影响;分析结构的可靠性受可比公司质量的影响,有时很难找到适合的可比公司。

(一)市盈率倍数法

市盈率倍数法反映一家公司的股权价值相对其净利润的倍数。计算公式为

可比公司市盈率倍数＝股权价值/净利润＝每股价值/每股收益

目标公司股权价值＝净利润×市盈率倍数

目标公司每股价值＝每股收益×市盈率倍数

市盈率倍数法用利润指标来估值,净利润属于股东,没有反映债权人的求偿权,因此当目标公司与可比公司的资本结构差异较大时,结果可能有误。

盈利数据的选择上,一是最近一个完整会计年度的历史数据;二是最近 12 个月的数据,使用历史数据计算市盈率时通常采用该数据;三是预测年度的盈利数据,股权投资基金投资实践中多使用该数据。

但是它的局限性也很明显。一是当公司收益或预期收益为负值时,无法使用该方法;二是该方法使用短期收益作为参数,无法体现出公司成长性带来的价值。

比如两家盈利相同的公司,如果一家增速 3%,另一家增速 60%,如果应用市盈率法,则两家市值相同,显然难以说通。为了弥补市盈率 P/E 估值法对企业成长性估计的不足,投资人会采用市盈增长比率(PEG)法作为辅助指标。

(二)市盈增长比率法

市盈增长比率(PEG),是由公司的未来市盈率除以公司净利润的未来增长率得出的比率。计算公式为

市盈增长比率(PEG)=(公司市值/净利润)/(净利润年度增长率×100)

公司股权价值=可比公司市盈增长比率 PEG×公司净利润增长率×公司净利润

通常来说,PEG 值低于 1,说明企业价值可能被低估,或者投资人对企业的成长性预测较悲观。PEG 值处于 1~1.5,是估值相对合理可接受的范围。PEG 值高于 1.5,则可能存在泡沫,或者投资人认为企业后期的成长速度会加快。

市盈增长比率主要用于考察公司的成长性,在实际应用过程中仍有较大局限性。比如估算过程中应用了市盈率和公司预测的未来净利润,所以该方法除具备前述市盈率的缺陷外,给公司未来净利润预测的主观性也会带来估值偏差。

(三)市净率倍数法

市净率倍数法主要反映一家公司的股权价值相对其净资产的倍数。计算公式为

可比公司的市净率倍数=股权价值/净资产=每股价值/每股净资产

目标公司的股权价值=净资产×市净率倍数

目标公司的每股价值=每股净资产×市净率倍数

市净率估值法有个重要假设,公司的净资产越高,创造价值的能力越强,公司市值随之越高。因为资产流动性较高的金融机构净资产账面价值更加接近市场价值,所以市净率倍数法比较适用于此类企业,银行业的估值通常采用市净率倍数法。但是,对于很多轻资产行业,主要创造价值的资源如人才、品牌等,并不能通过净资产体现出来。所以该方法在反映不同资产价值、体现企业未来成长性等方面具有较大局限性。当公司具有显著规模差异时,市净率可能具有误导性。

适用行业:重资产、现金流需求大、利润较低、资金回笼时间长的行业,如机械制造、铁路、公路、基础建设以及农业、水利等重资产行业。

(四)市销率倍数法

市销率倍数法反映了一家企业的股权价值相对其销售收入的倍数。计算公式为

可比公司市销率倍数=股权价值/销售收入=每股价值/每股销售收入

目标公司股权机制=销售收入×市销率倍数

目标公司每股价值=每股销售收入×市销率倍数

该方法的逻辑在于,公司通过营业收入创造价值,营业收入越高,创造的价值越多,市场价值越高。相比市盈率、市净率,市销率估值方有两个优势:一是市销率可以应用于所有公司。因为几乎所有公司都有销售收入,但利润、净资产都可能为负,从而导致计算结果无意义。二是市销率的可比性更强。市销率采用销售收入作为分母,不像市盈率、市净率受到折旧、存货、资产减值准备等影响,可操纵空间较小。相应的,该估值方法的缺点同样明显:市销率不能反映公司的成本控制能力,无法体现公司的盈利能力,高额的销售收入并不一定意味着高额的营业利润。

市销率倍数法适合那些尚未实现盈利但已有稳定销售收入的成长型企业,特别是初创期、高增长行业如互联网、生物科技、高科技制造业等,以及周期性行业中销售收入较为稳定的公司。此外,对于那些重资产且折旧摊销较大的企业,或者在会计处理上可能扭曲盈利表现的公司,市销率也是一个有效的估值工具。然而,由于市销率忽略了企业的盈利能力和成本结构,因此在应用时需结合其他财务指标和市场分析来综合评估企业价值。

(五)市现率估值法

市现率(PCF)估值法是一种基于公司市值和现金流量进行公司价值评估的方法。它通过比较公司的市场价格与现金流量来估算公司的价值。市现率越低,表明上市公司的每股现金增加额越多,经营压力越小。

市现率(PCF)是由公司股权的市场价值除以公司经营净现金流得出的比率。即市现率(PCF)=公司市值/经营净现金流。相比市盈率依托于利润表、市净率依托于资产负债表,市现率则依托于现金流量表反映公司价值。

$$公司股权价值=可比公司市现率\times公司经营净现金流$$

因为经营净现金流的操纵空间相对净利润、净资产较小,所以该方法的真实性更可靠,适合同行业不同公司经营质地的对比。

但需注意,市现率估值基于一个假设,即公司经营净现金流越大,公司创造价值的能力越强。但是,对于经营净现金流为负的新兴行业,该方法并不能有效反映公司的成长价值。

(六)企业价值/息税前利润倍数法

企业价值/息税前利润倍数法,其中,息税前利润(EBIT)是在扣除债权人利息之前的利润,所有出资人(股东和债权人)对息税前利润都享有分配权,因此,息税前利润对应的价值是企业价值(EV)。息税前利润是向所有股东和债权人分配前的利润,所以EV/EBIT倍数法提出了资本结构的影响。计算公式如下:

$$可比公司企业价值/息税前利润倍数=企业价值/息税前利润$$

其中,息税前利润(EBIT)=净利润+所得税+利润

$$目标公司企业价值(EV)=EBIT\times(EV/EBIT倍数)$$

$$目标公司股权价值=企业价值-净债务$$

该方法与 P/E 估值法的逻辑相似,只是 EV/EBITDA 倍数使用企业价值,即投入企业的所有资本的市场价值代替 P/E 中的股价,使用息税前折旧摊销前利润(EBITDA)代替 PE 中的每股净利润。

(七)企业价值/息税前折旧摊销前利润倍数法

企业价值/息税前折旧摊销前利润倍数法,其中,息税前折旧摊销前利润是扣除利息费用、税、折旧和摊销之前的利润。该方法同时考虑了资本结构和折旧摊销的影响,计算公式如下:

可比公司企业价值/息税前折旧摊销前利润倍数＝企业价值/息税前折旧摊销前利润

其中,息税前折旧摊销前利润＝息税前利润＋折旧＋摊销

$$EV＝EBITDA×(EV/EBITDA 倍数)$$

目标公司的股权价值＝企业价值－净债务

(八)市值/某营运指标估值法

市值/某营运指标估值法,是由公司股权的市场价格除以公司某类营运指标计算得出的比率。其中,营运类指标可以是用户数量、GMV(商品交易总额)等。

一些新兴行业或成长初期的公司,商业模式尚不成熟,未能实现稳定的收入与盈利,市盈率、市净率等估值指标开始失效。

这时投资人往往会结合公司的模式特点,选取某项核心营运指标来获取相对估值。比如互联网公司发展初期,最常用的估值方式是 DAU(日活跃用户数)、MAU(月活跃用户人数)等,其逻辑即是用户数量是驱动未来价值的核心变量。

二、折现现金流估值法

折现现金流估值法的基本原理是将估值时点之后,目标公司的未来现金流以合适的折现率进行折现,加总得到相应的价值。评估所得的价值,可以是股权价值,也可以是企业价值。计算公式为

$$V = \sum_{t=1}^{n} \frac{CF_t}{(1+r)^t} + \frac{TV}{(1+r)^n}$$

其中,V 为价值;t 为时间;CF_t 为第 t 期的现金流;r 为未来所有时期的平均折现率;n 为详细预测期数;TV 为终值。

在估值步骤上,一是选择适用的现金流估值法。二是确定详细预测期数(n)。详细预测期的时间长短选取以适中为原则,通常,详细预测期的结束以目标公司进入稳定经营状态为基准。三是计算详细预测期内的每期现金流 CF_t,不同的折现现金流估值法对应的现金流也不同,如红利折现模型是红利,股权自由现金流模型是股权自由现金流,企业自由现

金流模型是企业自由现金流。四是计算折现率 r，折现率的选择取决于使用的现金流，如红利和股权自由现金流对应的折现率为股权资本成本，而企业自由现金流对应的折现率为加权平均资本成本（WACC）。五是计算终值 TV，常用的计算方法包括终值倍数法（即相对估值法）和 Gordon 永续增长模型。六是对详细预测期现金流及终值进行折现并加总得到价值（如果是企业价值，还需要利用价值等式推导出股权价值）。

（一）红利折现模型

股权投资基金投资于目标公司的股权，预期获得两种现金流：一是持有股权期间的现金红利；二是持有期末卖出股权时的价格。

计算公式为

$$V = \sum_{t=1}^{n} \frac{\text{DPS}_t}{(1+r)^t} + \frac{P_n}{(1+r)^n}$$

式中，V 为股权价值；DPS_t 为第 t 期的现金红利；r 为股权要求收益率；n 为详细预测期数；P_n 为持有期末卖出股权的预期价格。

红利折现模型主要适用于红利发放政策相对稳定的企业。

（二）股权自由现金流折现模型

股权自由现金流是可以自由分配给股权拥有者的最大化现金流，其计算公式为

股权自由现金流＝净利润（E）＋折旧＋摊销－营运资金的增加＋长期经营性负债的增加－长期经营性资产的增加－资本性支出＋新增付息债务－债务本金的偿还。该模型计算公式为

$$V = \sum_{t=1}^{n} \frac{\text{FCFE}_t}{(1+r)^t} + \frac{\text{TV}}{(1+r)^n}$$

式中，V 为股权价值；FCFE_t 为第 t 期的股权自由现金流；r 为股权要求的收益率（和红利折现模型中的 r 相同）；n 为详细预测期数；TV 为股权自由现金流的终值。

（三）企业自由现金流折现模型

企业自由现金流是指公司在保持正常经营的情况下，可以向所有出资人（股东和债权人）进行自由分配的现金流。其计算公式为

企业自由现金流＝息税前利润－调整的所得税＋折旧＋摊销－营运资金的增加＋长期经营性负债的增加－长期经营性资产的增加－资本性支出

其中，调整的所得税有两种计算方法：一是直接用息税前利润乘以当期所得税税率；二是在其利润表中当期所得税的基础上进行调整，加回财务费用的税盾（税盾的价值＝应计税费用×税率），再扣除非经常性损益对应的所得税。计算公式为

$$\text{EV} = \sum_{t=1}^{n} \frac{\text{FCFF}_t}{(1+\text{WACC})^t} + \frac{\text{TV}}{(1+\text{WACC})^n}$$

式中，EV 为企业价值；FCFF_t 为第 t 期的企业自由现金流；WACC 为加权平均资本成本；n 为详细预测期数；TV 为企业自由现金流的终值。在这其中，加权平均资本成本 WACC 是企业各种融资来源的资本成本的加权平均值，计算公式为

$$\text{WACC} = \frac{D}{D+E} \times K_d \times (1-t) + \frac{D}{D+E} \times K_E$$

式中，D 为付息债务的市场价值；E 为股权的市场价值；K_d 为税前债务成本；K_E 为股权资本成本；t 为所得税税率。

三、创业投资估值法

（一）创业投资估值法的原理

创业投资估值法是通过评估目标公司退出时的股权价值，在目标回报倍数或收益率的基础上倒推出目标公司的当前价值。此类估值法主要是针对公司处于创业早期，利润和现金流均为负数，未来回报很高，但存在高度不确定性。

（二）创业投资估值法的步骤

（1）估计目标公司在股权投资基金退出时的股权价值。股权投资基金预测投资退出的时间点，然后估算该时间点目标公司的股权价值，估值方法一般使用相对估值法。

（2）计算当前股权价值。使用目标回报倍数或者收益率将目标公司退出时的股权价值折算为当前股权价值，当前的股权价值＝退出时的股权价值/目标回报倍数＝退出时的股权价值/$(1+$目标收益率$)n$，n 为投资年限。

（3）估算股权投资基金在退出时的要求持股比例。投资额除以当前股权价值，得到股权投资基金为获得目标回报倍数或收益率应有的持股比例，公式为：要求持股比例＝投资额/当前股权价值。

（4）估计股权稀释情况，计算投资时的持股比例。如果目标公司没有后续轮次的股权融资，股权投资基金的股权不会稀释，投资时的持股比例就是上一步计算出的要求持股比例；如果目标公司有后续轮次的股权融资，需估计股权稀释情况，倒推出投资时的持股比例。

例 3-1 张健是上海一家非常成功的风险投资公司的一名合伙人。他计划对一家医疗科技创业企业进行投资，投资金额是 500 万元人民币，投资年限是 5 年，预计第 5 年企业净利润为 1 000 万元人民币，经过统计，少数几家盈利的上市医疗科技企业的平均市盈率为 15。企业目前有 1 000 000 股流通股，同时，张健认为投资该公司的目标回报率为 40%。张健投资了钱，要拥有多少股权才合适，他进行了下列计算：

1. 不考虑股权稀释的问题

终值＝1 000×15＝15 000 万元

经折现的终值＝终值/(1＋目标回报率)^{年份}＝15 000/(1＋40％)^5＝2 789 万元

要求的股权比例＝投资额/经折现的终值＝500/2 789＝17.9％

新股数量＝(要求的股权比例％)/(1－要求的股权比例％)×旧股数量

$\qquad$＝17.9％/(1－17.9％)×1 000 000＝218 027

新股每股价格＝投资金额/新股数量＝5 000 000/218 027＝22.93 元

计算隐含价值的两种方法：

(1) 隐含的投资后估值＝投资金额/(要求的股权比例％)＝500 万/17.9％＝2 793 万元

$\qquad$隐含的投资前估值＝隐含的投资后估值－新投入的金额＝2 793－500＝2 293 万元

(2) 隐含的投资后估值＝新股每股价格×总股数＝22.93×(1 000 000＋218 027)

$\qquad$＝2 793 万元

$\qquad$隐含的投资前估值＝新股每股价格×旧股数＝22.93×1 000 000＝2 293 万元

2. 考虑股权稀释的问题

现实中,风险投资具有高风险,是一种长期的流动性差的权益资本。风险投资家一般不会一次性投入全部的风险资本,而是随着企业的成长分期分批注入资金,我们认为投资都是在年初进行,企业第 1 年获得第一轮融资 300 万元,第 3 年获得第二轮融资 200 万元,第 5 年获得第三轮融资 100 万元,这三轮投资的目标回报率分别是 40％、20％、10％。此时,企业在之后又获得了两轮融资,张健会面临股权稀释的问题。因此张建需要事先考虑股权稀释的影响,确定最初获得多少股权,可以克服之后两轮投资对其股权造成的影响。

每轮融资后,最终拥有的股权比％＝投资金额的终值/公司终值

第一轮：300×(1＋40％)^5/(1 000×15)＝10.8％

第二轮：200×(1＋20％)^3/(1 000×15)＝2.3％

第三轮：100×(1＋10％)/(1 000×15)＝0.7％

风险投资家需要计算留存比率量化企业未来融资对其持有股权的预期稀释影响。

留存比率＝(最终拥有的股权比％)/(当前要求的股权比％)

$\qquad$＝1/∏(1＋每次新增股权比％)

第一轮投资的留存比率：1－(2.3％＋0.7％)＝97％

第二轮投资的留存比率：1－0.7％＝99.3％

第三轮投资的留存比率：1－0.＝100％

当前要求的股权比(％)＝(最终拥有的股权比％)/留存比率

第一轮投资时要求的股权比(％)：10.8％/97％＝11.1％

第二轮投资时要求的股权比（％）：2.3％/99.3％＝2.3％

第三轮投资时要求的股权比（％）：0.7％/100％＝0.7％

新股数量＝（最终拥有的股权比％）/（1－最终拥有的股权比％）×旧股数

第一轮投资新增股数：10.8％/（1－10.8％）×1 000 000＝121 076

第二轮投资新增股数：2.3％/（1－2.3％）×（1 000 000＋121 076）＝26 392

第三轮投资新增股数：0.7％/（1－0.7％）×（1 000 000＋121 076＋26 392）＝8 089

新股每股价格＝新增投资额/新增股数

第一轮投资新增股票价格：300 万/121 076＝24.8 元

第二轮投资新增股票价格：200 万/26 392＝75.8 元

第三轮投资新增股票价格：100 万/8 089＝123.6 元

最终股价＝1 000 万×15/（1 000 000＋121 076＋26 392＋8 089）＝129.8 元

通过计算发现，投资相同金额，单轮投资后风险投资者拥有 17.9％的股权，但若分为三轮投资，风险投资者最终拥有的股权比是 13.8％（10.8％＋2.3％＋0.7％），两者之间的差额是 4.1％（17.9％－13.8％），公司最终总价值 15 000 万元的 4.1％为 615 万元。

四、其他估值法

（一）成本法

成本法具体包括账面价值法和重置成本法。

账面价值法的计算公式为

公司的账面价值＝总资产－总负债

评估目标公司的真正价值，需调整资产负债表的各个项目。资产项目调减方面，应当注意公司应收账款的坏账损失、外贸业务的汇兑损失、有价证券市值是否低于账面价值、固定资产与无形资产的折旧方式是否合理等。负债项目调增方面，应注意是否有未入账的负债，如职工退休金、预提费用等；是否有担保事项等或有负债及尚未核定的税金等。

重置成本法是指在现时条件下重新购置意向全新状态的资产所需的全部成本，综合编制包括有形损耗（物质的）和无形损耗（技术的）等。其计算公式为

待评估资产价值＝重置全价－综合贬值＝重置全价×综合成新率

重置成本法的主要因素较大，且历史成本与未来价值并无必然联系，因此重置成本法主要是作为一种辅助方法。

（二）清算价值法

清算大致可分为破产清算和解散清算。

清算价值法的原理是，假设企业破产和公司解散时，将企业拆分为可出售的几个业

务或资产包,并分别估算这些业务或资产包的变现价值,加总后作为企业估值的参考
标准。

在具体评估步骤上,一是进行市场调查,收集与被评估资产或类似资产清算拍卖相关
的价格资料;二是分析验证价格资料的科学性和有效性;三是逐项对比分析评估与参照物
的差异及其程度,包括实物差异、市场条件、时间差异和区域差异等;四是根据差异程度及
其他影响因素,估算被评估资产的价值,得出评估结果;五是根据市场调查统计出来的结
果,对清算价格进行评估。对股权投资基金而言,清算很难获得较好的投资回报,在企业正
常可持续经营的情况下,不会采取清算价值法。

(三)博克斯估值法

这种方法是由美国人博克斯创立的,他通过对企业管理团队、盈利模式、产品前景等进
行估值,得出企业价值。这种方法适用于初创企业的价值评估。

(四)格雷厄姆估值公式

在本杰明·格雷厄姆(Benjamin Graham)的《聪明的投资者》一书中,格雷厄姆的估值
公式为: $V = EPS \times (8.5 + 2G \times 100)$,其中 $V=$ 股票价值;$EPS=$ 当前每股预期收益;$2G=$
2 倍预期年增长率;公式中的 8.5 数值指的是当时格雷厄姆认为一家业绩稳定增长的上市
公司较为适合的市盈率,就表示股票价值 = 每股预期收益乘以(业绩稳定增长公司的合理
市盈率 + 两倍的预期年增长率 $\times 100$)。

(五)净资产价值法

净资产价值法(NAV 估值法)的基本思路是对企业所拥有的在建物业、土地及投资型
物业资产按照各项目开发销售流程,基于一定的销售价格、开发速度进行现金流模拟然
后按照一定的折现率折现,最后按照公司所占各项目的权益计算出项目汇总折现后金
额,再减掉(加上)公司的净负债,然后得到公司的净资产值(NAV)。这个值可以与市场
上的股票价格进行比较,以判断股票是被高估还是低估。具体来说,开发物业的净资产
值,等于现有开发项目以及土地储备项目在未来销售过程中形成的净现金流折现值减负
债;投资物业的净资产值,等于当前项目净租金收入按设定的资本化率折现后的价值减
负债。

NAV 估值法的优势在于它为企业价值设定了一个估值底线。而且 NAV 估值考虑了
预期价格的变化、开发速度和投资人回报率等因素,相对于简单的市盈率更加精确。但
NAV 估值也有明显的缺点,其度量的是企业当前有形资产的价值,而不考虑品牌、管理能
力和经营模式的差异。NAV 估值的盛行推动了地产企业对资产(土地储备)的过分崇拜。
在 NAV 引领下,很多地产企业都参与到这场土地储备的竞赛中来。

即测即练

第四章

投资项目的谈判与投资决策

对项目公司进行尽职调查和谈判也许是投资流程中最关键也最困难的一步,通过尽职调查了解项目公司的情况,减少投资后产生的不确定性,以免信息错误对自身造成重大损失。通过买卖双方的谈判,进行大量的信息交换,确定双方都较为满意的价格,达到双方的共同愿景。本章中,我们会了解到投资项目的谈判与决策的基本内容。

第一节　投资项目的谈判

谈判过程是投融资各方斗智斗勇、有进有退、有攻有守的过程。谈判中首先要建立双方认可的价值标准,切忌站在各自的要求上进行意志较量。由于投资方和融资方的出发点与利益不同,双方经常在估值和合同条款清单的谈判中产生分歧,因为解决这些分歧的技术要求高,所以不仅需要谈判技巧,有时还需要第三方顾问"穿针引线"的协助。

有一点至关重要:从根本上,投资收益来自双方"1+1>2"的价值创造,而不是来自合作对象的让步。投资谈判的关键议题包括战略定位、投资方式、企业估值、股权比例、经营管理权、承诺、保证与违约责任等内容。通常,拟上市公司在上市前引进新的投资者应不影响公司连续计算经营时间(业绩),如不发生主营业务的重大变化,董事、高级管理人员不发生重大变化,实际控制人不发生变更等。其主要谈判要点如下。

一、公司发展定位

虽然 PE 通常不介入参股企业日常经营,但资本市场对企业的定价原则有别于产业投资者的思维方式。为了更快地实现 IPO,同时获得更高的估值,PE 会与老股东就拟上市企业的主营业务、商务模式、上市架构等事宜进行商讨,并在投资协议中进行框架性的明确。

二、投资方式

常见的股权投资方式包括股权转让和增资扩股。股权转让实际上是实现了老股东的股权套现,企业并未获得发展所需资金,因此多数情况下,PE 入股会选择增资扩股的方式。

但为了控制经营风险,PE会提出附带经营条件的或有支付方式,即所谓的"对赌方式"。在蒙牛案例中,管理层股东和投资者分别持有A类和B类股票,两类股票同股不同权,管理层持有较少的股票但却有51%的投票权。当管理层股东在2004年实现企业盈利增长的承诺后,A类股票转换为B类股票,确保了管理层持有股权与其持有的投票权一致。通过灵活使用投资的法律形式,投资者可以建立适当的激励机制,并对自身利益进行保护。

设定或有支付方式条款时可基于的未来经营情况指标:收入总额或收入增长、税后利润总额或税后利润的增长、现金流量情况、对买方分红的情况以及投资收益的指标(投资回报率、净资产收益率)等。除了附带经营条件的或有支付方式以外,境外投资者一般还愿意选择可转换债券、可转换优先股等形式,一方面可以在投资期间享受固定的投资回报,另一方面也在一定程度上确保了本金的安全。

三、企业价值评估

价格是投资协议中的关键议题,具体方式方法前文已经进行了探讨,这里不再赘述。通常,私募融资的价格是在同类上市公司通行市盈率的基础上进行折价。这一方面是考虑到未上市公司和上市公司的规模可能还存在一定的差距;另一方面也是考虑到未来上市时的发行市盈率大体会与同类上市公司的交易价格相仿,而充足的折扣才能够确保投资者有足够的收益和安全空间。

四、股权比例

公司出让多少股份,往往取决于大股东的意愿,要综合考虑多种因素。作为控股股东往往能够持有对公司的控制权,更多地享有子公司的战略价值。对于参股拟上市企业,需要考虑的要素更多一些。①在未来上市后,企业必须出让25%左右的股份作为流通股,大股东届时是否还能够拥有绝对控制权;②这次融资距离计划的上市时间还有多久,是否在上市之前还要进行融资,如果距离上市已经很近了,通常投资者会把股份比例控制在较低的水平,如3%~10%,或者考虑到上市后的禁售期问题,还会把股份拆细到更低的比例;③要考虑到企业在私募融资后到上市前这一阶段,自身发展所需要的资金量,根据自己的需要出让相应比例的股份;④投资者可能会要求对重大事项有控制能力,为此希望获得更有分量的股份。

五、经营管理权

掌握一定的控制权,尤其是对重大事项的否决权,对于保护PE的利益来说,是至关重要的。通常,PE会通过要求获得董事会席位,并修改公司章程,将其认为的重大事项列入需要董事会特别决议的事项中去,以确保投资者对企业的发展方向具有有力的掌控。再次要特别说明的是,通常 PE 不会对企业的日常运营进行过多的干涉,之所以要求对企业的重大事项有控制权,一方面是防止企业做出抽逃资金等违背投资协议的事情,更重要的是为了贯彻企业的长期发展战略,使企业能够始终在健康发展并且成功上市的轨道上运行。

六、承诺、保证与违约责任

规范的合同应该是经过充分协商沟通,对相关内容进行翔实的确认。通常,高效的原则往往是"复杂的事情简单化",但写合同却恰恰是要"简单的事情复杂化"。现实中,合作方往往都在憧憬美好的未来,对"承诺、保证与违约责任"最容易忽视,相关内容往往是"未尽事宜友好协商"之类的外交辞令。现实中,真正出现争端时,往往难以"友好协商"。或者是双方都力争在合同仲裁地点为己方所在地。说得直白一些,就是想在相应情况下,利用"地利与人和"在仲裁中占到些许便宜——但这已经偏离了合同的主旨。合同是一张"丑话说在前头"的约束性文本。换言之,如果大家都能够履约,合同是一份可以锁在抽屉里永远不用拿出来翻看的废纸。

如果把并购与婚姻做个对比,并购协议就相当于结婚证书。通常,对于白头偕老的夫妻而言,结婚证在婚后几乎不再派什么用场。合同的定位就是要"防患于未然"。在这方面,我们应当进行总结和反思。违约责任是投资者和融资企业需要在协议中详细明确的事项,如未能如期上市,上市价格低于预期,业绩没有达标等于承诺不符的事项是否属于违约,企业和投资者之间最好能够事先协商清楚,并对违约后的责任问题进行约定。

盈利保证是投资者给企业戴上的一个紧箍咒,没有这个紧箍咒,企业宏大的发展目标和上市计划很可能会流于空谈,投资者也无法得到相应的回报。有一些融资企业最终能够和投资者达成奖励条款,在企业业绩达到一定程度,或上市后投资者的回报超过一定比例,投资者会给予企业家现金奖励,或者像蒙牛案例中那样,通过股权安排制定较为复杂的激励机制。

第二节　投资项目的决策

一、投资项目的一般步骤

(一)寻找项目

私募股权投资取得成功的重要基础是获得好的项目,这也是对基金管理人能力的最直接的考验,基金管理人均有其专业研究的行业,而对于行业企业的定位及更为细致的调查是发现好项目的一种方式。

1．项目定位

项目定位即站在私募股权基金管理团队的角度,结合基金管理团队以及一些基金投资者的专业背景、个人特长、行业认知、风险偏好等因素,对拟投资的项目有一个基本的范围限定。私募股权基金的项目定位应尽量多元化,为了降低风险,私募股权基金会考虑投资组合,尽量将多个投资项目放在不同的投资领域,以减少项目之间的关联性。

2．项目分布

私募股权投资的项目可以来源于转型中的国有企业以及高速发展的民营企业。转型中的国有企业有很多的改制、转制以及重组、兼并、收购等重大经营活动,这为私募股权投资创造了诸多良好的机会。高速发展的民营企业一般会存在资金链跟不上的问题,在现有的金融体制下,民营企业、中小企业债权融资比较困难,同样为私募股权投资创造了很多机会。从地域分布上看,项目主要来自中国经济最具潜力的地区,如长三角、珠三角、粤港澳大湾区等;其次来自中部经济活跃的地区,如河南、湖北、山西、安徽等;再次就是来自广阔的西部地区。

3．来源保障

为了保障私募股权基金项目来源不断,就需要动员基金公司内部和外部的力量,共同寻找合适的投资项目。首先,与各公司高层管理人员的联系以及广大的社会人际网络是优秀项目的来源之一。其次,与券商保荐机构、律师事务所、会计师事务所等机构形成良好的战略合作关系,使其为基金提供比较有价值的投资信息,而这些机构接触的项目或企业更接近 IPO,对私募股权投资来说,既降低了风险,又提供了退出通道,具有非常重要的价值。最后,加强与专业经纪人网络(私募股权投资的中介机构)的密切联系,这样投资机构可以广泛地收集投资项目的信息,为投资家和企业家之间牵线搭桥,并从中收取一定的咨询顾问费用。

基金管理人得到其他风险投资机构的推荐。由于项目的高风险性以及各个风险投资机构的擅长领域各异,不同的风险投资机构往往会结成长期稳定的投资战略联盟,或相互推荐项目,或联合投资某一个项目。其他风险投资机构推荐的联合投资项目往往受到基金管理人的青睐,因为其他投资者在推荐之前,一般对投资对象进行了认真评估,项目的风险性已相对降低。同时,联合投资本身也能降低风险,并有利于基金管理人在业界建立、发展、巩固互利合作关系。

4．投资见面会等有组织的活动

私募股权基金为了推介自己的业务,可以举行投资见面会、行业投资项目推介会等,号召具有融资需求的企业和项目汇聚在一起,通过研讨、交流、座谈等方式,有效地收集投资项目的信息。

（二）初步筛选

基金管理人在取得众多项目后,通常会对其进行初步筛选和研究,剔除明显不符合其投资要求的项目。一般而言,平均每1 000份商业计划书中,能引起基金管理人兴趣的只有100份,经过尽职调查、评估和决策,最终真正能够得到风险资本支持的项目只有10份。在项目筛选过程中,私募投资机构的筛选标准起着至关重要的作用。任何一家私募投资机构都有自己的筛选标准。筛选标准的明确与公开有利于私募股权基金对外保持一致形象,吸引合适对口的项目。

1. 项目文本

项目信息的表现形式一般有商业计划书、项目可行性研究报告、项目申请报告等,这些作为初步研究筛选都是可以的。一旦投资人对项目产生兴趣,需要进一步研究,项目文本最好统一为商业计划书形式,这样能够反映融资方的真实想法。商业计划书中主要阐明以下内容:企业与团队介绍、产品与服务、市场需求分析、竞争性分析、市场营销策略、盈利模式与财务分析、融资计划与使用方案、风险与防范、结论以及附件等,这些部分基本可以把项目的背景、需求与竞争、融资目的及计划以及项目真实性佐证等问题表述清楚。对于投资人来说,商业计划书是认识项目的第一个工具,也是进行项目初步研究筛选的重要依据,应该从多个角度带着疑问进行研究阅读。那么,作为私募股权基金来说,对项目的初步研究筛选可以从以下几方面进行:研究项目在干什么、研究项目的盈利模式和目前财务状况、研究项目的行业地位、研究项目的竞争对手、研究项目的融资规划等。初步筛选研究是进一步开展与公司管理层商谈以及尽职调查的基础,在初步筛选过程中,需要与目标企业的客户、供货商甚至竞争对手进行沟通,并且要尽可能地参考其他公司的研究报告。通过这些工作,私募股权投资机构会对行业趋势、投资对象的业务增长点等有一个更深入的认识。

2. 行业与公司研究

通过对项目的初步研究筛选,私募股权基金经营管理团队对项目有了初步的了解。但总的来说,这主要是依据项目融资方自己提供的材料得出的初步意见,还不是客观、公正的实际结论。因此,私募股权基金经营管理团队要抛开项目融资方提供的材料,对项目开展独立的行业与公司研究。

首先,对于行业的研究,私募股权基金可以从以下五个方面进行。

（1）行业的宏观环境研究,包括经济环境、宏观调控、投资增长的依赖程度、行业的发展阶段及潜力。

（2）行业知名企业比较研究,要看是否有上市公司、上市公司的业绩如何、近3年的增长如何、市场占有率如何、是否有亏损的上市公司、为什么亏损等。如果没有上市公司,则要分析为什么没有上市公司、可不可能出现上市公司。在未上市的公司里,行业前3名公司近年业绩如何、有无上市计划。知名企业有无重大新闻事件,评估新闻事件对行业的影响等。

（3）行业前景预测与判断研究，要弄清楚行业的市场容量，以及未来 3～5 年的市场增量，要分析行业的消费者和潜在的消费群体，要分析行业的进入壁垒和退出的成本，预测行业的增长比率和衰退周期，要对行业的替代作用、促进作用、竞争程度以及子行业的发展趋势等进行深入分析。

（4）行业的制约因素研究，可以从原材料及供应商、人力资源与劳动力成本、技术创新与知识产权保护、替代产业与技术、市场需求与消费者的迁移、成本控制等多个方面考察行业的制约因素。需要注意的是，行业制约因素并不等于对项目的制约因素，有时可能制约因素的存在降低了行业其他企业的竞争能力，而拟投资项目克服了这些制约因素，则制约因素的存在反而成为项目发展的优势。

（5）关联行业的发展态势和影响研究，关联行业可以简单区分为替代、互补、供应、消费等行业，关联行业的发展态势和其对行业的影响对项目的发展有重要的影响。

其次，对于公司的研究，是私募股权投资前对拟投项目的研究。对于拟投资的项目，结合行业的发展，展开独立、客观、公正的研究，形成较为量化的数据，同时也可以进行多个拟投项目间横向数据或分值的对比。私募股权基金可以从以下六个方面对公司进行研究：核心竞争力、管理团队、管理水平、盈利能力、企业文化和制度建设、制约企业发展的因素。

（三）尽职调查

通过初步评估之后，基金经理会提交"立项建议书"，项目流程也进入尽职调查阶段。尽职调查也称审慎调查，指在私募股权投资过程中投资方对目标企业的资产和负债情况、经营和财务情况、法律关系以及目标企业所面临的机会和潜在风险进行的一系列调查。其具体包括财务尽职调查、法律尽职调查、业务尽职调查、运营尽职调查、税务尽职调查、环保尽职调查等。这些调查通常委托律师、会计师和财务分析师等独立的专业人士或机构进行，从而决定是否实施投资。尽职调查的目的主要有三个：发现问题、发现价值、核实融资企业提供的信息。

尽职调查是一项相对复杂的工作，其包括以下步骤。

（1）由私募股权投资方指定一个由专家组成的尽职调查小组。小组成员通常包括律师、会计师和财务分析师等，开始尽职调查前，小组成员应与投资方进行充分商谈，以决定实施尽职调查的内容和编写尽职调查报告的方法。

（2）由私募股权投资方及其聘请的专家顾问与拟投资企业签署"保密协议"。

（3）由投资方准备一份尽职调查清单。

（4）由融资方负责把所有相关资料收集在一起并准备资料索引。

（5）指定一个用来放置相关资料的房间（又称"数据室"或"尽职调查室"）。

（6）建立一套程序，让投资方能够有机会提出有关目标企业的其他问题，并能获得数据室中可以披露文件的复印件。

（7）由投资方的顾问（包括律师、会计师、财务分析师等）出具报告。对决定目标企业价值有重要意义的事项进行简要介绍。尽职调查报告应反映尽职调查中发现的实质性的法律事项,通常包括根据调查中获得的信息对交易框架提出的建议,以及对影响购买价格的逐项因素进行的分析等。

(8)由投资方提供投资协议书的草稿以供谈判和修改等。

私募股权投资方除聘请会计师事务所来验证目标公司的财务数据,检查企业的管理信息系统以及开展审计工作外,还会对目标企业的技术、市场潜力和规模以及管理队伍进行仔细的评估,这一程序包括:与潜在客户的接触,向业内专家咨询并与管理队伍举行会谈,对资产进行审计评估。它还可能包括与企业债权人、客户、相关人员如以前的雇员进行的谈话,这些人的意见会有助于得出关于企业风险的结论。项目经理会根据尽职调查的各项内容展开调查工作。

尽职调查结束后,调查小组应向私募股权基金管理团队提供尽职调查报告。一份称职的尽职调查报告应该内容翔实、数据确凿、结构完整,主要内容包括公司简介、公司组织结构、供应商分析、业务和产品、销售分析、研究与开发、公司财务、融资计划、使用安排、行业背景介绍。其他内容、结论和建议、附件等。

除了考察以上评价指标外,基金管理人在进行投资决策时,往往还遵循以下五点:①绝不选择风险超过两种的项目。风险投资项目常见风险包括研究发展的风险、生产产品的风险、市场的风险、管理的风险和成长的风险。如果基金管理人认为项目存在两种以上的风险,一般就放弃投资了。②投资于产品市场最大的项目,在风险和收益相同的情况下,基金管理人会选择投资于产品市场最大的项目。③会见所有的管理层,观察他们的素质。了解他们的经验和专长,对管理者和创业者的工作风格和心理素质做一定的测试分析,并要看管理层成员在经验和个性上是否可以取长补短,组成一个强有力的管理层;实地考察企业资产和设施、对比业务计划书中所提到的资产数据,核实企业的净资产和开发新项目应有的设备,对企业现阶段的管理状况做评估。基金管理人根据尽职调查表的分析结论,作出自己的投资决策。④基金管理人要讨论确定投资工具、企业的价值和基于以往销售业绩或未来盈利预测的投资价格、投资金额和股份比例等,然后签订投资协议和认股合同。基金管理人一般不用普通股或债务。这类工具更多地在企业发展后期使用。对于新企业,基金管理人一般采用可转换成普通股或可认购普通股的优先股或债券,这些投资证券工具的混合使用可以满足投资者和企业的不同需求,双方磋商的余地较大。⑤在确定投资工具后,企业的估值对于私募股权基金来说非常重要,现在比较通行的企业估值方法是依据企业的市盈率进行估值,即依据企业被投资当年的净利润乘以一个合适的乘数作为企业的基准价格,这个乘数便是企业的市盈率;然后在这个市盈率的基础上根据企业的实际情况等进行一定程度的调整,这是一个在定价上讨价还价的过程。

(四)形成投资方案

尽职调查后,项目经理应形成投资建议书及投资方案,提供财务意见及审计报告。

1. 投资建议书

投资建议书应该包括项目主要信息、总体评价、风险分析、交易框架设计、资本退出规划与设计五个部分。内容撰写应该简明扼要。

(1) 项目主要信息。其实质是对商业计划书、尽职调查报告的重要信息的复述。

(2) 总体评价。其主要包括项目投资后的财务分析、盈利预测、行业展望、指标分析〔包括净现值(NPV)、内部收益率(internal rate of return,IRR)、投资回收周期、净现金流等〕、不确定性分析等,得出公允的评价、评级或评分。

(3) 风险分析。其主要包括对投资所涉及的财务风险、市场风险、技术与知识产权风险、政策风险、法律风险进行分析,务求客观真实。风险分析不等于希望放弃投资,正是对风险的充分预见,可能会促使投资委员会决定投资。目前,比较常用的控制风险的方法有五种:①及时进行股份调整,即根据企业的风险状况对所要认购的股数进行一定程度的调整。具体的操作方法有:当企业由于分段投资在追加投资时后期投资者的股票价格低于前期投资者,或产生配股、转红股而没有相应的资产注入时,前期投资者的股票所含资产值被稀释了。因此必须通过增加前期投资者优先股转换成普通股时的最后所获股票数来平衡。②分段投资法,基金管理人所承诺的投资额并不会一次性地打入企业的账户,而是采取分段进入的方式,每一笔资金的进入都以一个财务目标的实现为前提,随着财务目标的逐渐实现,投资的风险也逐渐降低。③变现方法的调整,如果企业可以上市或被其他企业收购而管理层或股东不愿意这样做,投资者只能通过让企业或管理层回购股票来变现,但这时优先股转换成普通股的比例会调高,投资者可以卖给企业更多的股份。④违约补救的方法,在企业违反投资协议并造成经济损失时,投资者可以通过调整转换比例来减少企业的股份的方法作为补充或惩罚。同时如果企业破产,进入清算程序,投资者清算的优先级会高于其他股东。这样的话即使投资失败,也还对投资本金有强有力的保护。⑤认权证或向管理层增股,这种方法可以用来调整企业价值评估和盈利预测。投资者除了认购优先股,也可以按不同价格行使认股权,如果企业达不到预期盈利,投资者可以用较低的价格购买公司股票,增加持股比例。大多数的投资协议中都能看到上述几种风险控制的方法,这些方法不仅能够有效地控制投资风险,而且是私募股权机构对企业管理层采取的股权激励机制。

(4) 交易框架设计。划定股份交易时建议的股份单价、股份数量、股份比例的区间,设计风险控制措施与分期投资阶段、激励计划、入资方式、法律变更、行使股东权利的规划及管理人员派驻等。交易框架设计要有一定的弹性,便于投资委员会决策,也要方便与项目融资方的沟通和谈判。

(5) 资本退出规划与设计。其主要包括资本退出的方式设计、退出时间规划、预备方案设计(主要为股份回购)、资本退出时成本支出与收益预测等。

2. 投资方案

投资方案的内容主要有估值定价、董事会席位、否决权和其他公司治理问题、退出策略、确定合同条款清单等内容。由于私募股权基金和项目企业的出发点与利益不同,双方经常在估值和合同条款清单的谈判中产生分歧,解决分歧需要谈判技巧以及会计师和律师的帮助。

(五) 投资委员会批准

投资委员会也称投资决策委员会,一般 5～7 人,主要由私募股权基金的高级管理人和外部行业专家构成,主要包括决策程序和决策机制。其中,决策程序由项目陈述、答辩、投委会磋商、投票表决;决策机制有:只有达到 2/3 的人通过,才能确定投资。有些 PE 有一票否决权或一票通过的权力,但该权力每年使用不能超过两次。

(六) 资本进入阶段

尽职调查后,私募股权基金经营管理团队兵分两路,一路向投资委员会建议进行投资;一路与拟投资项目方进行沟通谈判,落实私募股权投资的细节。

1. 正式谈判签约

投融资双方经过多次接触,开始了漫长的谈判与签约过程。谈判的焦点主要在每股单价出让数量、股份比例、资金使用安排、投资阶段分期、激励计划、入资方式等细节,也就是谈判的交易约定内容。通常谈判时间从半年至一年不等。只有双方在各个细节达成一致意见,双方才能在投资协议书上签字,投资协议书和若干附件组成一系列文件,共同对该股权投资活动进行约束。而投资协议书包括两个方面的内容:一是就股权交易方式进行约定的内容。二是对投资方的保护性条款内容,其中保护性条款包括:反摊薄条款,确保原始投资人利益的协定;肯定性和否定性条款,对被投企业管理行为的约束;优先购买股权,共同卖股权;股票被回购的权利,强制原有股东卖出股份的权利;相关者承诺;陈述和保证。

2. 股权变更登记

私募股权基金在完成投资协议的签署后,必须及时通过市场监督管理部门完成股权变更,这也是股权交易合法性的重要保障。股权交易需要通过召开股东大会通过、国资需要上一级所有人批准、集体企业需要召开职工代表大会通过等合法程序才能完成。因此,在投融资双方签署投资协议后,私募股权投资活动还需要通过上述审核后才能真正成交。在完成审核后,投融资双方按照投资协议规定进行入资和完成股权变更登记。此后,私募股权投资进入另一个阶段,就是投资项目管理和资本退出阶段,私募股权投资的进程翻开了新的一页。

(七) 项目退出

私募股权投资的退出,是指基金管理人将其持有的所投资企业的股权在市场上出售以回收投资并实现投资收益的过程。私募股权基金的退出是私募股权投资环节中的最后一环,该环节关系到投资的收回以及增值的实现。私募股权投资的目的是获取高额收益,而退出渠道是否畅通是关系到私募股权投资是否成功的重要问题。因此,退出策略是私募股权基金在开始筛选企业时就需要考虑的因素。

上述内容阐述了私募股权投资一个项目的全过程。在现实生活中,投资机构可能同时运作几个项目,但基本上每个项目都要经过以上流程。

二、赢得项目

当完成尽职调查并安排好辛迪加后,投资团队如何赢得项目呢?这个其实在尽职调查期间互动的时候已经部分在进行了,在项目完成之前,要友善和有耐心地询问好问题、做有用的介绍——所有这些都能帮助公司脱颖而出成为企业长期的合作伙伴。

(一)建立友好分享信息氛围

普通合伙人需要建立一个大家愿意分享信息的环境。有些普通合伙人会利用个人魅力吸引其他人,有些普通合伙人会通过领域专业知识来吸引其他人。这里也有建立信息共享社区方面的。一家公司的普通合伙人会到外面接触另外一家公司的普通合伙人,他们知道对方也会做同样的事情。即使是现在,美国已经有了 2 700 家私募股权公司,但这个行业还是个小行业,从业人员在其职业生涯中常常会碰到彼此。

(二)保留选择权

对于投资者来说,尽可能多地保留选择权是有好处的。一份投资条款清单或者投资意向书(LOI)可能会列一个估值区间,并取决于尽职调查的结果。根据最终辛迪加中的公司数量,项目条款可能会有修改。至于如何实现这点,要看投资者对企业未来融资或者各方面专业指导需求的评估。

(三)保持长期关系

信息流有部分是涉及在所有参与方中建立合伙意识,尤其是和企业里的人员。普通合伙人在董事会里不直接运营企业。投资者需要清楚企业中的重要人员,并和他们建立富有成效的关系。这些重要人员可能是管理层、供应商或者是客户,并且这是一种长期的关系——对于早期项目来说是 5~7 年。参与方必须有一定程度的合伙行为,尊重甚至可能是乐于让这种互动顺利进行。

(四)维持良好印象

当然,普通合伙人作为潜在合伙伙伴也会被评估。公司的品牌和个体普通合伙人的业绩记录构成了第一印象。一名投资者的水平,反映在他所在的投资平台以及他最大名气的项目上。

（五）确保交易能够完成

对 LBO 公司来说,我们之前提到的多轮拍卖会不断筛选收购方。在 Lion Capital 和黑石收购 Orangina 的例子中,感兴趣的投资者(有的联合组成了辛迪加)数量在各轮中从 40家减少到 7 家,一直到两家。卖方关心的不仅仅是一个好价格。可口可乐是早先拍卖的赢家,但监管部门不同意可口可乐收购整个 Orangina。这使得 Cadbury(Orangina 的所有方)在其主要竞争对手很好地了解其财务状况后,只能继续经营这个早先试图卖掉的规模较小的部门。Cadbury 想做的就是把软饮部门脱手。因此,收购的首要要求之一是潜在的收购方确保交易能够完成。

多轮竞标后,根据竞标方的特点和支付意愿,竞标方逐渐减少。通常,投行会向竞标方提供一个预期价格。那些认为价格太高或者在规定期限之前无法对给定价格满意的公司就会退出竞争。随着竞标方变少,其他问题,尤其是融资安排能力,变得更加重要。

LBO 公司必须让企业或其母公司相信他们能购买股权并能募集必要等级的借款。收购标的的供应商和客户都想知道收购方能完成交易,并在合理的时间框架内整理各个部分并达成交易。因此,没有什么比让企业运行在不确定性中更能破坏企业的生态系统了。

最后,企业的管理团队需要清楚收购方能帮助他们创造价值。在收购 Orangina 中,Lion Capital 和黑石频繁与管理团队会面,并计划增加市场营销和产品研发上的投入,接纳管理战略。管理团队的薪酬和以下因素挂钩:他们完成收入和息税折旧摊销前利润增长目标的能力和偿付债务(债务不是由作为收购方的 LBO 公司承担,而是由标的企业承担)的能力,因此制订能实现这些战略目标的计划是必要的。

―――――― **即测即练** ――――――

第五章

股权投资的权益保护条款

在谈判过程中,买卖双方会对投资协议条款进行谈判,约定双方的权利、义务,最终才会签署投资协议,投资协议会包括股权投资的具体方案、项目公司控制权和利益的分配等问题。私募股权投资协议是投融资业务中最核心的交易文件,与项目公司进行谈判时条款的设计目的、风险点等因素也都需要进行考量。在本章中,会为大家解读有关股权投资的权益保护条款,包括优先股、清算优先权条款、优先分红条款、受领权(vesting)、对赌协议(valuation adjustment mechanism,VAM)和反稀释条款(anti-dilution provision)。

第一节　投资缓冲阀——优先股

一、优先股的概念

优先股是相对于普通股而言的,是公司的一种股份权益形式,主要在利润分红及剩余财产分配的权利方面优先于普通股。优先股股东没有选举权及被选举权,一般来说对公司的经营没有参与权。优先股股票实际上是股份有限公司一种类似举债集资的形式。由于优先股的股息率事先设定,所以优先股的股息一般不会根据公司经营情况而增减,而且一般不能参与公司剩余利润的分红,也不享有除自身价格以外的所有者权益,如资不抵债,优先股会有损失。对公司来说,由于股息相对固定,它不影响公司的利润分配。优先股股东不能要求退股,却可以依照优先股股票所附的赎回条款,由公司予以赎回,大多数优先股股票都附有赎回条款。在公司解散,分配剩余财产时,优先股的索偿权先于普通股,而次于债权人。优先股具有似债非债、似股非股的特质。Ross(2008)认为,优先股实际上是伪装了的债券,但其与债券最主要的差异是在确定公司应纳税收入时,优先股股利不能作为一项利息费用从而免予纳税。首先,由于优先股股利不是发行公司必须偿付的一项法定债务,所以如果公司财务状况恶化,这种股利可以不付,从而减轻了企业的财务负担。其次,由于优先股股票没有规定最终到期日,所以它实质上是一种永续性借款,优先股股票的收回由企业决定,企业可在有利条件下收回优先股股票,具有较大的灵活性。再次,从债权人的角度看,优先股属于公司股本,财务风险小,有利于维护公司的财务状况,可以提升公司的举债能力。最后,与普通股股票相比,优先股股票每股收益是固定的,只要企业净资产收益率高于优先股股票成本率,普通股股票每股收益就会上升;另外,优先股股票无表决权,因此不影响普通股股东对企业的控制权。一般而言,优先股是投融资双方商议并达成的一种私募股权转让协议,而这个协议可以非常灵活。优先股制度先于私募股权投资机制而存在,因其具有灵活的协议特性而逐渐引起私募股权投资和创业企业的关注。随着优先股在私募股权交易中的运用,在优先股基础上衍生的权利设计不断丰富,优先股被发展成为私募股权投资交易中最佳工具之一。

二、私募股权投资与优先股对接的实效益处

(一)优先股制度可以拓宽私募投资渠道

优先股本身具备的特殊功能和法律属性决定了其可以拓宽私募股权的投资渠道。第一,优先股本身具备融资的特质,使其必然成为企业投资决策中不可缺少的资本市场工具。第二,优先股既是资本工具又是融资工具,加之其与国家现在大力扶持产业的发展特点相匹配,如生态环保类产业、高科技型产业等,这使私募投资者在选择目标企业以及向目标企业投入资金时会极大程度地青睐优先股制度这种投资方式。第三,优先股除了自身特有的属性外,还兼具债券的性质,因此与其他融资工具相比有着独特的优势——企业可以通过优先股制度开展多种形式的融资活动。例如,商业银行可通过发行优先股的方式弥补自身金融资本不足的情况,拓宽补充资本的途径,夯实自身的资金基础,为商业银行的良好发展提供强劲的支持。

(二)优先股"风险融资"特性与私募目标公司融资需求相契合

普遍来讲,公司的经营管理状况会直接影响到普通股、公司债券等融资形式吸引资金的情况,若企业经营没有呈现极佳的状态,则很难通过一般的融资工具招揽投资者。优先股与其他融资工具不同,企业目前的状况并不能妨碍资金的引入,这也就使优先股成为解决企业融资困难的有力工具。那些虽然具备良好发展潜力但并未上市的企业,对资金的需求很迫切,但是不能借助普通股和债券来吸引大量投资者的目光。因为这些公司处于起步阶段,其实力相对而言不能满足风险性投资的需要。而私募股权投资选择的目标企业正是这些公司,优先股的特性满足了目标企业和投资者双方的需求,自然可在私募股权投资中广为应用,企业的发展也可以引进更多的资金。私募股权投资者与目标公司的谈判中,肯定会主张大量利于自身发展的优先权利,而企业其他股东也不希望自己的利益遭到损失。反复的磋商不仅会增加代理的成本,甚至错过投资的最佳时机,影响到目标公司的发展。优先股通过相对固定的条款,对降低投资的成本、减少磋商的时间大有裨益。优先股作为一种投资方式契合了投融资双方的需要,是金融创新的具化表现。

（三）优先股能有效化解私募股权投资中的风险

优先股具有私法自治的特点，可以有效化解不同主体利益诉求不一致的难题。设立优先股既体现了公司自治行为，也是私法自治在公司法层面的表现。投融资双方通过协议对优先股相关的具体内容进行确立体现意思自治。比如设定可转换优先股，通过双方的意思自治协商达成转换的条件，投资方通常将未来企业的业绩作为主要考量标准。倘若目标公司发展良好，企业的普通股收益会因业绩情况水涨船高，优先股的所有人这时可依约定将优先股转变为普通股，来更大化实现获利；倘若被投资的企业经营不善，优先股股东可以让企业履行约定，实现其所拥有的优先权利，如要求企业回购股票。即便公司有破产的危险，优先股股东也可以使用清算优先权（liquidation preference）对自身的权益进行及时的保护，在剩余财产中得到优先分配。优先股制度的适用能够对目标公司的经营管理者有持续的督促作用，减小其不考虑投资者利益仅谋私利的可能，得到投资的一方要保持动力，勤勉负责，按照投资一方的目标预期进行管理。目标公司只有符合投资人的期望，股东才不要求公司回购所持股票，而获得持续的资金注入。这样一来，压力在被投资方，投资人凭借优先股的设计减少自身所面临的风险，主体不同所引发的利益诉求不同也得以有效地化解。虽然优先股的表决权受到了限制，通常不能干预目标公司的经营管理和决策。这点却正好满足了私募股权投资的需要，私募股权的一个显著特征就是目标企业经营权和投资者收益权的分离，公司原始股股东直接在一线进行决策和操作，可减少外界的制约。优先股股东追求收益，表决权不作为其投资目的，不去影响公司的正常成长。在防范信息不对称风险方面，优先股拥有的优先权可以防止目标企业为提高股权估值而进行弄虚作假的行为。目标企业以成功引资为目的，而估值的高低很大程度上影响融资的多少，提高估值就成为企业的追求。这样的利益驱使会使待融资企业选择一种直接的方式欺骗投资人，像在财务账目对业务往来进行虚报、虚高营业业绩以及在财务报表上作假。注资前的尽职调查通常是由企业提供相应的资料，只能作为企业过去和现在经营情况的参照，很难获得真实的企业情况以及对未来业绩的预测。优先股制度的巧妙设计，以优先分红权（dividend preference）的规制，减少企业舞弊的可能性。优先股股东会优先于其他股东分红，虚高的经营业绩会导致对其他股东分配过多的利益，影响公司的正常运作。高估值匹配高分红，不真实的估值情况会延误融资的顺利进行。投资者和目标企业在磋商过程中，对相应的投资条款进行灵活的约定，设立各种附加性的优先权利，利用优先股的条款保障投资方免于因信息渠道不畅而遭受道德风险的损失，减少信息优势的一方利用己方的便利损害到另一方的权益的行为。

三、私募股权投资优先股的分类

（一）可赎回优先股

可赎回优先股有时称作"直接优先股"，不可以转成普通股。因此，其内在价值等于面值加上其所附带的股息。股息将在后面进行详细讨论。

在大多数情况下,可赎回优先股更像是深度次级债务(例如,如果公司面临困难,可赎回优先股紧排在银行和其他债权人之后),但是也有一些变化。可赎回优先股总是附带谈判条款,规定公司何时必须赎回优先股——通常是公开发售股份或5～8年后中较早的一个时间。5～8年的条款符合私募股权投资者通过有限存续期的基金进行投资的理念,并为普通合伙人提供了一种保证,即清算事件在基金的存续期结束前发生。

可赎回优先股和普通股或认股权相结合用于私募股权交易中。(认股权:它赋予持有人以某一事先设定的价格进行购买的权利,而没有购买的义务。最重要的区别是认股权通常是由发行认股权持有人可以购买的股票的公司发行的。因此,公司发行的认股权有股权稀释作用:当行使认股权时,公司发行新股票,发行在外的股票数量将增加。)

由于一些原因,在可赎回优先股加普通股的交易结构中,将价值尽可能多地分配给可赎回优先股、尽可能少地分配给普通股,是可以接受的一种方案。

1. 下行保护

使用优先股的意思是普通股本质上在盈利之前是不会获得价值的。从投资者的角度来看,将价值尽可能多地分配给优先股是合理的,因为这样就可以激励企业家为企业创造更多的价值,从而在投资退出时,优先股投资容易收回,大量资金则留给了普通股。这种结构有助于消除在交易中的一种不确定性因素,即投资人不清楚企业家究竟有多努力工作。

2. 员工激励股份定价

为购买员工已获期权的股票,员工必须用他们自己的账户埋单。他们可能有更急需的东西要购买(比如食物)。为了鼓励员工持股(此举将员工的利益和公司的成功联系在一起),董事会希望普通股的价格尽可能低。这样做有两种结果:一是员工买得起股票;二是不论是公司出售还是首次公开募股,都增加了员工在这些清算事件下获得收益的可能性——考虑一下股票出售价格为5美元时,员工为购买股票需支付每股5美分和每股8美元之间的差异。为自己创造财富的前景将激励员工留在公司并努力工作。董事会可以使用以前交易中的"便宜普通股"作为低股价的基准。例如,如果董事会以每股1美分的价格而不是1美元的价格发行员工激励股票,假设股票出售价格一样,那么每一激励股的内含价值将增加99美分。在不和税务问题冲突的情况下,董事会可以向员工发行激励股票的价格受普通股的"市场价值"控制,而"市场价值"则通过本轮融资中建立的估值确定。这个机制是使普通股定价尽量低的进一步原因。

3. 延期纳税

投资者出售其股票获得收益时需要纳税。收益当然等于股票出售价格和购买价格("成本基础")之间的差异。由于资金时间价值的原因,作为一个基本原则,投资者通常愿意延期纳税——延后纳税而不是尽早纳税。对于可赎回优先股和普通股结构,投资者持有两种证券:优先股和普通股。当赎回优先股时,投资者收到面值(通常为成本基础)。由于赎回优先股只是简单地将资本回收,而不产生收益,因此赎回不需纳税。而且,优先股很有可能在普通股出售之前被赎回,把更多的价值放在优先股上可以延期纳税。但如果优先股的价值过高,也同样会出现问题。在 IPO 中,可赎回优先股通常附带条款规定,其赎回款应该从公开募股所筹款项中提取。由于公众投资者并不喜欢在他们购买公司股票时,老的投资者却在撤资,因此,当 IPO 所筹款项的相当大一部分被用于赎回风险投资者的优先股,公司的公开市场价值将受到不利影响。可赎回优先股的这些问题,特别是企业家收益回收缓慢和普通股的定价问题,使得在许多私募股权交易中采用可转换优先股。

(二)可转换优先股

可转换优先股是指可以根据股东的意愿转换为普通股的优先股。这迫使股东在通过清算功能获得收益还是通过持有普通股获得收益之间进行选择。显然,如果报给公司的估值超过投资时的暗含企业总价值,那么股东为了实现其收益,将把优先股转换为普通股。

为什么我们在新的上市公司中没有发现这种类型的优先股呢?简而言之,优先股结构在某种程度上比较复杂,较新的上市公司通常会回避它。公开市场通常希望公司使用简单的资本结构,仅使用普通股和债权。股票承销商总是坚持在 IPO 时将全部优先股转换为普通股。为避免一轮投资者要求对其将优先股转换为普通股进行补偿的谈判,可换股优先股一般包含一项强制转换条款,作为承销一定(经谈判的)规模和价格 IPO 的一部分,允许公司强制转换。触发这种转换的必要的最小 IPO 规模,通常足够大,以保证市场的流动性,而最低价通常是投资时价格的两倍或者 3 倍,足够高以保证投资者有强烈的意愿进行转换。

(三)参与可转换优先股

参与可转换优先股是带有附加功能的可转换优先股,即在该公司出售或清算时,持有人有权收到面值和其股权参与部分,就好像股票已经进行了转换。也就是说,参与可转换优先股即使在转换后仍参与股权分配。像可转换优先股一样,参与可转换优先股在公开募集中包含强制转换条款。总的结果就是,这种金融工具在公司上市前表现得像是可赎回优先股,而在公司公开募资时则转换为普通股。

事实上,强制转换特征是使用参与可转换优先股而不使用可赎回优先股加低价普通股结构的主要原因。参与可转换优先股不会造成在公开发行中强制向私人投资者支付的尴尬,承销商通常不鼓励这样做,因为如果所有募集的资本都是用于公司未来的发展而不是支付给现有的股东,公开发行将更容易。

(四)多倍清算优先权

在可转换优先股和参与可转换优先股中看到的追赶的差异,是应对企业家和投资者在低价值退出时的不同期望值的一种方式。如果投资者担心在低价值时退出,与没有参与可转换优先股结构相比,参与可转换优先股结构给予他的资本一次额外的转机。修改清算优先股是调整低价值退出风险的另一种方式。我们之前提到的都是1倍清算优先权。但是多倍清算优先权允许对不同的期望值进行微调。例如,可以规定可转换优先股有两倍清算优先权;也就是说,在与企业家开始收益分成前,这类证券的持有人将获得两倍优先股面值。

使用不同倍数清算优先权可以视为对市场条件的反应,就像价格谈判一样。比如,在2000年泡沫破裂后的 VC 市场中,在多轮融资后仍在挣扎的公司会使用6倍甚至更高倍数的清算优先权进行定价,这并不鲜见。在这些案例中,投资者常常试图拯救濒临破产的公司,并期待完全通过多倍清算优先权收回投资。通过利用多倍清算优先权,投资者可以保持之前的优先股,并创造比之更优先的证券。这种战略往往简化与之前证券的持有人之间的交易谈判,这在很大程度上是由于它不要求之前投资人减记其所持证券——第一是之前的证券没有被替代;第二是之前的证券(不太可能)具有价值。

注意,当清算优先权的倍数变得很大时,较之劣后的证券,即更晚获得支付的证券,比如普通股或优先股,没有这种优先条款,将会失去价值。这使保留管理团队并为之提供更多的激励变得更困难,而公司的任何价值都是管理团队创造的。

四、股利

在公开市场,股利总是与优先股联系在一起。在私募股权中,股利则扮演另外的角色。对于 VC,一般避免支付股利或将股利支付大量递延到未来,因为风险投资者是以获得资本利得为导向的——事实上,股利产生的收益并不会用于支付业绩分成。而且,股利可能会限制成长中公司的融资能力,因为潜在的投资者会奇怪为什么公司成长需要现金的时候还把现金返回给股东。最后,股利造成了优先股股东(投资者)和普通股股东(通常是创始人、管理层和关键雇员)之间收益上的不对称,这会引起投资者和公司之间利益的不一致。

为了吸引希望获得高收益的某些类型的投资者,大型上市公司经常发行高股利的优先股,这些股利优先于普通股股利。同样,在收购和成长融资结构中,股利会出现在某些类型的优先股中用于吸引想获得股利的投资者。这允许公司以较高的价格出售股份,因为想获得股利的投资者愿意支付更高的价格。

在收购交易中,股利经常以实物支付(PIK)股利的形式出现,尤其在容易获得融资的市场期间,比如2006年到2007年。这些股利不是以现金形式支付,而是以更大数量的优先股形式支付。通常,带有 PIK 股利的优先股在收购融资的夹层或中间层融资中使用,夹层债券在优先权上高于主要的股权层,但却低于银行贷款(其在概念上是“中间层”,因为填补了银行贷款和风险最高的股权之间的空间)。因为夹层债券较之银行贷款的风险更高,它的投资者会要求更高的资本回报,由其所代表的股权提供,并常常由股利进行补充。由于公司的现金流需要先用于付清银行的贷款,公司通常选择支付 PIK 股利而不是支付现金股利。在某些方面,收购交易夹层债券中的 PIK 股利提高了持有人的回报,并激励公司的管理层尽快收购夹层债券。这是因为随着时间推移,PIK 可以大幅增加其所依附证券的附加值。我们在本章后面讨论收购证券时会提供一个 PIK 证券的案例。

　　LBO 投资者经常使用一次性特殊股利更早地收回资本并提高收益。当一家在 LBO 中被收购的公司成功运营时——付清当公司第一次被收购时所发生的债务,并分享企业价值的增值——投资者会选择对部分或全部债务进行再融资。由于现金流的增加和资金价值的提升,新的贷款成本更低,公司可以借入更多的资金。在这样的情况下,投资者能选择让公司增加负债的比重,并用获得的额外现金向股权投资者支付一次性股利。因此在股权投资者仍然持有公司股票时,他们已回收一部分投资资本。

五、优先权条款的本质

(一)股东异质化的表现

　　公司治理难题系商事公司中普遍存在的利益冲突问题,不仅表现为代理型公司治理问题,即经理人对股东的"内部人控制"问题,还涵括剥夺型公司治理问题,其表现为控股股东对中小股东权益的"隧道挖掘"。基于此种背景而于 20 世纪兴起的委托代理系列理论为公司治理难题的解决提供了诸多思路,设计诸多模型,力求最大限度使目标公司绝缘于治理难题,为公司内部权力配置留下了深深烙印。在股东权利平等、同股同权、同股同利的公司法原则下,股东股份平等、按照资本多数决原则享有权利,其目标一致、利益一致系应有之义。公司股东作为理性经济人,以公司价值最大化为目标,以获取最大经济利益为目的,通过表决权的理性行使来享有目标公司股东权益。不难发现,股东同质化假定作为先决条件于该系列理论中表现得淋漓尽致。然而,在诸如股份公司高度发展、股权高度分散的今天,股东(大)会中心主义原则在一定程度上充当了目标公司大股东滥用资本多数决原则、侵蚀目标公司独立意志与财产的无良帮手,实质平等对股东股份平等原则亦产生了质疑,各领域虽设计有诸如公司人格否认——"揭开公司面纱"、异议股东股权回购等制度,意图修正股东同质化假定所造成的部分偏差,但却未免力不从心、不能根治。

　　公司股东所有权与管理人员经营权的分离是股东同质化假定下传统委托代理理论得以运用的先决条件,而股东股权内部各项权能的享有、行使和分离是股东异质化假定的重要前提。商事实践中,存有大量上述分离现象,类别亦不相同,诸如优先股制度、双重股权制度、投票权受限制度等。股东之间风险偏好及风险承受度的不同亦对股东异质化假定提出了要求,如股东之间对目标公司利益分配的要求不同、投资偏好的不同、投资品位的不同等。其中,以私募基金为代表的机构投资者股东与普通股股东之间对目标公司战略方向、资金流动性、利润分配等决策意见更是不同。股东股权平等原则与股东一元化原则曾是股东同质化假定的重要标志,私募股权投资者为保护其经济利益而设计之优先权条款系对股东股权平等原则与股东一元化原则之打破,即以股东异质化假定为依托。

股东异质化假定承认股东之间股权关系的非一元化,对该假定的探讨与运用对以初创企业为代表的中小企业融资渠道的拓宽起到了显著的积极作用,在一定程度上弥补了初创企业股权结构不稳定、发展不确定的缺点,而建立在该假定基础之上的公司法律制度亦为初创企业融资行为提供了法律支撑,通过私募股权投资方式融资即为典型代表。私募股权投资者的盈利方式为对目标公司的"投资—退出"以获取高额资本溢价,其向目标公司注资通常以认购小额股本与大额资本公积金的形式实现,对目标公司控制权属的享有持消极态度,更关注退出后可获得之溢价而非目标公司营运过程。私募股权投资者为保障其经济权益以避免高度不确定性,往往要求于注资时与目标公司或目标公司控股股东或二者兼有签署投资协议,优先权条款即为协议典型。此时,需要注意的是,私募股权投资者注资目标公司所获得之股权与普通股权并不完全相同,其虽系目标公司股东,但权利和义务却与目标公司普通股股东存有较大差异,实质为类别股股东。

(二)类别股的发行方式

类别股发祥于域外,衍生于公司多样化融资渠道,具有债权与股权双重属性,系公司融资方式的重大创新。根据会计学上实质重于形式的原理,类别股依其实质融资内涵的不同,可分别归为债务工具与权益工具科目。在公司法领域,根据股东权利约束的不同,可将类别股分类为股东经济权益不同的类别股与股东投票权能不同的类别股,前者表现为在目标公司利润与剩余财产分配等经济利益方面区别于普通股股权的特殊股份,后者表现为在目标公司股东(大)会投票权利受限或享有超额表决权利的特殊股份。类别股因其投融资的灵活性,将以私募基金为代表的机构投资者与处于创业期、成长期,具有高度发展不确定性的目标公司连接起来,既保证了投资者于目标公司可获之经济利益,又为目标公司高速发展融得资金,兼顾目标公司股权结构的稳定性,在域外公司增资扩股决策中被大量运用。

2013年《国务院关于开展优先股试点的指导意见》与2014年《优先股试点管理办法》的相继出台表明我国以行政规范性文件及部门规章方式先于立法而承认类别股融资方式的存在。然而,该意见与办法仅限符合条件的上市公司与非上市公众公司发行特定类别的优先股,对发行方式亦多有限制,导致商事实践中目标公司对该类别股运用情况并不乐观,众多初创企业与该融资渠道无缘。该意见与办法施行后亦引发类别股立法干预模式之探讨,分为章程自治式立法干预与法定主义式立法干预,前者强调类别股于合同法下的契约连接性质,类别股设置授权于公司章程;后者突出类别股于公司法视角下的法定主义色彩。目前,类别股立法模式尚无定论。

在类别股融资渠道堵塞的情况下,私募股权投资协议的契约性质无疑为其争取到传统民事法律制度的部分保护,私募股权投资优先权条款的约定替代了类别股的发行。私募股权投资协议设计复杂,涉及商事领域诸多法规,如公司法、证券法、破产法等,核心条款如有不当,不免于债权性质之外遭遇否定性评价,导致私募股权投资者经济利益受损。结合有"对赌协议第一案"之称的"海富案"所确定的私募股权投资者与目标公司签订的具有类别股性质的对赌协议无效的认定,更是加剧私募股权投资者对包括优先权条款在内的类别股性质协议效力的恐慌。该案历经中级人民法院一审、高级人民法院二审,再到最高人民法院再审而落锤定音,对类似案件审理具有重要的指导意义。不可否认的是,制定法国家法院于商事领域作出的判决于后续类似案例处理之时产生的影响亦是不可小觑。在国民经济高速增长,初创企业与私募股权机构如雨后春笋般迅速崛起的今天,私募股权投资优先权条款性质效力究竟如何,不仅关系到国民财产安全,更是关系到商事领域的繁荣发展以及国民经济的持续高速增长。

第二节　清算优先权条款

清算优先权又称优先清算权,是指持有优先股的私募股权投资者有权在普通股股东之前按照事先约定的价格获得企业清算价值的全部或一部分。

一、清算优先权的作用

投资者在投资协议中通常会约定清算优先权条款,主要目的是保证投资人在退出时的损失最小化,做到"旱涝保收";其次是投资人在公司被收购、出售控股股权或主要资产时,也就是视为清算的情况下,也能获得一个比较理想的回报。

二、清算优先权的分类

根据优先股股东是否可以参与后续分配,清算优先权可以分为如下几种。

(一)无参与权的优先股

无参与权的优先股(non-participating preferred stock)是指投资人仅获得优先权约定分配,不参与后续分配的优先股,常见表述为:首先支付各优先股 A 股原始购买价[1 倍]的金额[加上孳生股息][加上宣告而未付的股息]。剩余收益再分配给普通股股东。

例如:投资人投资 1 000 万元,得到 30% 股权。其清算优先权条款如上,回报率定为1 倍。当公司清算价值低于 1 000 万元时,投资人行使清算优先权,将把资金全数拿走。假如公司清算价值低于 3 333 万元高于 1 000 万元,投资人按股权分配都将低于 1 000 万元,则投资人会选择行使优先清算权,得到 1 000 万元。但是,当公司清算价值大于 3 333 万元时,行使一般分配权按 30% 比例分配将得到多于 1 000 万元的回报,投资人会放弃清算优先权,选择按比例分配。

（二）有参与权的优先股

有参与权的优先股(full participating preferred stock)是指享有参与分配权的投资人在获得优先权约定额之后，还根据其持股比例和其他股东按股权比例分配剩余变现款。

其常见表述为：首先支付投资人原始购买价[1倍]的金额[加上孳生股息][加上宣告而未付的股息]。然后，任何剩余的可供股东分配的公司资金和资产将按持股比例在所有股东（包括投资人以及普通股股东）之间进行分配。

例如：投资人投资1000万元，得到30%股权。其清算优先权条款和参与权条款如上，回报率定为1倍。当公司清算时价值低于1000万元时，投资人行使清算优先权，将把变现资金全数拿走。而一旦公司清算价值高于1000万元，则投资人有权得到变现资金减去1000万元后剩余部分的30%。假使公司清算价值为11000万元，投资人先按优先权得到1000万元，剩余10000万元按比例分配，投资人得到3000万元。投资人得到总计4000万元回报。

（三）附上限的优先股参与权

附上限的优先股参与权(cap on preferred stock participation rights)表示优先股按比例参与分配剩余清算资金，直到所获回报总额达到约定回报上限。这是一种对完全参与清算优先权的不公平性作出限制的折中，即投资人回报达到一定上限后，停止参与分配，由创始人享有剩余部分价值。

其常见表述为：首先支付各优先股A股原始购买价[1倍]的金额[加上孳生股息][加上宣告而未付的股息]。然后，优先股A股在视同转换的基础上与普通股共同参与分配；但一旦投资人获得的回报达到[x]倍投资款，将停止参与分配。之后，剩余的资产将由其他股东按比例分配。

例如：投资人投资1000万元，得到30%股权。其清算优先权条款和参与权条款如上，回报率定为1倍，回报上限定为4倍。当公司清算时价值低于1000万元时，投资人行使清算优先权，将把变现资金全数拿走。而一旦公司清算价值高于1000万元、低于13333万元，则投资人有权得到变现资金减去1000万元后剩余部分的30%。但当公司清算价值高于13333万元时，投资人如行使优先清算权最多能得到4000万元的回报，而直接按比例分配则能得到多于4000万元的回报，此时投资人会选择放弃优先清算权，而行使一般分配权。

实践中，优先清算回报上限一般是优先股股东原始购买股权价格的2～4倍。但是，需要特别注意的是，该2～4倍已经包括在执行优先清算权操作程序第一步中分配给优先股股东的x倍于原始股购买价格的优先清算回报。

三、清算优先权的实现方式

（一）分红

常见条款表述：在清算事件发生后，不违反相关法律的前提下，现有股东一致同意，以定向分红的方式向投资人支付其根据优先清算权所应得款项。

《公司法》第 34 条规定了"全体股东约定不按照出资比例分取红利或者不按照出资比例优先认缴出资的除外"，该条文就给约定分红提供了法律依据，故在法定清算程序启动之前，约定以分红的方式将计算后投资人根据优先清算权应获得回报预先发放给投资人是可行的。

通过分红方式实现清算优先权仅适用于公司资产被并购模式下待分配财产进入公司账户且公司盈利的情形。在创始人卖出自己所持有的股份（即股权并购）的情况下，该方式不可行。

（二）二次分配

常见条款表述：为了满足相关法律的要求并实现各方在本协议项下的约定，各方同意可分配资产将按照如下机制与程序进行分配调整：可分配资产首先按照股东的出资比例分配给公司各股东（"初次分配"）；初次分配完成后，公司各股东应通过无偿转移或受让的方式再次调整其从初次分配中获得的资产数额，使公司各股东最终获得的可分配资产的数额达到清算优先权规定的分配方案下相同或类似的效果。

例如：公司法定清算后偿还所有债务后可供股东分配财产共计 10 000 万元，投资人占 30％股权，创始人 A 和创始人 B 各自占 35％股权。投资人按清算优先权计算共计应得 4 000 万元回报。初次分配后投资人得款 3 000 万元，创始人 A 和创始人 B 各自得款 3 500 万元。则二次分配由 A 与 B 各自无偿转让 500 万元给投资人，以使投资人最终取得 4 000 万的回报。

四、清算优先权的触发——清算事件

清算事件是指除了 IPO 之外的一切导致公司控制权变更的重大资产或股权的变动情况，诸如公司投票权转移、公司被兼并、合并、公司全部或实质性全部资产的出售、租赁、转让或其他处置方式，当该事件发生时投资人股东即可行使清算优先权的事件。

清算事件分为一般清算事件和视为清算事件（deemed liquidation event）。一般清算事件，是指公司经营状况不佳时，进行清算、解散或清盘，在此类情况下公司剩余的资产已所剩不多。而视为清算事件，则并非指公司事实上的解散或清盘，而是指公司合并、被收购、

出售控股股权以及出售主要资产、重组以及其他活动,从而导致公司现有股东占有存续公司已发行股份的比例不高于 50%,在这种情况下,公司可能仍拥有很多资产。

常见条款表述:"除法定清算事由之外,因合并、收购、出售控股股权、出售主要或全部资产而导致公司现有股东持有续存公司已发行股份的比例不高于 50% 的,该类事件被视为清算事件。"

五、清算优先权的深层次探讨

(1)虽然优先清算权是为了保护优先股股东投资收益而设计的,但是该制度同时也是防止普通股股东出现道德风险的有效机制。

(2)从权利性质上分析,享有参与分配权的优先清算权是债权与股权的结合体。

(3)在行使优先清算权时,存在私募股权投资人与企业原始股东退出利益不一致的情况。

(4)在企业发生多轮融资时,优先清算权会更为复杂。从本质上讲,存在两类处理方式:其一是后续进入的私募股权投资人的优先清算权依次优于之前进入的投资者。其二是不论投资于企业的时间晚近,所有私募股权投资人的优先清算权均平等,也可以说不同序列和类别的优先股股东之间不享有优先清算权,优先股股东只是相对于普通股股东而言才享有相对的清算优先权。

(5)优先清算权条款是企业与私募股权投资者谈判的结果,世界上并不存在一个适用于所有私募股权融资案例的优先清算权。

第三节　优先分红条款

优先分红权是指优先股股东享有的在公司分配利润时优先于其他普通股股东,按照约定的次序、比例或者固定额度取得一定数额利润的权利。通过优先分红的方法让投资方先于企业创始人拿到分红,在一定程度上可以释放投资方的投资风险。这一条款一方面降低了投资人的投资风险,另一方面防止原有股东不合理的套现行为。

一、优先分红权的作用

优先权条款中分红优先意指签订该条款之特定股东于目标公司宣告分红、发放股利时,优先于普通股股东按其投资额度享有股息红利权益,表现为权益分配顺序上的优先。如签订该条款之特定股东未能分配或未要求分配目标公司股息红利权益,则普通股股东无权要求分配。优先分红权的目的主要有两个:第一个是取得稳定的回报,降低投资风险,投资方可以通过累积性的分红获得一个较为稳定的回报；第二个是限制公司分红与公司创始人股东套现，在投资之后进行短时间的分红不是投资人的主要目的，优先分红权可以限制公司创始人股东分红，将所投资本用于所投公司发展，最大限度地保障投资收益。

二、优先分红权的分类

按照权益分配累积与否的不同，优先分红权可进一步分为可累积的优先权与不可累积的优先权。

（一）可累积的优先权

可累积的优先权是指在上市公司利润不足的情况下，公司用下一年度的利润来支付当年优先股股东的股利。可以看出，累积优先股股息是可以累积支付的。虽然累积优先股股东所应得的股息可以从下一年度公司的利润中优先支付。但是，这只是公司股东的分红权，而不是公司的债务。这样一来，累积优先股股息支付的前提就必须是公司有可分配的利润，如果公司出现亏损导致没有利润可分，那累积优先股的股息也是无法得到支付的。

（二）不可累积的优先权

与上述累积优先股股息不同的是，非累积优先股股息如果当年得不到支付，是不会用下一年度公司利润进行优先支付的。可以看出，在股东分红权的稳定性上，累积优先股比非累积优先股更加稳定。但是非累积优先股的优势在于，它们基本都是参加型的优先股，而参加型的优先股可以参与公司的二次利润分配。

例如：按照约定，本年应该支付 100 优先股股利，但是由于企业绩效不好，只支付了 80 优先股股利，剩下 20 未支付。如果这 20 优先股股利在以后年度企业绩效好时还要补发，那么就是累积优先股；如果不管企业以后年度绩效怎么样，这 20 都不发放了，那么就是非累积优先股。

根据签订该条款之特定股东受偿优先股利后是否可继续参与普通股股利分配的不同，优先分红权又可进一步分为享有参与权的优先权分红与不享有参与权的优先权分红。这与上述清算优先权所表述的并无不同。

三、优先分红权的法律规定

（一）关于利润分配的程序

《公司法》第 37 条规定："股东会行使下列职权……（六）审议批准公司的利润分配方案和弥补亏损方案……"

《公司法》第 46 条规定："董事会对股东会负责,行使下列职权……(五)制订公司的利润分配方案和弥补亏损方案……"

根据上述规定,公司的利润分配方案由公司董事会制订,再由公司股东会审议批准。若公司章程对公司的利润分配事项或股东的优先分红权另行作出约定,适用公司章程的约定。

(二)关于利润分配的比例及顺序

《公司法》第 34 条规定："股东按照实缴的出资比例分取红利;公司新增资本时,股东有权优先按照实缴的出资比例认缴出资。但是,全体股东约定不按照出资比例分取红利或者不按照出资比例优先认缴出资的除外。"

《公司法》第 166 条规定："公司分配当年税后利润时,应当提取利润的百分之十列入公司法定公积金。公司法定公积金累计额为公司注册资本的百分之五十以上的,可以不再提取。公司的法定公积金不足以弥补以前年度亏损的,在依照前款规定提取法定公积金之前,应当先用当年利润弥补亏损。公司从税后利润中提取法定公积金后,经股东会或者股东大会决议,还可以从税后利润中提取任意公积金。公司弥补亏损和提取公积金后所余税后利润,有限责任公司依照本法第三十四条的规定分配;股份有限公司按照股东持有的股份比例分配,但股份有限公司章程规定不按持股比例分配的除外。股东会、股东大会或者董事会违反前款规定,在公司弥补亏损和提取法定公积金之前向股东分配利润的,股东必须将违反规定分配的利润退还公司。公司持有的本公司股份不得分配利润。"

根据上述规定,公司弥补亏损和提取公积金后所余税后利润,在股东之间进行分配。有限责任公司股东按照实缴的出资比例分取红利,但全体股东约定不按照出资比例分取红利的除外;股份有限公司股东按照持有的股份比例分配,但股份有限公司章程规定不按持股比例分配的除外。

(三)关于利润分配的法律救济

《公司法》第 22 条第 1 款及第 2 款规定："公司股东会或者股东大会、董事会的决议内容违反法律、行政法规的无效。股东会或者股东大会、董事会的会议召集程序、表决方式违反法律、行政法规或者公司章程,或者决议内容违反公司章程的,股东可以自决议作出之日起六十日内,请求人民法院撤销。"

《公司法》第 74 条规定："有下列情形之一的,对股东会该项决议投反对票的股东可以请求公司按照合理的价格收购其股权:(一)公司连续五年不向股东分配利润,而公司该五年连续盈利,并且符合本法规定的分配利润条件的……"

《最高人民法院关于适用〈中华人民共和国公司法〉若干问题的规定(四)》第 14 条规定:"股东提交载明具体分配方案的股东会或者股东大会的有效决议,请求公司分配利润,公司拒绝分配利润且其关于无法执行决议的抗辩理由不成立的,人民法院应当判决公司按照决议载明的具体分配方案向股东分配利润。"

《最高人民法院关于适用〈中华人民共和国公司法〉若干问题的规定(四)》第15条规定:"股东未提交载明具体分配方案的股东会或者股东大会决议,请求公司分配利润的,人民法院应当驳回其诉讼请求,但违反法律规定滥用股东权利导致公司不分配利润,给其他股东造成损失的除外。"

第四节 受 领 权

受领权的概念很简单,即一个管理人员为公司工作一定年限之前或一些价值增值事件(比如,公司被出售)发生前,其所持有的股票并非由其"所有"。通常,受领权会在一定的时期内行使,并且股票按照时间比例进行"受领"(即管理人员获得股份或期权的无限制的所有权)。出于管理的目的,股票通常按照季度进行受领,偶尔按年,有时甚至按月受领。

在收购事件中,基于以下理论,风险条款书允许某些管理人员25%～50%受领权加速。

一是许多管理人员在并购中失去了工作,由于管理人员为股东创造了价值,让他们失去一大部分股份对于他们是非常不合理的。

二是在潜在的收购中最好有管理层和关键雇员的配合,受领权加速可以作为完成交易的激励。特别是,在控制权变化时,首席财务官股票的受领权时间经常会加速,以解决重大的利益冲突:CFO的帮助对于完成交易是关键的,收购公司一般会有它们自己的财务部门,并在收购中关闭被收购公司的财务部门,受领权加速是因为CFO积极参与和支持收购交易而对CFO的奖励,尽管这项交易非常可能让CFO失去工作。

当然,受领权加速和收购公司的利益相冲突,收购公司可能必须花费股票期权份额来重新激励被收购公司的员工,而这些员工已经从受领权加速中获得收益。这也和被收购公司的非管理层股东利益冲突,因为这实际上增加了要购买的股票池中的股份,稀释了他们的利益。谈判好的固定的股份价格因此由更多的股份进行分配。由于这些原因,受领权加速通常仅限于少量员工,并且每个员工仅加速一部分受领权。

总体上,与有普通股受领权的股权结构相比,优先股股权结构在执行根据业绩表现进行奖励的原则方面效果更好,因为优先股结构强调投资在并购或者IPO时达到的价值。而且,受领权是约定的,即如果受领权要达到和优先股一样的效果,必须预期潜在的事件和情况并写入合同。不过受领权仍发挥着重要的作用,可防止员工离职和拿走与服役公司时间不成比例的价值。当员工遇到其他的工作机会时,受领权有"金手铐"作用,激励员工留在公司。如果公司效益不错,关键员工持有价值不菲的期权股票,那么如果员工在一定的时间或事件之前离开,他将失去一大笔钱,这样员工早早离开公司的可能性大大降低。

受领权还发挥这样的作用:使股份从某种意义上"还未完成工作"的员工手中返回到激励股票池中,并给接替工作的员工提供激励股份。这使公司可以根据职位和岗位职责规划激励股票,从而在一定程度上降低员工离职率。类似地,受领权保护了士气,较之离职的员工,留下并创造价值的员工将获得更多利益。

第五节　对　赌　协　议

对赌协议直译为"价值调整机制",指的是投资方与融资方在达成投资协议时,对于未来不确定的情况进行一种约定:如果约定条件出现,投资方可以行使一种对自身有利的权利,用以补偿高估企业价值的损失;否则融资方就可以行使另一种对自身有利的权利,以补偿企业价值被低估的损失。

一、对赌协议的价值

(1) 对投资方:对赌协议能够缓解投资方与融资方之间的信息不对称,降低投资风险。融资方在信息掌握上处于强势地位,因此很可能掩盖真实信息,突出自身优点。对赌协议可以降低这种风险,因为若融资方提供信息有误,则协议中的既定目标可能无法实现,融资方将依据协议承担相应赔偿责任。

(2) 对融资方:对赌协议能够极大地激励和约束企业管理层,推动企业的发展。对赌协议实际上是约定了一个奖惩机制,如果企业管理层勤勉工作,完成对赌协议中约定的条件,就可以获得相应的收益;反之则要付出相应的代价。

二、对赌协议的形式

(一) 现金补偿条款

用现金补偿的方式作为双方"对赌"的条件是最常见的对赌协议形式。该方式主要约定当融资方未能实现约定的业绩指标时,融资方管理层或实际控制人将给予投资方一定数量的现金作为补偿;相反,如果融资方完成了约定的业绩指标,则投资方用现金奖励给融资方。

如华谊兄弟投资掌趣科技并签署《股权转让与投资协议》时约定,掌趣科技主要股东保证掌趣科技 2010 年和 2011 年平均净利润(A)不低于人民币 5 000 万元,如果未实现,则主要股东应按照(5 000 万元-A)×12 倍×22% 的金额补偿华谊兄弟。

(二) 股权调整条款

该类条款也是常见的对赌协议形式。当约定的业绩指标没有实现时,投资方可以低价增资,或投资方可以无偿或低价受让企业股权;反之,投资方将无偿或低价将一部分股权转让给企业实际控制人。

如摩根士丹利和鼎晖投资永乐电器时,与永乐电器管理层签订协议,如果永乐电器 2007 年的净利润超过 7.5 亿元人民币,外资股东将向管理层转让 4 697.38 万股永乐电器股权;如果净利润相等或低于 6.75 亿元,管理层将向外资股股东转让 4 697.38 万股永乐电器股权。

(三)股权回购条款

该条款主要以企业上市作为条件对赌,如果企业未在约定的期限内上市,融资方或其实际控制人将以投资方投资款加固定回报的价格回购投资方持有的融资方的全部股权。

如 2009 年纪荣军等在入股勤上光电时,就与勤上集团签订《关于股份回购的协议》,约定发行人的 IPO 申请不能在 2011 年 6 月 30 日前获得中国证监会的核准,或者之前任何时间勤上集团或发行人明示放弃上市安排或相关工作的,纪荣军等有权要求勤上集团回购其所持有的全部发行人股份。

三、对赌协议在中国法下的合法性分析

(一)对赌协议在合同法层面的效力

我国法律法规目前没有对投资过程中所涉及的对赌协议的合法性的直接规定。对赌协议实质上为投资方与融资方之间的合同,如果没有《民法典》规定的合同无效的事由,则视为有效。对赌协议是双方意思自治的产物,一般不涉及对公共利益的影响,也不违反公序良俗。所以,对赌协议作为一种合同,其是有效的。

(二)对赌协议在公司法层面的效力

若股权调整最终在公司股东之间进行:在有限责任公司中,股东之间按照已有的约定实现股权转让是没有法律障碍的。在股份有限公司中,由于《公司法》没有规定股东优先购买权以及股东转让股权需要其他股东同意,所以股权可以自由转让,对赌协议的安排也是合法的。

若股权调整在公司和投资方之间进行:根据下文海富案的分析,最高人民法院认为,投资方与公司的对赌协议因为涉及侵犯公司债权人的利益而当属无效。

因此,只要签订对赌协议的当事人意思表示真实一致,不违反上述法律的规定,且未不当损害公司债权人的利益,那么对赌协议就应该得到法律的确认和保护。事实上,从对赌协议签订的前提来看,其通常是企业融资的需求,无论是投资还是并购,都是一种正常的市场行为。

(三)中国证监会关于对赌协议的说明

中国证监会发行监管部于 2019 年 3 月 25 日发布《首发业务若干问题解答》,对发行前

如何处理对赌协议作出了说明。

对于对赌协议,中国证监会指出,投资机构在投资发行人时约定对赌协议等类似安排的,原则上要求发行人在申报前清理,但同时满足以下要求的可以不清理:一是发行人不作为对赌协议当事人;二是对赌协议不存在可能导致公司控制权变化的约定;三是对赌协议不与市值挂钩;四是对赌协议不存在严重影响发行人持续经营能力或者其他严重影响投资者权益的情形。中国证监会的解答是从维护市场稳定性出发的,其针对对赌协议作出了弹性的安排,虽未否定对赌协议的效力,但对于上市后可能影响企业股权结构稳定的对赌协议要求发行人在申报前进行清理。

四、对赌协议经典案例

(一)蒙牛公司案

对赌协议的形式:股权调整

为了扩大企业规模,蒙牛从 2001 年底开始与摩根士丹利等机构接触,期望引入国外资本。2003 年,摩根士丹利向蒙牛注资 3 523 万美元,同时双方签署了对赌协议。双方约定,从 2003 年到 2006 年,蒙牛的复合年增长率若低于 50%,蒙牛无偿转让给摩根士丹利 7 830 万股权;若高于 50%,摩根士丹利转让给蒙牛 7 830 万股权。结果蒙牛完成了协议约定的条件,获得了摩根士丹利给予的股权奖励。

该案中,由于融资方完成了协议约定的条件,故成为对赌协议的赢家。

(二)永乐家电案

对赌协议的形式:股权调整

永乐家电为了吸引资本市场融资,于 2005 年与投资方摩根士丹利及鼎晖投资签订了对赌协议。双方约定,永乐家电 2007 年净利润若超过 7.5 亿元人民币,则投资人向融资方转让 4 697.38 万股;若净利润小于 6.75 亿元人民币,则融资方转让给投资人 4 697.38 万股;若小于 6 亿元人民币,则融资方转让给投资人 9 394.76 万股。但结果永乐家电始终无法达到约定的条件,在与资本方的对赌协议中失败,只能通过与最大竞争对手国美合并保存实力。

该案中,由于融资方无法完成协议约定的条件,故成为对赌协议的输家。

(三)俏江南集团案

对赌协议的形式:股权回购

2008 年,俏江南集团与鼎晖投资达成协议,鼎晖以 2 亿元人民币换取俏江南 10% 的股权,同时双方签订了对赌协议。协议要求,俏江南力求在2012年底前上市,若上市失败,且非鼎晖方面的原因,则鼎晖有权以回购方式退出俏江南。然而由于餐饮行业尤其是高端餐饮行业的不景气,俏江南始终无法上市,其只能用现金将鼎晖所持有的股权回购回去,最终原始大股东只能出卖股权作为对鼎晖的赔偿,从而失去了对俏江南的控制权。

该案中,融资方无法完成约定的条件,最终付出了失去公司控制权的惨重代价。

(四) 海富投资案

2007年,海富投资作为投资方与世恒有色、世恒有色当时的唯一股东香港迪亚有限公司(以下简称"迪亚有限")、迪亚有限实际控制人陆波共同签订《增资协议书》,约定海富投资以现金2 000万元人民币对世恒有色进行增资。

如果世恒有色2008年实际净利润达不到3 000万元,海富投资有权要求世恒有色予以补偿,如其未能履行补偿义务,海富投资有权要求迪亚有限履行补偿义务。补偿金额＝(1－2008年实际净利润/3 000万元)×本次投资金额。

因世恒有色2008年度净利润仅为26 858.13元,未达到《增资协议书》约定的该年度承诺净利润,海富投资向兰州市中级人民法院(一审人民法院)提起诉讼,请求判令世恒有色、迪亚有限、陆波向其支付补偿款1 998.21万元。

最高人民法院观点:

(1) 海富投资可就其投资资金获得相对固定的收益,且不会受到世恒有色经营业绩的影响,会损及世恒有色及其债权人的利益,一审人民法院和二审人民法院根据《公司法》第二十条和《中华人民共和国中外合资经营企业法》第八条的规定认定《增资协议书》中的这部分条款无效是正确的。

(2) 香港迪亚对于海富投资的补偿承诺并不损害世恒有色及其债权人的利益,不违反法律法规的禁止性规定,是当事人的真实意思表示,故而有效。

(3) 最高人民法判决撤销此案的二审判决,并由香港迪亚向海富投资支付协议补偿款1 998.209 5万元。

因此,最高人民法院认为,投资方与公司的对赌协议因为涉及侵犯公司债权人的利益而无效,但其与股东的对赌协议因为是双方真实的意思表示且不损害公司债权人的利益而有效。

第六节　反稀释条款

在现行的中国法下,仅有上市公司和新三板挂牌公司才具有发行优先股的资格。因此,非公众公司(主要是有限责任公司)就不存在适用优先股的可能。反稀释条款在中国私募股权投资领域的运用,在大多数情形下(被投企业系新三板挂牌公司除外)需要进行一定的变通。

一、反稀释条款的概念

反稀释条款，又称反摊薄条款，是西方优先股制度中的舶来品。一般而言，初创型公司为实现自身规模扩张与业务发展，会经历多轮融资，从种子轮、天使轮、A 轮、B 轮……到 Pre-IPO 轮，不同的融资轮次代表公司处于不同的发展阶段，估值不同，资金需求亦不相同。如果公司估值随着历轮融资不断攀升，代表着前轮投资者持有的股权浮盈。但是，如果公司发展不及预期，难以维持前轮估值，便将会面临折价融资风险。反稀释条款的意义在于：在前轮投资者遇到后轮折价融资时，通过调整前轮投资时的每股单价获得更多的股份，从而实现股权价值不被稀释之目的。

二、反稀释条款的作用

（1）为了保护私募投资机构，避免其持有的被投企业股权因被投企业进行降价融资而被严重稀释。

（2）为了激励被投企业以更高的估值进行后续融资，要求创始股东及管理团队对被投企业的经营业绩负责，并承担因经营不善而导致业绩不达预期的后果。因此，被投企业在后续融资的过程中，估值是否降低以及降低多少，主要取决于被投企业的经营发展是否顺利，如果业绩良好，触发反稀释条款的可能性就会大大降低。但如果业绩不佳，估值下降得较多，此时投资机构应考量的或许应该是如何全身而退，而非根据反稀释条款来调整持股比例了。

在私募交易的法律实践中，持股比例在一定程度上就等于话语权和控制权，反稀释条款对保障私募投资人的股权利益及后续战略退出至关重要。因此，其往往成为双方在谈判及签订股东协议或者股权认购合同等项目法律文件中的焦点。

三、反稀释条款的类型

反稀释条款大致分为防止股权结构上股权比例降低和防止后续融资过程中股份份额贬值两大类。前者涉及转换权和优先购股权，后者涉及降价融资时转换价格的调整。

（一）股权结构（比例）反稀释

结构性反稀释条款包括转换权条款和优先购买权条款。目标公司后续融资增发新股或者老股东转让股权时，同等条件下，原投资人享有按比例优先购买或受让的权利，以此来确保其持股比例不会因为后续融资发行新股或股份转让而降低。

1. 转换权条款

转换权条款指在公司股份发生送股、股份分拆、合并的等股份重组情况时，转换价格做相应调整，通常包括资源转换、强制转换和自动转换等情形。

例如：

转换权：A系列优先股股东应当有权在任何时候将A系列优先股转换为普通股。最初的转换比例应当为1∶1，下述另有规定的调整除外。

自动转换权：所有的A系列优先股，以当时可适用的转换价格，在公司普通股的公开招股结束时，以每股价格不少于3倍于每股初始购买价格（依据股份分拆、股息和类似事项而调整）并且总的招股金额不得少于1亿元的股份，应当被自动地转换为普通股。当至少发行在外的A系列优先股股东的多数同意该转换时，A系列优先股的每股的全部或者一个部分应当以当时可适用的转换价格被自动地转换为普通股。

2. 优先购买权条款

要求公司在进行B轮融资时，目前的A轮投资人有权选择继续投资获得至少与其当前股权比例数量相应的新股，以使A轮投资人在公司中的股权比例不会因为B轮融资的新股发行而降低。对创始股东来说，当原投资人行使优先认购权时，创始股东的股权稀释得也就越多。

例如：当新投资者进行投资，获得10%的股权，不行使优先认购权的情况下，则创始股东和原投资人的股权各稀释到原比例的90%，但行使优先认购权时，相当于原投资人要优先认购一部分股权来达到第二轮融资前的股权比例（比如新认购2%，那么需要多出让2%的公司股权，即一共需要出让12%，那创始股东的股权比例就要稀释到原比例的88%）。

优先购买权：投资人A有权优先购买创始人（以及持有超过公司普通股1%股份的员工）计划出让的公司股份，投资人有权在任何可能出让普通股之前，超额认购其他投资人未认购的股份。

（二）股权价格（调整性）反稀释

1. 完全棘轮反稀释

如果目标公司后续融资的价格低于原投资人当时融资的价格，则原投资人可要求按照新一轮融资的较低价格进行重新定价，或者原投资人的实际转化价格降低到新的发行价格。

例如：投资人投资了100万元，购买了10万股股份，价格为10元/股，随后目标公司以5元/股的价格向另一战略伙伴发行5万股，按照完全棘轮的算法，原投资人的股份应以5元/股进行重新定价，此时，原投资人的股份即从10万股调整到了20万股。

有时,为了避免这样的条款对于创始人过于苛刻,也可采用"部分棘轮"的方式拟定条款。

2. 加权平均反稀释

如果后续融资的价格低于原投资人融资的价格,那么则会按照原投资人融资价格和后续融资发行价格的加权平均值来进行重新定价,即给股份重新确定转换价格时,不仅要考虑低价发行的股份价格,还要考虑其权重(发行的股份数量)。

相较于完全棘轮条款的严厉而言,加权平均条款比较公平、合理,较易被目前的投资者和公司所接受。

3. 反稀释的例外

通常,在某些特殊情况下,低价发行的股份也不应该引发防稀释调整,我们称这些情况为例外事项。对于公司而言,例外事项当然越多越好,所以这通常是公司和投资者双方谈判的焦点,目前来看,大部分投资人对这些例外事项都没有太大的异议。

例如:

反稀释条款:A 系列优先股的转换价格将按照一个完全棘轮调整以减少在公司以低于可适用的转换价格的出让股份时的稀释,但如下的股份除外。

(1) 保留作为公司期权池所描述的雇员股份。

(2) 董事会批准的一个兼并、合并、并购或类似的商业联合而支付非现金对价而发行的股份。

(3) 经董事会批准的任何设备贷款或租赁安排、房地产租赁安排或从银行或类似的金融机构的债务融资而发行的股份。

(4) 发行在外的放弃反稀释权利的 A 系列优先股的多数股东的相关股份。

四、对反稀释条款的限制性使用

对公司创始股东而言,反稀释条款特别是完全棘轮条款作为投资人的一个融资附加条件,当公司在签订投资协议时,要严格限定反稀释条款的适用。

(1) 设置明确的适用阶段:只在后续第一次融资(B 轮)或只能在本轮投资后的某个时间期限内(比如一年)融资时才适用。

(2) 设置一个"保底价格":只有在公司进行后续融资时的价格低于保底价格时,原投资人才能适用反稀释条款,防止原投资人股份比例的持续增加。

(3) 创始股东要争取"继续参与"(pay-to-play)条款:原投资人必须参与后续融资才能享有反稀释权利。

(4) 完全限制适用:约定公司在达到一定的经营目标或资产净利润时,去掉反稀释条款或对反稀释条款引起的股份稀释进行补偿。

———————— 即测即练 ————————

第六章

投资目标公司的治理

一般来说,投资公司的投资分为股权投资和债券投资。股权投资是指以投资的方式取得投资方的股份,从而参与或控制公司的经营活动,这主要发生在公开交易市场,当公司成立时,或者当股票私下转让的时候。债券投资主要是指在证券交易所上市交易的债券,直接向大多数投资者发行,并承诺以一定的利率支付利息,在商定的条件下偿还本金。就本书而言,私募股权投资是指投资于非上市公司的股权或上市公司的非公开交易股权的一种投资方式。私募机构一般以定向增发的形式对非上市企业进行股权投资,并在交易实施过程中考虑未来的退出机制,即通过上市、并购、管理层回归等方式出售所持股权获利。

私募股权投资的运行机制不同于公开市场,因此与公开市场的投资者相比,私募股权投资者更愿意也更有能力参与对企业的监管。众所周知,私募股权基金的管理者主要来自投资专家、银行家和企业高管,他们往往在管理企业和完善公司治理结构方面具有超强的能力和丰富的经验。此外,私募股权基金本身具有更好的激励和约束。因此,它们比公开市场上的其他投资者更有能力影响所投资公司的公司治理。同时,私募股权基金持有的相对集中的股权往往会给一些管理不善、效率低下的被投资企业带来前所未有的压力,这可以有效地促进被投资企业的管理层改进其管理方法,增强企业的价值创造,最终提升其在市场上的竞争力。

第一节　目标公司董事会

完整的股权投资协议,具有程序性、实质性和其他条款,这些条款设计背后的目的无非是四个:①确保资金安全;②参与公司治理;③确保出口通道;④获得投资回报。其中,确保资金安全和投资回报是投资的核心诉求,而参与公司治理和确保退出渠道是完成核心诉求的重要手段。参与公司治理的规定主要是关于董事或监事的任命。当投资者投资目标公司时,他们通常要求目标公司提供董事会席位。如果投资金额较大,则需要1个以上的董事会席位,如果在同一轮融资中有多个投资者,董事会席位通常会给领投者。关于董事的任命条款,一些投资协议只规定了董事的人数、成员组成和任期。

一般来说,在投资条款签订后,私募股权公司将与被投资公司签订优先权,并有权指定一名代表,可能选择外部专家或投资者作为董事会成员。私募股权投资公司会派遣具有相关专业能力的人员加入董事会,参与公司的项目管理。接下来,让我们讨论一下关于董事会的一些基本概念。

一、董事会的特点、权力、职能与作用

(一)董事会的特点

国外的研究普遍发现 PE 机构在介入目标公司后,会以积极投资者的角色参与公司的治理改革,通过控制董事会和经理人实现公司管理的变革。Cornelli 和 Karakas 对英国 88 个 PE 资本参与的收购案例进行研究,发现公司在被收购后普遍出现董事会规模减小、外部董事数量大幅下降的现象;另外,董事会成员和 CEO 的更换率也都非常高,变革董事会是收购之后私募机构进行公司重组的关键渠道。Acharya 等对曾在上市公司和有 PE 背景的企业均担任过董事职务的 20 人进行调研,并且深入分析了英国 60 余家有私募背景的企业的董事会,发现 PE 董事会的人数较少,但董事会成员投入更多的时间进行公司监管,体现了更多价值增加的角色作用。Suchard 对澳大利亚 IPO 数据的实证研究发现,风险资本能显著提高目标公司董事会的独立性,并能引入具有产业背景的董事共同参与公司治理。国内学者靳明和王娟、刘凤元分别对中小企业板与创业板进行的研究则表明,公司有无 PE 背景与 CEO 双重性、独立董事占比、董事会规模等董事会特征并无显著关系,这可能与国内股权投资机构的影响力还很有限有关。

对于上市公司而言,分散的股权结构使股东大会难以成为公司的权力中心,董事会作为代表公司行使其法人财产权的主体,已成为公司内部治理结构的核心。董事会的特征包括董事会结构和行为两个方面,这些特征的不同会导致董事会运行效率的差异,进而对公司绩效产生影响。

董事会结构特征包括公司的 CEO 双重性、董事会规模以及独立董事占比等方面。关于 CEO 双重性对公司业绩的作用,Dehaene 等认为董事长若同时作为 CEO 活跃于公司的日常经营活动中,将会进行更多的投资来扩大公司规模或提升个人地位,而投资的增加带动利润的增长,会吸引更多的正向投资,形成良性循环;蒲自立和刘芍佳的研究表明两职合一与公司绩效呈负相关关系,认为两职合一虽然降低了董事会和经理层的内部交易成本,但股东和公司经理层不同的价值取向并未得到解决,进而会对公司绩效产生负面影响。董事会规模会影响董事会的监控能力,Yermack 的研究认为托宾 Q 值与董事会规模反向相关,较大的董事会规模会限制监督机制的激励和能力,从而影响到企业的盈利能力和市场价值。王希泉和申俊龙对中国资本市场的实证研究表明:当企业规模较小时,较大的董事规模会与企业的成长性负相关;当企业规模较大时,二者的负相关程度有所减弱。董事会的独立性也会对监督效率产生影响,Dehaene 等认为:相比于内部董事,外部董事的报酬与股价表现更紧密相关,因而外部董事会重点关注 ROE(净资产收益率)等指标。王跃堂等在中国资本市场中实证检验了委托代理理论对公司治理效应的解释力,认为独立董事的监督职能有利于上市公司提高绩效,而高绩效的公司也更愿意聘请独立董事。

董事会行为特征主要以董事会会议召开的频繁程度为衡量指标。通常认为越频繁的董事会会议越能有利于董事会监督职能的执行。如 Lipton 和 Lorsch 建议高管每年至少要与前五至前十大投资者召开一次年度会议,以增进双方的互相了解,能更好地监管高管的代理决策行为。当然,董事会频率与企业价值反向相关也同样存在可能。Jensen 认为,董事会会议大部分时间用于讨论日常事务,而非公司管理层的表现,董事会往往总是流于形式,并非确实需要。

(二)董事会的权力

根据《公司法》第 46 条的规定,董事会的职权包括以下方面。

(1)负责召集股东会会议,并向股东会报告工作,执行股东会的决议。董事会的这项职权,体现了董事会与股东会的实质关系。董事会是公司的经营决策机构,对公司的权力机构(股东会)负责,向股东会汇报工作,执行股东会的决议。

(2)决定公司的经营计划和投资方案。先由股东会决定公司的经营方针和投资计划后,董事会据此落实和决定公司的经营计划与投资方案,并组织实施,这是董事会经营决策权的体现。

(3)制订有关股东会决议的重大事项的方案,包括年度财务预算决算方案、利润分配方案和弥补亏损方案,增加或者减少注册资本以及发行公司债券的方案,公司合并、分立、变更公司形式、解散的方案。对于这些事项,股东会具有最终决定权,但公司董事会可以通过制订方案并提交股东会审议、表决来施加影响,参与公司重大事项的决策。

(4)决定公司内部管理机构、基本管理制度和重要管理人员,包括决定公司内部管理机构的设置,聘任或者解聘公司经理,根据经理的提名,聘任或者解聘公司副经理、财务负责人,决定其报酬事项,制定公司的基本管理制度。这些职权也是董事会经营决策权的重要体现,是董事会执行股东会决议、实施公司经营计划和投资方案,保障公司良好运行的基础。

(5)公司章程规定的其他职权。公司股东可以根据公司的具体情况,通过公司章程授予董事会其他职权,如规定由董事会决定承办公司审计业务的会计师事务所的聘任或者解聘等。

董事会权力如席位、投票权等是作为交易结构的一部分进行谈判的,这些权力并不是简单地和投资所有权成比例,尽管股权比例可能会起一定作用。

私募股权投资者控制董事会的方法之一是通过投票权。有些董事会执行"每名董事一票"的制度,有些董事会根据所有权比例决定投票权比重,有些董事会则仍按照股权类别进行投票。而且,也可能存在特别投票权,即在某些情况下,一些代表的投票权比其他代表有更高的权重。例如,投资者可能控制了董事会 5 个席位中的两个,但像预算或者招聘一名高管这些事情必须同时得到这两名董事的批准。而在其他情况下,这两名投资者董事就只有两票。

在决定某些特殊问题时,比如新 CEO、预算、收购、增加债务或者被收购,可能要求超过简单多数的赞成票,比如绝对多数甚至是全体通过,而不是赋予某些代表特殊权利。不同类别的股份和不同融资轮发行的股份也可能有不同的投票权。因此,一家初创企业发展到后期,当董事会由持有不同价格股票的投资者组成时,这种情况会特别常见。在这种情况下,较后期的投资者希望确保早期阶段的董事们不会批准这样的情况出现,即该项收购的价格可以让持有较低价格股份的早期投资者获得很好的回报,但会使持有较高价格股份的后期投资者出现亏损。因此,较后期的投资者可能会坚持他们的股份份额在这种交易上必须有批准权或者否决权。

(三)董事会的职能

关于董事会的职能,学术界有不同表述,但都强调董事会的战略管理职能以及选择和监督总经理的职能。董事会的职能有的侧重于公司内部,有的侧重于公司存在的外部环境;有的侧重于过去和现在,有的则侧重于将来。董事会的职责和作用可用图 6-1 表示。图 6-1 说明了董事会的活动领域,不同公司的董事会对图中四个活动领域的重视不同。

诚信职责 对股东会负责	决策职责 确定公司战略 确定公司发展方向
监督职责 监督及核定经理人员的绩效 监督公司财务和制定预算	制度制定职责 制定公司规章制度 制定CEO及高管的报酬

图 6-1 董事会的职责和作用

为了更好地履行董事会的职能,应对不同董事的知识、技能、特长和年龄进行搭配,以形成合理、有效的董事会结构。董事会的构成可以从董事的年龄、性别、董事长与总经理是否兼任等不同方面进行划分,从董事的独立性大小或是否直接参与公司的高层管理,可以将董事会的构成分为执行董事和非执行董事。对于董事会人数,我国法律对有限责任人数和股份有限公司作出了规定。《公司法》第 44 条规定,有限责任公司设立董事会,其成员为 3~13 人;《公司法》第 50 条规定,对于股东人数较少或公司规模较小的有限责任公司,可以设 1 名执行董事,不设董事会;《公司法》第 108 条规定,股份有限公司应一律设立董事会,其成员为 5~19 人。

(四)董事会的作用

董事会作为公司治理结构中的关键环节,具有多方面的重要作用。首先,董事会的职责是进行战略规划与决策。它以其广泛的视野和深入的行业认知,对公司所处的内外部环境进行全面分析,从而制定出符合公司长远发展的战略方向和目标;通过对重大投资、业务转型、市场开拓等事项的审慎决策,引导公司在复杂多变的商业环境中稳步前行。其次,董事会承担着对管理层的监督与制衡任务。其确保管理层的行为符合公司利益和法律法规要求,防止权力滥用和决策失误;对管理层的业绩进行评估和考核,激励其为实现公司目标而努力工作。同时,董事会也是公司利益协调的核心。其在股东、管理层、员工、债权人等不同利益群体之间进行平衡和协调,确保各方的利益诉求都能得到合理的关注和满足;促进公司内部的沟通与合作,营造良好的公司氛围。最后,在资源整合方面,董事会利用其成员的专业知识、经验和人脉关系,为公司整合各类资源,包括资金、技术、人才等,助力公司发展壮大。

而在私募股权领域,董事会的作用更为显著且具有独特性。首先,董事会在其中发挥着重要的价值创造作用。其通过积极参与企业的战略制定和调整,为企业引入新的商业模式和发展思路,提升企业的价值增长潜力。其凭借丰富的经验和专业能力,帮助企业优化运营流程,提高运营效率,降低成本,从而提高企业的盈利水平。其次,董事会能够助力企业拓展市场渠道和客户资源,为企业的业务扩张提供有力支持。在企业面临困难和挑战时,董事会能够迅速作出决策,采取有效的应对措施,化解危机,稳定企业发展。同时,董事会在私募股权中对管理层的监督更加严格和深入,确保管理层有效地执行战略,实现价值创造目标,并且促进私募股权机构与企业之间的良好沟通与合作,保障私募股权投资者的利益,使企业的发展与投资者的期望相一致。

总之,董事会在公司治理中承担着不可替代的关键职责,在私募股权中更是对企业的价值创造和发展起到至关重要的推动作用。它通过一系列的职能发挥,确保公司沿着正确的道路前进,实现可持续发展和价值最大化,为所有利益相关者创造良好的回报和效益。

二、目标公司董事会的治理

私募股权的董事会由投资者、管理团队和一些外部董事组成。一般情况下,董事会席位主要是股东的约定,关于董事会的权力、成员甚至一些投票程序的细节都是同交易一起进行商量的。大部分情况下,投资者利用董事会成员绝对数量优势或者(我们之后会讨论到的)特殊投票权来控制董事会。董事会自身对股东有受托责任,直接代表大部分股东。这和上市公司形成鲜明的对比,后者的股东基础是分散并且大部分都是被动的,而私募股权是主动投资,因此,董事会也是具备主动性的。

在一家独资经营企业,个人承担全部责任。治理是完全一体化的,在股东、董事会和管理层之间没有任何断层。上市公司的股东们和董事会间有很远的距离,同管理层也是分离的。上市公司有时候是以管理层而不是股东的利益在运营,就比如在企业业绩不佳时高管仍能获得高得离谱的薪酬。

位于中间的是私募股权投资的企业,其治理可能是最强的。这类企业会有一个专业和主动的投资者(或者是几个投资者),投资者们对企业有一定的控制能力,并非常希望企业获得成功。为了实现企业的成功,他们选择策略、组织资源并联合管理层。在股东、董事会(通常或者相当程度上和股东是一样的)和管理层之间几乎没有断层。私募股权投资机构派出的董事,一般都具有丰富的专业背景,对法律、财务、公司战略、经营管理等都具有丰富的经验,这样的人员配备可以极大地弥补公司董事会上组成人员在这些方面的匮乏,使得公司的董事会配置更加合理优化。

虽然投资者与被投资者双方中的大多数都希望公司越来越好,但实际上怎么样呢?不同学者的研究结论有较大差异,Jensen、Jain 和 Kini 等提出:作为积极投资者,私募股权基金投资后会通过建立监管和激励机制来降低代理成本,从而提高企业价值;另一些学者的实证研究则表明有私募股权基金参与的公司上市后的绩效水平较差。徐子尧、刘益志以深圳证券交易所中小企业板和创业板首次公开发行上市公司作为研究对象,结合基于结构和行为视角的两类董事会特征指标,研究发现私募股权投资参与给被投资公司上市后的绩效带来了负面影响,认为我国私募股权投资并未对公司产生良好的治理效应。公司上市后的绩效水平在一定程度上体现了公司的治理能力,而 PE 投资后对公司董事会的治理,是治理机制的重要方面。

在国内自从 1998 年《关于加快发展我国风险投资事业的提案》提出、2009 年创业板的推广,私募股权投资对社会与经济的影响逐渐增强,相关的学术研究随之兴起。中国欧盟商会私募股权基金与战略并购工作组主席龙博望在 2009 年指出,私募股权基金对创造就业机会和实现政府"向西部发展"的政策起到重要作用。杨北冬(2016)在其研究中指出,私募股权投资基金通过促进中小企业融资、增强资本市场资金流动性、推动企业创新与产业升级、提升国际市场竞争力,对中国经济的持续健康发展产生了积极的推动作用。

私募股权投资机制下的董事会是由名义上为非执行董事的私募股权投资家领导的,并为企业提供管理上的支持,推动企业的发展,私募股权投资家虽然名义上是一个外部董事或非执行董事,却相当活跃、主动,形成了一个积极的内部投资者的独特模式。与一般的非执行董事相比,私募股权投资家在企业中有直接的、重大的经济利益,企业的盈亏关系到私募股权投资家的收益。正因为如此,私募股权投资家愿意并且注重和企业建立长期合作关系,对企业的发展过程有足够了解,有效地消除了信息不对称和代理人风险,并与企业管理层达成目标函数的统一。私募股权投资家代表出资方长期持有企业的股权,不可能在股市上随时套现,因此一旦企业出现问题,只能尽最大努力帮助企业解决,没有"用脚投票"的退出机制。即使在企业上市后,私募股权投资家还会在相当长的时期内持有股票,继续进行监控和管理支持,帮助企业更有力地融资、更快速地发展。私募股权投资家也吸引了其他机构投资者的长期持股,并吸引证券分析师的跟踪,使企业有更好的信息披露,而其他个体投资者也认同这种管理支持的价值进行长期投资。同时,私募股权投资基金的利益又是独立于企业经理人员的,他们可以通过企业转售、企业回购股票、其他企业的兼并收购来达到回收投资的目的。

通过以上分析可知,私募股权投资的股权相对集中,加上私募股权投资家的专业知识和经验,私募股权投资基金有能力也有意愿通过影响董事会来参与企业的经营管理,使企业向更有利于股东的方向发展。

三、私募股权公司的作用

(一)私募股权公司在目标公司董事会的作用

(1)公司治理的核心矛盾在于委托代理矛盾,缓和委托代理矛盾的关键在于降低代理成本。由于 PE 基金实际上发挥着资本市场与被投资公司之间的资金桥梁作用,投融资过程相对较为复杂,随着 PE 在不同阶段扮演角色的不同,相应地将产生两层委托代理关系,第一层是投资基金管理人与投资者之间的委托代理,第二层是私募股权投资基金与企业之间的委托代理,这意味着 PE 基金中存在的委托代理问题将更为突出。理论上,基于降低双重代理成本及获得最大投资收益的考量,私募股权投资者通常会主动介入被投资公司的治理,主要形式就是参与到企业的董事会中,策划追加投资和海外上市,帮助制定企业发展策略和营销计划,监控财务业绩和经营状况,协助处理企业危机事件。

(2)我国私募股权派驻董事进入董事会,一般持股比例大,私募股权投资者为了尽量降低其投资风险,必须加入公司的管理团队,利用自身的控制权使被投资企业的董事会保持相当的独立性,这也使被投资企业有较高的透明信息和完善的公司治理,从而利于企业的成长。私募股权投资者以帮助企业成长实现投资收益为目的,名义上是外部董事或非执行董事,其实却形成了一个积极主动的内部投资者的独特模式,注重和被投资企业建立长期稳定的合作关系。

(3)私募股权投资者进入目标公司董事会提升了外部投资者对公司价值的认可度。因为私募在资本市场的专业能力和影响力,不仅会提高目标公司的知名度,而且会获得更多投资者的认可。私募股权进入董事会,还会实现企业前几大股东间的股权适度分散以及改变目标公司的股权结构,在现阶段,前几大股东股权适度分散成为一种较为有效的股权结构方式。

(4)私募股权投资者向被投资企业派驻专业管理人员进入董事会并享有表决权,会有针对性地改善董事会、监事会和高层管理人员的构成,进行结构性的优化,促使管理人员职业化,同时帮助被投资企业建立规范、完善的制度,增强其决策的科学性和有效性,提高经营管理水平。

私募股权投资基金对于董事会的治理和作用主要是通过对公司的股权的优化使公司的股权结构变得相对集中,这种股权结构可以有效地抑制监督管理人员对企业所有者权益侵占的行为。私募股权投资机构在董事会通常也会具有相应的表决权,从而具有对被投资企业的重大决策的影响力,通过建立完善的独立董事机制,在公司内部达到权力相互制衡的目的,改善公司的权力配置。关于董事会的治理和作用的部分,接下来在第三节也会提到相应的内容。

(二) 私募股权公司在平衡股东与经营者利益冲突的作用

20 世纪 80 年代以来,各国的公司发展出现了一个共同的趋势,即机构投资者所持股份比例不断提高。如在美国,机构投资者已经取代个人投资者成为大公司股份的主要持有者。机构投资者拥有股份总额占上市股票的比重,1980 年为 33.9%,1990 年为 47.25%,1995 年为 46.6%,1996 年达到了 48.8%。[①] 这些机构投资者多为投资基金、保险基金、养老基金、银行信托公司等。个人投资者一般不直接购买企业股份,而是通过购买这些机构投资者发行的权益,由机构投资者再进行分散化投资。机构投资者在公司的股权结构中占重要地位,往往成为公司的第一大股东。这一现象被彼得·德鲁克(Peter Drucker)称为"看不见的革命"。他指出:"使美国股份公司的所有关系发生质变的'看不见的革命'在经过登场到今日的 15 年间,谁都可以看见了。20 个大退休基金(其中 13 个为国家,其余为地方自治体和非营利的职工退休基金)持有美国公开公司 1/10 的股份资本,主要作为退休基金的机构投资家支配着美国的国内大公司及许多中等规模的公司的近 40%的普通股……这类基金对其投资的公司渐渐通过诸如董事的任命、经营者的报酬在公司的重要决策上行使否决权等形式,提出'发言'的要求。"其他国家也经历了类似的变化。第二次世界大战后初期,日本公司个人持股的比例曾达到 70%,但在以后的经济恢复和发展过程中,股票逐渐向法人股东集中,法人股东取代个人股东成为大公司股份的主要持有者。法人持股的比例,1960 年为 53.2%,1970 年为 59.6%,1980 年为 70.5%。进入 20 世纪 90 年代,法人持股仍然占主导地位,1990 年法人持股高达 72.1%。而在德国,机构持股的比例也达到很高的水平,包括非金融公司、保险公司、养老基金和银行在内的机构法人持股比例,1970 年为 52%,1990 年达到 64%。[②]

机构投资者能够控制公司较大比例的股份,拥有专业的投资经理,具有参加公司治理的动机和能力。在所有权与经营权分离后,经营者居于优势的公司中,机构投资者的出现无疑是个福音。在股东与经营者的博弈中,机构投资者正竭力夺回被经营者侵蚀的利益。人们把希望放在机构投资者身上,希望它们能成为保护投资公众不受公司不当管理损害的救世主。

由于股东的分散及专业知识的缺乏,加之普遍存在的"搭便车"心理,在股东与经营者的力量对比中,作为所有者的股东反而处于劣势。这也正是人们把公司治理的希望寄托于机构投资者的原因。机构投资者可以通过如下途径,维护股东权益,制约经营者。

1. 积极行使投票权

日本学者奥村宏认为,随着股份公司规模的扩大和股份逐渐地分散,股东大会逐步空

---

① 梁能. 公司治理结构:中国的实践与美国的经验[M]. 北京:中国人民大学出版社,2000,序言:7-8.
② 何自力. 家族资本主义、经理资本主义与机构资本主义[J]. 南开经济研究,2001,1:12-13.

壳化已经成了一种世纪性倾向。如果股东人数达到上万人或者几十万人,实际上全体股东出席股东大会就是完全不可能的了。单个股东持有公司股份比例小,对公司决策影响有限,经常主动放弃投票权,而采取消极的"华尔街方式",当公司经营效益不好时,抛售手中股票,"用脚投票"。相反,公司的经营者熟悉公司经营,通过委托股票,控制了部分投票权,以至于出现经营者自己任命自己的怪现象。机构投资者的兴起,改变了这一状况。

人们一直在讨论,诸如退休基金的机构股东对其投资者是否拥有投票的诚信义务,虽然这并未成为法律。1991 年,机构投资委员会认为只要有可能,机构股东就应该登记其投票权。Cadbury 委员会及 Hampel 委员会均支持这一主张。退休基金联合会甚至把"投票义务"加诸退休基金。美国劳工部于 1988 年正式表示,劳工退休金基金管理人对于基金所持有的权益性资产,应积极行使投票权或使用委托书间接行使投票权。国家和其他组织制定的公司治理原则中有关鼓励机构投资者参与公司治理的规定也促使机构投资者积极行使投票权。《韩国公司治理最佳实务准则》"建议"第 5 条规定:"管理信托资产的机构投资者,应积极行使股东权利并监督公司管理。""行使股东权利的机构投资者,应制定并公布其为保护信托资产而行使权利的内部原则。根据信用的原则,股东权利应被积极并且谨慎地行使。"1992 年,英国著名的《Cadbury 报告》第 6、11 条指出:"机构投资者应积极利用其投票权,除非它们有理由不这样做。它们应尽可能正常投票。机构投资者应积极关注董事会的组成,尤其注意决策权是否受到制约与制衡并及时任命有素质、经验和独立性的非执行董事。"利用机构投资者来改善公司治理结构也得到我国的积极响应。

2.委托投票权

委托投票制度是现代公司制度中治理机制的基本形式之一,其作用是保证由于种种原因不能出席股东大会的股东能够行使自己的权利。在通常情况下,争夺投票权的竞争在经营者与一部分试图影响公司决策,从而参加公司治理的股东之间展开。在过去,经营者往往在争夺战中获胜,造成股东与经营者利益的进一步失衡。究其原因,主要是由于股票高度分散化造成的股东实力弱小,难以在投票中产生决定性作用。个别股东要想参与决策,就必须联络或说服那些不愿意参加股东大会的股东将投票权委托给自己。而这样做要花极大的成本,这个成本是单个股东无力承受的。经营者却可以利用经营权假公济私,利用公司的资金为自己拉取选票。

机构投资者兴起后,在委托投票权的竞争中,胜多负少。中小股东相信机构投资者在改善公司治理结构上的实力,更为主要的是,机构投资者也是股东,中小股东将其看作"自己人"。美国一家调查机构曾对 1984 年 10 月至 1990 年 9 月发生的 192 起委托投票权竞争案例进行了研究。结果表明,在所有竞争案例中,机构投资者获胜的占 74%。机构投资者通过争夺委托投票权介入公司治理的动机有多种,一是谋求公司合并;二是实现公司重组;三是改变公司经营方针;四是派遣董事;五是改组董事会。这些动机反映了机构投资者介入公司治理的愿望,也显示了机构投资者介入公司治理的不同途径和方式。

3. 发布公司治理准则

为了倡导自己的投资理念,改善所投资公司的治理结构,许多机构投资者发布了自己的公司治理准则。这些公司治理准则虽然不是法律,对所投资的公司没有强制力,但由于发布的机构拥有雄厚的资金实力,任何一家公司都不能等闲视之。为了吸收更大的投资,推动股票价格上涨,公司会努力达到机构投资者的要求,将其发布的公司治理准则作为行动指南。如全美教师保险金及年金协会(TIAA-CREF)发布的公司治理原则中,包含董事会的成员结构、董事会行使职权的方法与原则、对董事的评估机制、行政人员的酬金等内容,表明了对所投资公司的期望。

4. 非正式影响

除了上述三种方式外,机构投资者还经常与经营者在非正式场合进行交流,表达对公司治理的看法,对公司经营者施加压力。美国哥伦比亚大学教授约翰·C. 科菲(John C. Coffee)介绍了英国养老基金所采用的一些策略:"对大多数的机构来说,它们往往等到出现了一次公众危机或是人人都看得见的股价下跌时才开始关注它们所投资的公司。然而,一些更聪明的机构投资者则试图与它们投资的有价证券公司发展为一种更为经常、更为复杂的监督关系。一些英国最大的保险公司定期与其有价证券公司召开研讨、磋商会议。"

曾经有学者批评机构投资者只专注于公司当前的表现和近期的前景而没有足够的耐心等待特殊的较高收益。这种短期性使得机构投资者在公司治理中的作用非常有限。但由于持有股份的数量逐渐增加,当公司效益下滑时,机构投资者很难将手中的股票及时抛出,即使能够抛出,也会蒙受股价下跌的巨额损失。依靠"用脚投票"并不足以保护机构投资者的利益。在这种情况下,机构投资者开始采取向董事会施加压力的办法来间接地监督经理层,参与公司的重大决策以体现自己的意志。自20世纪90年代初期以来,许多大公司的总裁被解职,这在"经理人资本主义"时期无法想象的事情在"投资人资本主义"时期变成了现实。作为股东的机构投资者正在夺回由于所有权与经营权的两权分离而被经理层蚕食的公司控制权。从1991年年中到1992年年末的18个月中,在经济普遍衰退、大公司盈利降低的情况下,机构投资者行动起来,迫使《幸福》杂志500家美国最大公司中的13家,包括数字设备公司、通用汽车公司、克莱斯勒公司、康柏公司、固特异橡胶公司等赫赫有名但经营业绩欠佳的公司首席执行官下台。上述超级CEO的被炒,用美国沃顿商学院教授迈克尔·尤西姆(Michael Useem)的话来说,标志着美国的企业制度已经从经理人员事实上执掌全权的"经理人资本主义"转变成投资人对经理人实行有效制约的"投资人资本主义"。我国学者何自力也认为,从所有权与控制权关系演进和变化的角度,股份经济经历了家庭资本主义、经理资本主义与机构资本主义三个阶段。机构资本主义是资本占有关系的新形式,机构资本主义的崛起推动了公司内部所有权与控制权的关系由相互分离向重新统一的转变。

第二节　企业价值创造

一、PE 机构的三大核心能力

（1）资本能力：快速找到"大钱"和长线资金。并购项目通常需要上亿元或者上十亿元的规模,有实力的 PE 倾向于将全球性的机构投资人作为出资人。例如 KKR、黑石等机构有主权财富基金、养老基金、大学捐赠基金、家族基金等大型机构的支持。国内的鼎晖、弘毅也开始挖掘海外客户,争取国内大型社保基金的支持。

（2）产业深度：深度介入产业的能力。股权机构进入后会主动参与企业发展战略和决策中,帮助企业整合配置资源、重塑产业形态、调整管理团队,主动提升企业的竞争力和盈利能力。

（3）全球视野：PE 机构要主动参与全球竞争。

二、全球私募股权的价值创造模型

区别于二级市场的投资,私募股权的基石就是创造运营价值,也就是说用每一分钱创造出更多的价值,也意味着对公司运营的方方面面都要有力地介入。

（一）价值发现和价值创造的区别

价值发现＝当前市场的价格＋内在价值

价值创造＝协议的准入价格（因投资者大幅度的增值而降低）＋

当前内在价值（难以计算或无法计算）＋增值后的内在价值

（二）资产价值（AV）和盈利能力价值（EPV）的关系

（1）AV＞EPV：意味着管理不善或者其他问题,使得该公司所产生的收益低于其资产总量理应产生的收益,意味着投资者需要考虑企业刺激因素或者管理变革。管理变革是精准的价值增值的有力方式。

（2）AV＝EPV：表明现有的管理很合理,正在促进持续经营和资产改善。如果能在投资时使企业的资产价值大大增加（比如通过引入能力或者其他资产来提高重置价值）,那么盈利能力价值会随着时间增加。

（3）AV＜EPV：通常是专营权或者一些其他类型的重大进入壁垒的证据。这一般是价值投资者眼中最有吸引力的目标。

增值根据行业和公司有所不同,一般可以分为以下五类：①有形资产,如建筑物和工厂；②无形资产，如商誉、商标和专利；③收益，如保持现有利润的附加业务；④管理；⑤卖方或者合伙人的价值（声誉、政治准入）。

（三）价值投资的评估因素

1．政治准入

政府对市场和公司的积极参与在很多地方都很常见，与政府打交道应视为机会，而不是风险或者问题。

2．声誉资本

声誉资本是指投资者在特定类型交易中的声誉价值。使买方可以优先达成投资，并且帮助买方克服资本市场的低效、灰色监管、法律法规薄弱以及许多其他问题，声誉良好的合作伙伴可以看作所有问题的解决方案。

3．能力要素

能力要素包括跨国经营和本土化能力。例如引入四级酒店的管理合同，通过增加能力——品牌、运营体系、逐渐放开的外国客户准入实现了增值。

4．管理

私募股权通过运作和管理专长，专注于随时间增加投资价值。

（四）价值增值的方式

董事会的工作主要是使用其权力来为公司创造价值。价值创造不是从资金到位和第一次董事会会议时开始的。投资者在他们开始评估项目的时候，就已经开始考虑他们如何能够创造价值。每一个私募股权项目都有风险。在对项目做尽职调查、建立投资主题和谈判项目的过程中，投资者会建立创造价值的路线图。在资金到位后的持有期，会实施计划好的增值战略。

这里有以下几个增值维度。

一个是外部增值，外部增值来源可能是投资公司达成交易的能力，这样公司就能获得一个更好的购买价格。这种能力可以是开发自营交易的网络或者是发现企业如果拆分后会更加高效的洞察力。

一个是内部增值，在内部创造价值的方法一般是指直接影响企业财务表现的方法，具体包括优化债务和资本金水平的金融工程（方法）或者能提供税务减免并能提高运营业绩、降低资金成本、减少运营所需的固定或流动资产以及提高企业运营效率或战略特色的战略。最后，内部增值也包括代理成本的降低，或者为管理层出谋划策，提高管理层和股东之间激励的一致性。

一般我们把财务套利称作"骑行倍数"，归类为企业外部方法。在一个不错的行业中投资一家被低估的企业是一个获得高回报的策略，但这并没有为企业创造内在价值。尽管如此，这是为投资公司创造价值的一个来源，因此会考虑使用这种策略。另一个创造价值的来源是那些发生在企业内部并提升企业财务表现的变化。金融工程，即优化企业的资本结构，不能说是提高了企业的运营效率，因此金融工程要单独归到一类。不过，这样的变化帮助企业降低了资金成本，使企业可以进行更多支出（如购买新设备）并转而提高其运营效率。战略上的重新定位、扩大规模（生产更多的东西）、拓宽经营范围（为更多客户生产东西）和管理层招聘都会提升运营效率。

最后一种能创造价值的方法是退出。当然，没有任何一种方法是孤立发生作用的。企业运营绩效的反馈会告诉投资者以何种方式退出，在建立投资主题的时候，普通合伙人就会对企业未来是成为收购目标还是上市有一定的判断。在收购中，计划退出方式更可能影响在项目管理期间所选择的战略，而对于一项早期的 VC，头几年的任务主要是让产品投向市场。VC 主题中确实包括了退出想法，但直到项目较晚阶段，才会影响项目管理战略。

对于 VC，价值创造的方式更为直接。董事会成员最常汇报的事情是他们在帮助企业募集资金；下一个最常见的工作包括战略分析和管理层招聘。如果在更大范围内考虑这件事情，风险投资家的工作涉及企业融资安排、战略制定和团队建设，而团队建设又可分成管理层招聘和辅导。

在收购和 VC 的框架中，治理是保证所有这些事情实际发生的充分条件。它可以通过经常性的电子邮件，每天的电话或者是每周、每月和每季度的会议进行。但对于投入了大量资金并承受声誉风险的投资者来说，这种个人的介入带来了紧迫感。而且，由于私募股权投资者不会永远提供业务上的指导，他们会帮助企业建立起内部问责机制和汇报职能。

三、私募股权对企业的管理和运营价值提升的关键要素

私募股权公司对企业的管理和运营价值提升的关键要素主要包括公司治理、管理团队的维护以及运营价值创造三个方面。

（一）公司治理

投后阶段的关键在于 PE 投资者能否实施稳健的公司治理模式，通过建立明确的监督机制，确保全部利益相关者随时了解并履行公司对有限合伙人承担的信托义务。通常，PE 投资者通过积极参与甚至是直接收购的方式，牢牢控制董事会，从而达到监督、指导并最终改善公司前景和价值的目的。另外，高管愿意积极参与、全身心投入与 PE 所有权人并肩合作中，把握真正变革的机遇。

健全、合理的公司治理体系对监督和协调基金对被投资公司所采取的行动至关重要。公司治理可以有效地实现决策民主化，确定适当的绩效考核指标和激励机制，并通过有效的工具对绩效进行监督，在诸多成功要素中，公司治理是最基本的要素，如图 6-2 所示。

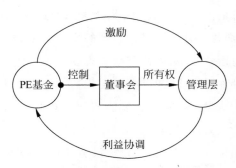

图 6-2　PE 参与公司治理的简略模型

1. PE 投资者/并购基金的通常公司治理职能

战略协调：PE 投资者、管理团队和独立顾问共同致力于业务的重新定位，重塑公司的经营战略，并对投资后的进展情况实施密切跟踪。在交易前的过程中，投资者已经和管理层就公司战略进行讨论，听取其意见的同时，确保对这些战略达成一致并付诸实施，同时 PE 也会不断审视并修订原有的公司战略和商业计划。

解决杠杆问题：在杠杆收购中，巨额债务会给企业带来约束，考虑到经营风险，PE 公司和被投资公司管理层必须关注如何以债务偿还来降低财务风险，最理想的情况是提前还款，就能尽早在财务上取得更大的活动余地。

推动经营变革：PE 投资者，创建由董事会成员、中高层管理者及外部专家组成的特别任务组，以实施公司最优先的任务，这些工作组实现了决策层级的扁平化，以提高实施者的责任感、集中资源并推动决策的执行。

管理层的变革：首席执行官及执行团队是将商业计划转化为可操作行动及流动的实施者，支持正确的管理团队是 PE 投资成功的重要组成部分，对股权或者董事会施加重大影响的 PE 投资者，通常会选择调整团队。

监督：在 PE 参与的公司中，董事会需要持续跟踪关键性的绩效指标和企业绩效，并在必要时出手干预。PE 合伙人和独立董事需要定期参与公司事务——既可以通过与董事会频繁会晤，或是针对财务业绩的专门对话，也可以与低级管理人员、中层管理者及一线员工讨论，从而对价值创造动因和相关业务风险取得全面的了解，通过强大有效的监督机制，实现及时的信息共享和对业绩的清晰认识。

PE 治理职能的简略模型如图 6-3 所示。

对于少数股权投资而言，董事会治理机制完全不同于并购基金，前者缺乏对董事会的控制。除了部分少数股权投资者扮演积极的角色之外，多数投资者是被动的角色，享有信息获取权，以便定期获取被投资公司的经营和财务信息。VC 的投资中，机构扮演了导师的角色，成长型股权投资中，机构只能间接影响所有权人和管理者，除了可以控制退出的时间及价格，如回购权和拖售权。有些少数股权投资者会试图增加流程和制度，推动被投资公司的制度化。

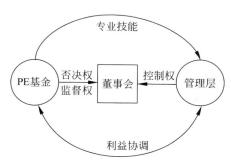

图 6-3 PE 治理职能的简略模型

2．PE 在特定场合下的治理

100 日计划：在投资交割之后，PE 投资者深度参与被投资公司的事务中，实施百日计划，PE 公司派驻董事会的代表及独立董事和管理层紧密合作，加深对企业的认识并建立良好合作关系。董事会需要明确业务重点，在战略上达成共识，进行工作岗位和职责的设计配置，审核决策及监督流程。

稳定状态：互动程度因公司而异，随着交易的复杂程度、公司战略以及绩效的不同而有所变化。当被投资公司业绩良好时，PE 公司会投入最低水平的资源，以旁观者身份监督公司活动。当投资遭遇危机时，PE 公司可能会鼓励合伙人或独立董事利用其行业经验为公司提供支持。尤其在管理团队组成发生变化时，要求 PE 公司积极参与，确保公司实现顺利过渡，降低风险。某些时候，PE 公司代表可以临时接管某些高管职务。

整合、收购及债务融资：当被投资实施整合战略，收购多个竞争对手追求规模经济并提高市场地位时，PE 公司作为合伙人的参与度将增加，由于整合是 PE 经常采取的策略，PE 投资者对各种金融工具的熟悉，不仅能带来价值，也会频繁参与和协助被投资公司发行新债务、开展新债务再融资并对公司履行债务契约及偿还债务所需的现金流进行监督。

退出管理：随着投资退出，PE 合伙人对被投资公司的参与度进一步加强，PE 公司与管理团队的沟通和协调，对确保基金实现其所持股权的全部价值和降低利益冲突很重要。

（二）管理团队的维护

PE 公司与被投资公司的合作方式是投资成功的关键。一方面，PE 为管理团队提供了一定的自由度和大方的薪酬方案；另一方面，PE 基金追求业绩，一旦公司业务遭遇危机，这些控制者可能会更替某些经理人甚至高管团队。

PE 需要投入大量的时间和资源去评估管理者，为其提供适当的激励，并在必要时引入新的管理者补充或者替代现有的管理团队。

评价与评估：从尽职调查到签署投资协议再到完成交割，PE 合伙人可以观察管理层的行动，对实施和执行公司战略规划的能力作出评价。潜在新所有权人考虑如下的问题：这是适合公司未来的管理团队吗？是否拥有在持股期内提高公司业绩的专业技能和经验？

监督：投资完成交割，PE 所有权人必须和管理层并肩合作，建立适当的治理机制和监督流程。管理团队，尤其是缺乏甚至完全没有在 PE 控制企业从业经验的团队，必须快速适应直线型沟通渠道和以绩效驱动的环境。管理团队可以和经验丰富、善于实操且精通财务的财务所有权人形成稳固的合作关系。除了正规渠道之外，管理团队的成员和 PE 所有权人还可以在非正式基础上沟通并积极打造有效的关系。有些时候 PE 公司在更细微的运营层面上与被投公司展开互动，作为 PE 公司的关联企业或是以提供特定专长为目的而参与的顾问，运营合伙人和经营团队携手合作，实施可以创造价值的项目。

激励措施：通过管理层薪酬计划，PE 所有者可以使他们和被投资公司高管人员在经济利益保持一致，在采用股票期权或者享受绩效收益的股权时，只要投资公司取得成功，管理团队就可以有机会实现若干倍 PE 基金的收益。

改变管理团队：PE 所有者认真选择并监督被投资公司的管理团队，在必要的情况下进行及时调整，特别对于杠杆收购而言，在收购过程中以及最初持有股权的期间，对管理层进行调整的现象比较普遍。私募股权公司通常以投资公司有经验的管理者来取代新公司的高管，高管人员跟随 PE 所有者从一家投资公司转移到下一家投资公司是非常常见的。

对于管理者而言，不仅要以快节奏以及有限资源和关键绩效指标约束的环境下带领企业不断进步，还要密切关注公司资产负债表，创造正的现金流，严格控制成本以及实现财务目标。同时，高层管理者还要实施管理变革，在 3～7 年内增加收入和利润，为实现成功退出作出准备。对于合适的管理者而言，PE 投资者给被投资公司最有价值的支持，在兼并和收购的经验及其广泛的网络，尤其特定板块的网络，可以被管理层提供高质量的专长。较小的公司规模、取消管理者作为公众公司的报告要求、精益的管理团队和有限的层级制度，使得管理者可以迅速落实变革，并影响公司的各项活动。

（三）运营价值创造

开展债务融资和结构性交易的能力不再视为 PE 企业所独有的差异化技能，运营价值的创造已经成为 PE 的核心技能。在向 PE 基金承诺出资时，有限合伙人认为这是私募股权最核心的差异化要素。

创造运营价值的核心在于推动公司现有业务的绩效改进，以打造更有效、运营更完善的企业。最好的 PE 公司可以将行业专长、模式识别和量身定做的流程带给投资企业，从而有助于企业识别并规划最合理的价值创造方案。

1. 运营价值创造的工具

在 PE 持有期内，进行业务改进需要对公司资源精挑细选，考虑机会的轻重缓急，进行合理的配置和管理，他们会有选择性地挑选 3～4 个最关键的领域。通过尽职调查，为价值创造进行准备，即找到明显业务改进潜力的领域，作为最初百日计划的核心。

（1）销售增长。增加销售量推动收入增长率是 PE 创造价值的首选手段。进入新的市场、新产品的推出以及提高销售队伍的效能是推动销售收入增长的主要措施。考虑到实现变革需要一定时间,应在持有期间尽早推出收入增长计划。

(2)提高毛利率。投资企业可以通过增加销售收入和节约成本的综合措施来提高利润率。价格上涨、供应链和分销体系的优化、降低采购成本和提高产能利用率,是提高利润率的主要措施之一。同时,PE 公司会关注和督促管理层降低 SKU(最小库存单位)、降低业务复杂性以及相关的制造成本。对销售的高度重视以及与之相关的投资,不仅有可能带来更高的销售量,还可以提高平均销售价格,从而提升毛利率。

(3)削减管理费用。降低管理费用是投资完成需要对投资公司立即采取的常见工具之一。尽职调查期间通常需要对管理费用进行评估,因为管理费用降低给增加盈利带来立竿见影的效果,大大缩短投资回收期。投资企业通常会关注一般管理费用,并倾向于将非核心功能进行外包。另外将研究和产品开发工作集中在拥有最高商业潜力的产品上。在实施整合策略的情况下,在收购后进行有效整合,有利于减少存在于合并实体中的冗余环节和间接成本。

(4)提供资金效能。PE 投资者和被投资公司紧密合作,优化短期资金和长期资金的使用,帮助被投资公司将更多现金从业务中释放出来。对资金使用的管理在杠杆收购中尤为重要,因为企业可以使用超额现金偿还债务,或是对 PE 基金进行提前分配,提高投资的内部收益率。短期资金管理侧重于现金优化,通过减少库存和改善与客户以及供应商的支付条件永久性地从运营资金中释放现金。固定资产优化的核心在于确保资本开支在整个 PE 持有期内持续提供价值,并识别需要关停或者出售的资产,从而释放出被固定资产占用的现金。

(5)服务共享。私募股权公司可以通过引入共享服务和利用所有被投资公司的综合谈判能力,推动基金的全部被投资公司在整体上改善盈利能力。实现服务共享优势的方式往往是联合采购以及对通用的后台办公和业务服务进行外包。联合采购可以为拥有行业专用资金的 PE 公司创造额外的红利,因为被投资公司之间的联合采购可以扩展到库存和易耗品,利用规模效应实现成本节约。

2.创造运营价值的资源

考虑到 PE 所支持的管理团队必然面对更高的要求和压力,在某些时候可能缺乏足够的视野,或是需要改变管理层的专长,以便独立制订计划并以最优方式执行这些计划。在整个规划及执行价值创造计划的过程中,投资企业可以利用四种主要资源为被投资企业提供支撑,两种来自 PE 公司,另外两种来自外部资源:高管导师、运营合伙人、顾问和运营团队,如图 6-4 所示。

1)管理顾问

PE 投委会聘请经验丰富的公司高管为管理团队提供咨询,作为高管人员,他们在企业中拥有多年的经验和良好的声誉,这些公司高管可以随时动用他们的个人网络,为公司打开局面,加快决策进程,协助公司取得监管部门的审批。这些公司高管还可以参与业务改

外部资源	内部资源	
高管导师	运营合伙人	管理顾问
顾问	运营团队	全方位价值创造

图 6-4　创造运营价值的资源简略图

进机会的评估以及价值创造计划的制订。他们成为连接 PE 所有者和被投资公司高管团队之间的关键性纽带,而且可以在公司董事会取得正式席位。

(1) 高管导师。私募股权公司从现有的高管人员网络中选派高管导师,和某一家投资公司进行合作。高管导师通常会参与这家被投资公司的事务,但大多数时候采取兼职身份。高管导师可以为这家公司带来特定行业的专长或者调整管理团队方面的经验,高管导师也可以来自 PE 以前所投资的公司。作为激励措施,高管导师通常可以取得公司股份,股份的安排类似于管理层薪酬计划。

(2) 运营合伙人。有些私募股权公司设置专职的运营合伙人,他们和交易团队共事,并随时针对价值创造的管理提供建议。运营合伙人不仅拥有广泛一般性管理背景,还拥有在特定行业从业经验或者特定业务的专职特长(如采购或信息技术)。运营合伙人可以同时与多家公司的管理团队合作,这些专业人士是在 PE 公司领取薪水的员工,对他们的激励措施通常为基金的业务提成或是被投资公司的股权,在被投资公司管理层过渡期间,运营合伙人可能会临时性地担任首席执行官。

2) 全方位价值创造

专业团队通常会参与到运营价值创造规划和执行的各个方面,作为顾问,他们需要和被投资公司管理层携手合作,为他们提供高水平的指导和现场执行能力。

(1) 顾问。管理团队可以借用拥有深厚行业、技术或者职能专长的顾问,协助他们落实价值创造计划。顾问团队可以补充 PE 公司的运营团队或其他内部资源,这些顾问通常投资之前或者投资之后按项目聘用,也可以采用合同聘用制,在尽职调查期间,他们可能还会收取较低费用,以便在投资后获得更多的参与机会。

(2) 运营团队。运营团队由 PE 公司直接聘用,参与被投资公司的运营价值创造,对基金的投资进行管理。这些团队的建立是为了向被投资公司提供一般性支持,也可能侧重特定的技术和功能领域。除了参与投资后的事务之外,运营团队成员还有可能参与投资过程,甚至在最初交易搜索阶段就开始提供运营建议,经常会在尽职调查过程中成为交易团队的正式成员。由于会产生管理费用,通常只有较大规模的私募股权公司才会设立运营团队,这些公司拥有充足的财务资源和大量的被投资公司,运营团队可以服务于多个项目,以达到充分利用内部资源的目的。

四、私募股权投资参与公司治理的价值评估

（一）私募股权投资参与公司治理的评估原理

在私募股权投资的过程中,通过将企业的股权让少数善于投资并且具有丰富的监管经验的机构投资者持有,来克服分散股东形式导致的企业所有权对经营权的约束能力日益减弱的难题。私募股权投资还有一个外部的控制市场的可能,即中断追加投资,在这种情况下,企业难以从私募股权投资和其他金融机构处继续地得到资金。不仅可以通过股份整改,还可以减少管理方的控制权来实施压力。

当公司治理机制涉及股市融资时,压力是来自外部市场的间接压力,且股权的分散化使得所有权对经营权的约束有所弱化,公司的经理阶层直接控制负责公司的经营活动,产生内部人控制的现象。私募股权投资不是长期的,也不是不变的,它是按照企业的业绩来分析判断,私募股权投资在分段投资中所采取的策略、有关中断投资的威胁、追加投资的激励都能够充分反映出来。私募股权投资在一般情况下能够有充足的信息,并能从中分析判断出经理层的行为以及动机,采取相应的措施。

居于外部董事又或者是非执行董事的私募股权投资家,一般比较活跃,能形成一种不同于其他投资者的独特模式。如果出现企业没有好的盈利情况,私募股权投资家不仅会面对下一次募集不到资金的困难,也很可能会在这一行业再也发展不下去。因此,私募股权投资有着压力与动力,能了解企业的真实状况并提供管理支持。正是由于上述原因,私募股权投资家期望与企业建立长期合作关系。

私募股权投资对其他机构投资者有一定的吸引力,证券分析师也愿意跟踪分析,这样一来,企业的信息得到更好的披露,也得到了其他投资者的认同。此外,私募股权投资的利益与企业经理人不同,它是独立的,利益的实现方式通常是通过退出机制。私募股权投资可以采取可转换优先股来实现利益的独立性,若企业的经营情况堪忧,私募股权投资可以获得优先的偿付,然而,优先股的转换机制在另一方面激励私募股权投资更多地参与公司治理,促进各类资源的整合,尤其值得注意的是,企业家与私募股权投资的人力资本的资源整合,以及人力资本与资金的整合。实际上,私募股权投资在一定程度上促进了人力资源、资金、信息资源的互相整合。

根据上述的分析,我们设计的评估标准分为两大类,即对公司治理的治理结构评估和对公司价值的评估。对公司的治理结构评估主要从股权结构、董事会的职业化运作及公司治理机制(激励与约束)进行评估,对公司价值评估主要集中企业业绩和品牌效应,如图 6-5 所示。

（二）私募股权投资参与公司治理的价值评估

国际上关于私募股权投资的价值创造这一主题的研究已经颇为丰富。对私募股权投

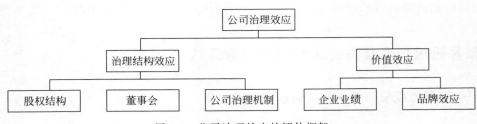

图 6-5　公司治理效应的评估框架

资最早的研究对象主要风险投资,其代表性的观点主要集中在公司治理的增强、代理成本的减少、交易费用的降低以及管理服务的提供等。

丁响(2008)深入地分析研究后,通过私募股权投资的退出和公司治理结构的实证模型,向我们展示了一个重要性结论,即公司治理结构与私募股权投资的退出有着密切的联系。比如,国有控股公司这一身份对于私募股权投资的退出有着显著性影响效果;而企业控制权的竞争以及相应的控制权市场的建立,都有助于私募股权投资退出的高效顺利。

影响私募股权投资的退出选择的主要因素,包括股权结构、董事会结构、控制权竞争市场以及财务透明度。公司治理水平的整体提高对投资双方来说都存在着非常重要的意义,在投资的过程中,私募股权投资机构一定要对被投资企业的公司治理结构给予高度重视,并且进行细致的考察和严格的评估。之所以强调公司治理的改善,是为了达到实现更多价值创造的目的。股东价值随着企业价值的不断攀升,有利于私募股权投资获得高额收益回报,并且实现高效顺利的退出。正是由于以上原因的存在,私募股权投资才会积极地参加被投资企业的公司治理。

1. 企业业绩

私募股权投资参与公司治理的主要的目的,就是通过企业价值的不断提高再以一定的方式退出,进而收获自身的投资回报收益。而企业价值的不断攀升可以由多种形式表现出来,如资本的快速增值,从企业的盈利能力、运营能力、偿债能力等也都可以看出企业价值,而企业业绩的表现则是评价企业价值的最直接的表现,能够明显地突出私募股权投资对被投资企业的公司治理的影响效果。

当然企业的业绩也是由于私募股权投资的积极参与,在股权结构的方面进行的调整、对董事会进行的控制,以及对管理层所秉持的激励约束的政策所导致的。没有公司治理结构效应方面的积累,就没有办法在业绩上有明显的体现。

2. 企业品牌效应

企业品牌效应是一个消费者对于这个企业的最主要的印象,它主要体现在品牌的质量上。随着经济的发展,品牌的价值已经逐渐成为企业至关重要的无形资产。若有私募股权投资机构看中了一家企业的未来的成长空间,并且准备注资到该企业,那么该企业会受到投资者更加热情的追捧,企业的品牌价值也会大幅度提升,因为私募股权投资的专业化水平被人们广泛认可,私募股权投资机构可以凭借自己的信息优势、管理经验和长远的发展眼光为被投资企业设计一个合理的前景光明的商业模式,使被投资企业在其国际化事业中,根据丰富的公司治理相关的经验,将企业通过多种途径促成上市,同时也能促进企业品牌价值的提升。

(三)企业价值评估的方法

价值评估是私募股权基金基于尽职调查所得到的项目企业历史业绩、预期盈利能力等资料,通过科学的价值评估方法对企业价值进行评估的过程。价值评估是私募股权基金对外投资过程中关键的一步,无论是项目投资还是项目退出,都需要对项目企业进行价值评估。

1.价值评估的方法

对企业进行价值评估主要有成本法、收益法和市场法三种。

(1)成本法:用现时条件下的重新购置或建造的一个全新状态的被评估项目所需的全部成本,减去被评估项目已经发生的实体性陈旧贬值和功能性陈旧贬值以及经济性陈旧贬值,得到的差额作为被评估项目价值的一种价值评估方法。

(2)收益法:通过估算被评估项目在未来的预期收益,并采用适宜的折现率折算成现值,然后累加求和,得出被评估项目价值的一种价值评估方法。根据预期收益估算方式的不同,收益法又可分为实体现金流量折现法、现金流量折现法、现金流量评估法等。

(3)市场法:在市场上选择若干相同或近似的项目或企业作为参照物,针对各项价值影响因素,将被评估项目分别与参照物逐个进行价格差异的比较调整,再综合分析各项调整结果,确定被评估项目价值的一种价值评估方法。

2.企业价值的三种评估方法的比较

1)成本法

使用前提:

(1)目标企业的表外项目价值对企业整体价值的影响可以忽略不计;

(2)资产负债表中单项资产的市场价值能够客观反映所评估资产价值;

(3)购置一项资产所愿意支付的价格不会超过具有相同用途所需的替代品所需的成本。

优点:

(1)直观易懂;

(2)资料容易取得。

缺点:

(1)不能反映企业未来的经营能力,特别是企业获利能力较强时;

(2)对不同资产需要不同方法,计算烦琐;

(3)不适用于拥有大量无形资产的企业评估。

2）收益法

使用前提：

（1）投资主体愿意支付的价格不应超过目标企业按未来预期收益折算所得的现值；

（2）目标企业的未来收益能够合理地预测，企业未来收益的风险可以客观地进行估算；

（3）目标企业应具持续的盈利能力。

优点：

（1）注重企业未来经营状况及获利能力；

（2）具有坚实的理论基础，较为科学。

缺点：

（1）模型中较多参数难以确定；

（2）计算步骤冗长。

对于创业企业而言，比较适用的价值评估方法是市场法和收益法。虽然从理论上讲，收益法考虑了企业未来持续经营的现金流，是比较成熟的估值方法，但其计算复杂，对参数假设敏感性高。因此，在国内的私募股权市场上，较为常用的方法还是市场法。

3）市场法

使用前提：

（1）要有一个活跃的公开市场；

（2）在这个市场上要有与评估对象相同或者相似的参考企业或者交易案例；

（3）能够收集到与评估相关的信息资料，同时这些信息资料应具有代表性、合理性和有效性。

优点：

（1）从统计角度总结出公司的特征，得出的结论有一定的可靠性；

（2）计算简单、资料真实，容易得到股东的支持。

缺点：

（1）缺乏明确的理论支撑；

（2）受会计准则和市场因素的影响；

（3）难以找到完全可比的数据来进行准确的评估。

第三节　公司治理结构

公司治理结构，最先从美国流行，然后麦当劳和可口可乐向全世界输出了这个概念，我国则是 20 世纪 90 年代中期由经济学界引入的。对于公司治理结构的概念，学者之间存在着分歧。我国学者对公司治理结构的概念主要着眼于公司股东、董事、经理之间的责权关系。经济学家吴敬琏教授认为，公司治理结构是所有者、董事会和高级经理人员组成的一种组织结构,在这个结构中,三者之间形成了一定的制衡关系,即所有者将自己的资产交由公司董事会管理;董事会是公司最高决策机构,对高级经理人员进行聘用和解聘以及奖励与惩罚;高级经理人员则是在董事会授权范围内经营企业。经济学家钱颖一教授认为,公司治理主要分为三方面的内容:公司控制权的配置和行使;对董事会、经理人员和员工的监控以及对他们工作业绩的平均;任何设计和实施激励机制。现代企业经济学则认为,公司治理结构是解决公司管理者与公司股东之间的代理问题,确保公司管理者的行为符合股东利益的方法和手段,或者说处理资本提供者确保其投资能够获得回报的基本方法。契约论者认为,公司股东和公司管理者利益并不一致,公司管理者很可能直接或间接地获取股东应得的利益,这就是所谓的代理问题,也是公司治理结构所要解决的问题。公司治理结构通过建立适当的治理机制来规范和约束管理者的行为,从而降低代理成本。

公司基本的治理结构由股东大会、董事会、总经理和监事会组成。股东大会是公司的权力机构,对公司的经营管理和绩效进行监督、激励、控制和协调,但所有者(股东)一般并不直接介入公司的经营管理,而是通过股东大会决定公司的重大事项;董事会对股东会负责,董事会拥有现代企业的经营权;总经理主要负责具体的经营管理工作;监事会负责监督董事会是否忠诚地履行其职责,维护股东的权益。通常来讲,管理一家公司是一件不容易的事,私募股权加入其中也需要进行公司的治理,私募股权对于公司的问题进行积极参与,通过专业运作,帮助解决困扰企业治理的问题。

一、私募股权投后管理中的企业治理问题

企业治理指的是企业所有者通过制度的制衡和监督,在企业所有者和经营者即在股东大会、董事会、监事会及经营层之间构造一种有效合理的权力、责任和利益的关系,防范经营者与股东利益的背离,并保证企业遵守法律法规,保障股东等多边利益的最大化。目前我国的企业尤其是中小企业发展势头迅猛,在为国家经济发展带来动力的同时,也暴露出了企业治理的不科学、不完善等问题,这些问题困扰和制约着企业的进一步做大、做强。

(一)企业产权模糊、股权结构不明晰、所有权与经营权矛盾加大

当前,我国企业的股权结构大致呈现为三种:一是企业存在股权过度集中,大股东控制董事会往往会导致企业决策管理的主观意志较强,缺乏且不重视科学的现代化的决策体系;二是企业股权的过度分散结构,这会造成企业管理决断力差,不能及时跟上经济发展及市场变化,不能及时监督与规范管理层行为,造成大股东与经营管理层的矛盾、股东与股东之间的矛盾加大;三是小股东控制结构,无论哪种股权结构,都有各自的制度缺陷,股东与经营层及非执行董事之间结构不紧密,或造成经理层独断专行为自身牟利,或造成股东间互相推诿失去监督,使得企业在发展过程中效率低下、不能适应市场变化、企业发展缓慢,也会造成其他股东利益受损。

（二）企业制度及激励约束机制等不完善

企业在发展过程中形成了单一的绩效机制，董事会对企业管理层及员工的股权激励理念比较落后，普通的薪酬机制也难以激发管理层及员工和企业休戚与共的工作热情，造成他们不可能尽心尽力地为企业发展着想，与企业同舟共济、生死与共；另外，约束机制和监督的不健全也无法让企业管理层感受到股东的压力，造成企业发展缓慢。

（三）企业决策管理系统不完善，董事会运作不专业

很多企业缺乏科学、完善的决策系统，企业或因大股东一股独大，或因企业创始人强烈的集权意识，他们实际掌控着企业重大决策和经营策略，阻碍监事会管理监督职能的发挥，小股东基本没有话语权，股东大会失去了应有的作用，董事会运作的不专业也阻碍了企业综合实力的提高。

二、私募股权对公司治理结构的优化

被投资企业中出现的"内部人控制"意味着存在严重的治理问题，需要通过私募投资结构的介入来提高治理效率、抑制代理成本。因此要求私募投资机构参与对企业的决策。

由于私募股权投资使企业获得了资金的同时也改变了资本结构，资本结构影响到公司治理，通常认为，资本结构通过激励机制、信息传递机制和控制权这三种途径，影响企业的公司治理，从而达到影响企业的价值的目的。布莱尔（1995）分别从不同的角度讨论公司治理的含义。他认为，狭义地说，公司治理是指有关股东结构及权利、公司董事会的组成及其功能等方面的相关制度安排。广义地说，公司治理是安排决定公司的经营目标，并规定相关利益者在什么状态下实施控制并如何控制。

科克伦和沃提克（1988）则认为公司治理主要是解决高级管理人员、公司股东、董事会以及公司的其他利益相关者之间，谁从公司的决策（经理的行为）中获利和谁应该从公司的决策中获利等核心问题，如果在解决的过程中存在矛盾，公司治理问题便随即产生。

林毅夫（1997）则指出，所谓公司治理结构是所有者对企业的一整套制度安排，具体而言就是对公司经营管理和绩效进行监督与控制。但人们通常关注的公司治理结构，主要包括公司的直接控制和内部治理结构。对公司自身而言，通过激烈的市场竞争所实现的间接控制或外部治理尤为重要。因而，从内、外两个角度来界定才能全面地阐明公司治理是所有者对经营管理与绩效的监督和控制。在公司治理过程中明确公司董事会、经理层、股东和其他利益相关者的责任和权力分配，并且清楚地说明了决策公司事务时所遵循的规则和程序。同时，他还提供了一种结构使之用以设置公司目标，也提供了达到这些目标和监控运营的手段，因此公司治理是一种据以对公司进行管理和控制的体系。

综上所述：狭义的公司治理主要指公司内部治理，主要包括公司董事会的构成、职能及

股东的权利等方面。广义的公司治理不仅仅指公司的内部治理,更主要指公司的外部治理,如公司的收益分配制度、管理层约束激励制度、财务制度、人力资本管理、企业战略发展决策管理系统、企业质量管理制度等。广义公司治理所界定的范围除了包括企业与所有者之间的关系,而且包括企业与企业外部其他利益相关者集团之间的关系。

根据狭义公司治理理论,公司治理是指内部治理结构,是一种股东主义的制度安排。股东大会、董事会、管理层依法具有层级制衡关系,这种制衡关系中,股权结构起着关键性的作用。董事会是公司治理结构的核心,决定了整个企业内部治理机制的构成和运作。同时根据委托代理理论,股权结构对整个公司治理结构的效率发生作用,也对公司的内部监控机制直接产生影响,最终促进企业整合各种资源并进行有效利用,提升企业成长潜力。

(一)私募股权投资改变股权结构

按照委托代理理论,具有不同性质和背景的股东其投资目标不同,不同的股权结构,公司治理效应是不一样的,导致对公司的成长性的影响也不同。因此,研究我国私募股权投资对公司治理效果的探讨主要是关注私募股权的持股,以及对企业股权结构所产生的影响,最终通过对经营者的激励改善公司业绩。公司的股权结构一般来说是公司治理的基础,它的合理程度对公司治理的效率有着显著影响,是公司治理机制是否起作用的关键因素。因此,股权结构在某种程度上决定了公司价值。

通常认为,控股股东与中小股东都以追求公司价值最大化为目标,但是股权的性质和背景决定了其追求的短期目标和长期目标是有差异的。公司股权结构的变换直接对公司价值产生影响。在企业的经营过程中,不断地调整股权结构,使公司的价值最大。众所周知,股权结构的改变,使股东的利益重新分配,特别是对公司的治理机制提出考验,公司经营运作的诸多分理机制问题都与公司股权结构有密切的关联,尽管不同的股权结构对公司治理效应产生影响,但公司治理效应的侧重点仍然包括管理层激励、股权争夺、收购与兼并以及监督机制。

股权结构可以根据持股的比例划分为三种:股权高度集中、股权高度分散、股权相对集中。高度集中的股权代表控股股东对公司的绝对控制力,其控股股权很可能被大股东用来谋求利益。公司经理人的利益也会逐渐与控股股东趋同。在这种情况下,董事会、监事会等都失去了其独立性,并且有可能对小股东的权益造成一定的损害,从而致使公司治理机制失效。

Stulz(1988)、Jensen(1993)经过研究认为,高度集中的股权能够加强企业管理的职位固守行为,严重影响公司治理。股权高度地分散会让股东产生"搭便车"的心理,使得股东无力也无愿去改变、监督董事会与管理层。由于在高度分散的股权结构中,对经营管理者没有有力的约束,因此有可能产生道德风险。若股权结构能够保持在一种合理的状态下,即相对控股股东有能力相对控制公司,并能够对企业经理人员进行有力的监督约束,也存在足够的小股东,以使股权达到相对分散的状态,这样更有利于降低代理成本以及公司效率价值的提升。Shleifer 和 Vishny(1997)经过研究认为,相对集中的股权结构或者债权结构可以有效地抑制监督管理人员对所有者权益侵占的行为。因此,代理问题可以通过股权的相对集中来实现。

私募投资机构尽管通过投资改变了企业的股权结构,使企业股权进一步分散,但不会拥有控制权,私募股权机构只需参与企业的决策,私募股权入驻会使企业形成制衡股权结构。制衡股权结构的特点是公司拥有几个相对控股股东,股权相对集中。股权相对集中的股权结构即制衡型股权结构可以提高公司治理效率,促进公司资源的有效配置,实现公司持续稳定成长,是较为理想的股权治理结构。

首先,制衡型股权结构可以降低代理成本。制衡型股权结构决定了公司中并存几个大股东,他们有对公司经营管理层进行监督和约束的能力与动机,当公司的经营偏离公司的目标后,大股东们往往是相互牵制和协调,以期获得利益最大化。在这种制衡型股权结构的情况下,管理层的经营战略必须以股东利益最大化为目标。

其次,私募投资机构入驻企业后,形成了相对控制股东,其经营目标就是让企业完善公司治理结构、扩大企业规模,让企业快速成长,有私募入驻的企业形成了制衡股权结构,控股股东和公司小股东的矛盾就比较缓和,利益基本一致。控股股东和公司中小股东之间的利益冲突可以通过制衡型股权结构得以缓解,控股股东侵害公司中小股东的利益的现象在某种程度得以克服,减少了管理中的监督成本,提高了公司治理效率,促进了企业快速成长。

获得高额收益是私募股权投资的最本质的目的,而不是对整个公司的控制。通常,私募股权投资拥有被投资企业不超过30％的股份,同时,他们会要求不仅在董事会上有席位,还会要求一票否决权,以便私募对公司的监督管理。私募股权投资充分地运用自己的技术、管理、信息以及经验方面的长处与优势,在日常参与企业管理的过程中,着手帮企业建立一套适用、完整、规范的制度。同时,私募股权投资也会帮助解决企业结构存在的若干不合理地方,突破企业的瓶颈。

最后,以出售股权的方式退出,来实现资本增值的资本运作过程。私募投资机构除了为企业提供生产所必要的资金以外,还将自己丰富的管理经验、资本运作能力及有关技术带入被投资企业,为企业提供全方位的服务。私募投资机构有助于企业实现价值最大化,私募投资机构具有更强的人力管理水平和运营管理能力,从而有助于企业实现快速增长。私募投资机构入驻企业的目的决定了其不要求对企业有绝对的控股权,但形成了股权制衡机制,使被投资企业完善公司治理和改善公司的经营管理非常重要。

(二)私募股权投资在董事会的运作

董事会是通过股东大会的选举产生、由所有董事组成、在公司日常运营中行使管理权的机构。董事会需要对股东大会负责,是公司常设的权力机构。董事会可以行使除股东大会及其特别授予其他机构的权利外的一切权利。我国的公司董事会存在一定的弊病,比如,董事会缺乏独立决策能力,不合理的董事会的结构制约了董事会的运作,限制了公司效率和价值的提升与改善。

私募股权投资参与董事会的主要原因有两方面：一是私募股权投资的效益与目标只有通过被投资企业的良好发展实现；二是私募股权投资的资本增值受到被投资企业运营的限制。因此，私募股权投资机构需要派遣专业人士进入被投资企业的董事会，这些专业人士一般具有丰富的管理和财务的相关经验以及良好的技能。私募股权投资派遣的董事人数一般是董事会的1/3，虽然私募股权投资持有的是企业的可转换优先股或可转债，但它也会具有相应的表决权，以确保私募股权投资对被投资企业的重大决策的影响力，从而才能保证私募股权从企业价值的上升而获益。这就是被投资企业能够真正有效地被私募股权投资所改善的关键。

私募股权投资对于公司的外部董事要求很高，要求独立董事具有完全的独立性。通过对被投资公司建立完善、适用的独立董事机制，可以在公司内部达到权利相互制衡的目的，改善公司的权利配置，有效地对企业的管理层进行制约。

董事会处于公司治理的核心地位，董事会治理水平关系到整个公司治理水平，提高公司董事会的运作效益，就要完成董事会的职业化运作。以董事会成员的选举、组织机构的完善、工作职责等举措推动董事会职业化。同时，在私募股权投资入驻企业后，私募投资机构会拥有公司董事会的席位，董事会的独立性备受关注。董事会具有的独立性是其实施战略决策的前提。因此，公司董事会的独立对于治理结构尤其重要，它是降低代理成本、提高经营管理层的效率、保障公司资源有效配置、促进公司成长的影响因素之一。

私募投资机构非常重视董事会的组成和召开，因为这是企业作出决策的机构。因此，应该重视董事会的组成和对董事的评估，董事会内部成员每年定期对董事作出评估，以此来改进董事会的治理水平。在企业的管理过程中，通常认为董事只对公司股东大会负责，所以董事参加董事会流于形式，其实《公司法》规定了董事会的各种权利，比如，决定公司的经营计划和投资方案；挑选、聘任和监督经理人员；决定公司的产品和服务价格、工资、劳资关系；决定公司内部管理机构的设置；召集股东大会。私募股权结构作为外部董事，为了自身的投资利益，利用自身的专业知识和各种资源，融入被投资企业中去，让董事会发挥其应有的职能。

（三）私募股权投资对经理层激励和约束机制

私募投资机构在整个投资的过程中，私募作为委托人，经理层作为代理人，委托人和代理人目标的不一致及双方的信息不对称，从而产生委托代理问题，委托代理问题在现代公司中主要表现为代理人的道德风险。因此就需要设计一个合理的激励和约束机制使委托人与代理人双方的目标趋于一致，降低企业经营管理者的道德风险。激励机制可以有效地降低代理人的道德风险，主要由经营者的个人收入激励、职位消费激励和精神激励构成，而约束机制可以有效地防止道德风险的产生，主要包括契约和审计、公司治理机制约束和市场约束机制。具体到经营管理人员的激励设计，斯蒂格利茨认为应当包括：①将部分股权授予高层经理人员；②使报酬更富有刺激性；③加强业主对经理人员的监督；④建立所有者与经理人员的长期合作关系。

1. 激励机制

激励机制通常是指通过设定一系列激励条款,用这些条款激励代理人不断地为委托人赚取利益而工作。激励机制也能够防止代理者为了个人非生产性或者管理层集团的利益做出损害股东利益的事。通常情况下,激励机制不仅包括工资和奖金,也包括股票、认股权以及其他类的精神激励。年薪这种激励机制虽然被普遍采用,但是它有可能导致管理层的短期行为。管理层的很多短期行为,都会忽略公司的长远发展。因此,一个能够激励公司管理层注重公司长远发展而放弃只能得到短期利益的短期行为的激励机制就显得尤为重要。股权激励机制通常能使管理者关注企业的长远发展情况,能够将个人利益与企业的利益绑定起来,并且能够达到长期激励的作用。

目前来看,股权期权的激励方法较为普遍。私募股权投资的目的是通过被投资企业的价值增值来获得相应的利益回报,而不是为了夺取企业的控制权。因此,私募股权投资会将较多的一部分股份转让给管理层,激励他们更加努力实现公司的价值增值。这种激励措施不仅能够保证自己的利益,还能够将管理层的利益与企业的发展前景绑定。在被投资企业的价值最大时,私募股权投资会通过退出转让股份等方式实现其收益。

因此,建立合理的股权激励机制可以有效地缓解委托代理问题:第一,股权激励可以促使股东和高管利益一致,符合剩余索取权和剩余控制权相匹配的原则。法马和詹森(Fama and Jensen,1983)认为复杂的现代企业剩余索取权归股东所有,部分剩余控制权归高管持有,也就是说重要的决策参与者并不持有剩余索取权。这种基于所有权和控制权的分离而产生的剩余索取权和剩余控制权的分离产生代理成本,股权激励可以有效地缓解剩余索取权和剩余控制权不一致的问题,降低代理成本。第二,股权激励可以降低信息不对称,通过代理人的报酬和企业的产出效率相关联,委托人可以更好地识别代理人的行动,降低了信息不对称的程度。股权激励比如股票期权本身不得转让,但它是一种权利和未来概念。

在对管理层的激励措施比较来看,精神激励的效果要好于物质激励,作用的时间也要长得多。法马和詹森(1983)经过深入的研究表示,职业经理人会关注自己的声誉,并会为了声誉而不断地加强约束自身行为。因此,精神激励的声誉机制的建立,不仅是一种价值激励,还可以避免管理层的投机行为,达到降低代理成本的效果。

对赌协议也是私募股权投资常采用的激励措施。对赌协议主要是指私募股权投资者与被投资企业为了确保自己利益实现而就未来的不确定性签订的一种协议。若是出现约定的条件,则对赌协议的双方可以选择重新调整协议来补偿自己的损失。对赌协议本质上来说是一种外部激励措施,它最终的目的是双赢的实现。对赌协议的签订,不仅能够提升经理层的积极性、提高公司财务质量,也可以提升盈利水平,还可以增强内部凝聚力和向心力,实现公司的绩效提升。

2. 约束机制

约束机制与激励机制有所不同,它是指私募股权投资通过对被投资企业的经营管理的监督控制,来达到目标使管理层被动地去强化企业和股东价值,最终实现私募股权投资的期望收益。私募股权投资通常都有一个完善的、严格的监督约束机制,比如分阶段投资、控制追加投资以及其他方法。

股权和期权激励有可能产生一种极端的现象:管理层可能出于想要获得股权激励的目的,具有选择收益高、风险高的项目的倾向性。为了限制这种现象,私募股权投资会采取一种分阶段投资方式。分阶段投资主要指在被投资企业发展的每一阶段,只投入这阶段所需要的资金。分阶段投资的约束作用主要体现在能够加强管理风险的风险防范意识,加强资源的合理利用,能够稀释管理层的股权。

私募股权投资也会在公司发展的不同阶段采用复合式的金融工具。复合金融工具是同时包含负债和权益成分的金融工具,如可转换公司债券等,企业发行时既含有负债成分,又含有权益成分,具有复合金融工具性质。该方式比较灵活。

私募股权投资所获取的企业控制权也是一种约束机制。私募股权投资不仅有一定的剩余索取权,还有相应的决策权。管理层雇佣条款和董事会、监事会席位条款是私募股权投资对风险企业的监控约束手段。如果出现对私募股权投资不利的情况,私募股权投资可以采取相应的措施来应对,比如,解雇或撤换管理层并回购其股票。此外,私募股权投资派出的董事一般占董事会席位的1/3。因此,私募股权投资可以通过控制董事会来达到约束的目的。

包括优先股和可转换债券的可转换证券这种金融工具,在一般情况下,能够对存在私募股权投资机构与企业家之间的信息不对称的问题进行有效的约束和制约。对私募股权投资机构来说,手上的可转换债券可以转换成公司普通股的时限是其持有可转换债券的一段时期内,转换比率或转换的价格都在之前有所约定,在相应的时期按照相应的价格可以进行转换。私募股权投资者在持有可转换优先股并且并未转换时,也可以拥有行使按其股份比例与普通股相同的投票权。投票权的分配具有非常重要的意义,私募股权投资机构要通过投票权的分配来确保自己随时随地都可以不受限制地实施自己的表决权,影响公司的决策,也要通过摊薄条款这种方式来防止稀释被投资企业的控制权。此外,私募股权投资机构在上述制约机制之上,让被投资企业签署管理层声明与保证,以及肯定条款与否定条款在一定条件下的签署,使得能够顺利地对被投资企业实施监管与约束。

三、企业治理工具

我们在上一节学习了有关创造价值的内容,在创造价值的过程中,企业治理环境是一个贯穿始终的永恒主题。接下来,我们会讨论投资者在企业治理中所使用的工具。

(一)信息收集和监测

在项目管理中一个贯彻始终的问题是投资者在评估管理团队的业绩时有困难。董事会需要有持续的信息流来准确指导企业。那么,董事会如何执行其指引呢?它如何保证得到想要的结果呢？董事会会有一些反馈点来帮助他们决定企业的下一步发展，以免事情恶化到必须放弃的地步。

（二）预算

对所有私募股权投资的企业，预算（或者计划）是关键的。无论企业是全新的初创企业，还是曾经上市最近又被私有化的大企业，抑或是被出售的部门，管理团队和董事会必须在预算和KPI（关键绩效指标）设立上达成一致。KPI会贯穿整个企业，甚至涉及个人目标和评估。

董事会会参与预算的编写并批准它，然后再考察企业业绩和计划间差异。董事会也会在业绩偏离预期时帮助提供应对策略。通过透明化的报告和良好沟通获得的早期信息是关键的。如果实际超过预算，相当于给董事会一个信号，董事会需要响应。

一旦收入超过预算，董事会就必须开始思考所有这些问题。这是一个一次性的突破还是市场拐点的开始？董事会有四种应对超出预期增长的方法：①投入更多资金；②通过提高价格或改变目标市场来放缓增长；③早于预期出售企业；④从其他渠道筹集更多资金。

（三）关键绩效指标

KPI能帮助董事会把预算目标分解成更多的小模块，确保企业不仅是沿着正确的方向在发展，而且是通过聚焦于正确的事情获得发展。

（四）阶段性目标

预算和KPI显示了董事会所批准阶段性目标的完成进程。这些阶段性目标一般会跨越几次预算，如果是VC投资的企业，则可能会和资金募集联系在一起；如果是被收购的企业，则可能会和债务到期日联系在一起。对于VC投资的企业，阶段性目标可能要求有10个客户进行了产品测试，招聘了一名营销高管，或者是药物进入第三阶段试验。企业也可能会设置达到现金收支平衡或者和投资银行家开始对话的目标。而被收购企业可能需要完成某项资产的出售，或者实现更高的运营利润率。例如，Scott的团队实现了在两年内减少42%流动资金需求的阶段性目标。

（五）管理层绩效考核

因为管理层是向董事会汇报，董事会必须对管理层绩效进行评估。董事会成员可能是亲自考查高级管理层或者聘请顾问来做这件事。希望上市的被收购企业和VC投资的企业会有一个薪酬委员会进行正式考查并设立整体薪酬战略，就像它们也会有一个审计委员会来监督财务事项一样。董事会不会考查更初级员工的绩效，但是它可能会参与制定总体工资增长幅度。

CEO们可能会有夸大自身业绩的动机，因此，董事会成员在企业内有一个可以提问题的网络非常重要。例如,C&D 在 Scott 的交易中建立的激励和监管机制,使得 CEO 几乎不可能去夸大其业绩(如果夸大,结果会适得其反)。

(六)独立会计审计

早期阶段企业董事会的部分作用就是建立一套可复制的透明流程。其中之一就是由独立会计师事务所进行的年度审计。董事会必须让会计师事务所提供一份管理建议书,出具其对企业控制和管理的意见。虽然一般来说是枯燥和正式的,但是它能以外部机构的身份与类似规模的企业进行比较。例如,这份意见可能会建议企业将其财务主管提升为 CFO 以管理更复杂的财务问题,或者建议企业改变收入确认的方法——当新兴行业内的一家初创企业在考虑如何让其独特的财务状况符合 GAAP(一般公认会计准则)时经常碰到的问题。

(七)定期战略评估

战略评估是董事会为企业所带来价值的一个重要组成部分,不论企业发展到哪个阶段,任何运营良好的私募股权所有企业都会举行这种多日的外出静思战略评估会议。这些会议是使利益和期望一致、描绘目标和战略以及创建适当企业文化的重要机会。

(八)重新订立合同

重新订立合同最常发生在 VC 中,尽管在收购中也不是没有发生,但因为在收购中并不常见,所以重新订立合同在收购中往往更有争议。在收购中,对交易的任何修改都会涉及银行,但银行在重新谈判贷款前,通常想让投资公司投入更多资金。

重新订立合同意味着经典的沉没成本经济理论不适用了。沉没成本——也就是不可恢复的历史成本——在理论上不应该影响是否在项目上投入更多资金的决策。这个决策应该只需要考虑未来收益。但是,人类往往厌恶损失,这意味着我们确实会考虑沉没成本。在重新订立合同的情况下,之前交易的条款会进行重新谈判,从而改变今后的关系和成本结构。重新订立合同的公司会对其现有投资重新定价以提高股份占比。在取得以上进展后,风险应该会下降,同时回报也会增加。

一家公司是否愿意重新订立合同来给它之前的投资重新定价,是由这家公司对企业管理层、产品和市场的认识以及它运用时间和资金上的其他选项来决定的。

重新订立合同也会在退出时出现,常见于有风投参与的退出。管理层持有普通股,而投资者则持有清算优先权的优先股。这些清算优先权可以超过 1 倍,尤其是资金是在困难的时候筹集而投资者需要下行保护。有时,投资者会在企业无法偿还全额的优先股加上优先权时接受收购要约。为了鼓励管理层接受要约,投资者可能会放弃约定好的一定数量优先权。这样做可能是对管理层在企业困难情况下出色表现的奖励,或者是鼓励管理层在未来能继续为这些投资者工作。

如果必要,并购公司也会重新订立合同。和 VC 投资一样,是否重新订立合同还是要看投资者对市场、企业、发展前景以及时间和资金的其他用途的综合考虑。银行在企业还有足额偿还贷款能力时能从关闭企业获得既得利益,因此会鼓励投资者增加他们的股权投资。如果银行放松条款或者重组贷款——可能是接受一段时间内只有利息的支付或者是降低利率——那么投资者可能愿意这么做。因为银行是受监管的,它们灵活度有限。另外,相比于风险投资者,银行往往更厌恶风险(银行要求本金和利息;风险投资者关心的是回报),它们可能更加抵触改变,而不管这些改变是否对企业有好处。

深圳创新投与潍柴动力的案例

一、潍柴动力概况

　　潍柴动力股份有限公司(以下简称"潍柴动力")的前身是潍坊柴油机厂,成立于1946年,是中国最早一批柴油机生产厂家之一。1984年,国家计划委员会和国家经济委员会确认潍柴为研发及生产斯太尔WD615系列柴油机的定点厂家之一。同年,国家经济委员会发出《关于同意潍坊柴油机厂变更隶属关系的复函》,确认潍柴为重型汽车配套柴油机的定点厂家之一。2002年12月23日由潍坊柴油机厂以有关生产及销售WD615、WD618系列柴油机业务的经营资产与负债及现金出资,联合其他发起人成立潍柴动力股份有限公司。2004年3月11日,潍柴动力在香港联交所主板上市,成绩斐然。2005年8月,潍柴动力成功收购湘火炬,延伸了自己的产业链条,拓宽了发展空间。2007年4月30日,潍柴动力A股在深圳证券交易所正式挂牌上市,成为中国证券市场上第一例"H to A"案例(港股转A股)。

二、深圳创新投投资潍柴动力的背景

　　2002年年初,潍柴动力领导层决定深化改革,联合各方融资发起设立潍柴动力股份有限公司,以实现潍柴产权主体的多元化,进一步完善潍柴公司的治理结构。并以其最具竞争力和发展潜力的斯太尔高速柴油机业务及其相关资产成立股份公司,然后谋求进入国际资本市场。而潍柴存续部分不再经营与斯太尔高速柴油机有同业竞争性质的高速柴油机业务,只专注中速柴油机业务。这样,新公司将集斯太尔高速柴油机生产、研发、销售等业务于一体,为国内重型汽车和工程机械提供配套动力,从而牢固树立中国高速发动机供应商龙头企业的垄断地位。

　　2002年4月,潍柴动力改制项目信息通过德勤融资部门转达给深圳创新投。深圳创新投随即委派投资经理奔赴潍柴动力。经过初步调研,潍柴动力给投资经理留下两点深刻的印象:第一是领导团队素质好。以谭旭光为首的领导班子勇于改革,志存高远,将企业做大做强的愿望强烈。第二是行业好。大功率高速柴油机主要配套重型汽车、大型客车、工程机械、船舶、发电机组等。随着中国经济持续强劲增长,重型汽车、大型客车和工程机械产销量快速上升,高速柴油机市场潜力巨大。潍柴动力一直是中国高速发动机的生产、销售和科研龙头,一旦新设立的股份有限公司成功并购重庆柴油机厂高速柴油机生产线,将确立中国高速发动机供应商的垄断地位。

三、险些失之交臂的好姻缘

潍柴动力项目第一次在深圳创新投上投资决策委员会讨论时没有通过,原因是有的委员认为:潍柴动力虽然所处行业前景看好,但新成立的股份有限公司产品较单一,项目风险大,而且当时生产同类产品的重庆柴油机厂和杭州柴油机厂经营都出现了困难。有些委员还担忧,新股份有限公司和潍坊柴油机厂会产生关联交易。而且当时全国刚刚经历国企脱困,国有企业"思想陈旧、管理落后、效率低下"等弊病导致部分委员对潍柴动力的发展前景存在一定成见。最后,在深圳创新投主要领导力争下,投资委员会要求投资经理补充相关材料之后再进行复议,为了在复议会上使项目通过,投资经理们开始收集更多信息。他们咨询相关专家了解到,柴油机从研发到投产,一般需要 10~20 年时间。目前国内各厂家及机构尚不具备独立开发新型柴油机的能力,如果国内厂家要整体引进新产品,投放市场也需要 5 年以上的时间。对于国外厂家,它们在中国加入 WTO(世界贸易组织)后,已经加入国内市场竞争,但面对中国广阔的地域,没有 3~5 年甚至更长的时间,很难建立起一个发达的营销市场网络。同时,相对我国整体消费水平尚不高的现状,国外产品较高的价格将使其在竞争中处于不利的地位。因此,在国内高速柴油机领域,未来 3~5 年内潍柴动力将会保持优势地位。为了更具有说服力,项目组还从国内外竞争对手出现经营困境原因、公司治理结构等多方面进行调查,了解潍柴动力的经营状况和未来成长潜力。为此,投资经理们专门去重庆、杭州考察了同类厂家,发现多数厂家出现经营困难都是由规模与成本问题造成的,潍柴动力与竞争对手杭发与重柴相比具有两个方面的优势:一方面,杭发与重柴的生产能力仅有 1 万台/年,而潍柴动力已突破 5 万台/年;另一方面,重柴、杭发产品单机成本比潍柴动力高出 7%。投资经理们在调查中还了解到,潍柴动力还在股权设计上和董事会架构上对公司关联交易进行了约束。即使经过严谨的调查和详细的准备,潍柴动力项目在创新投的投资委员会复议会上又一度引发激烈的争论,部分委员对此项目还是持不同意见,但经过讨论后大家一致认为,可以对潍柴动力这类国企改制项目进行尝试,最后此项投资在投资决策委员会上被全票通过。不过为了降低风险,投资决策委员会认为应该小心谨慎投资,最后决定减少一半投资额,投 2 150 万元、占潍柴动力 10% 股权的保守方案。

四、投资成就

2002 年 12 月,深圳创新投投资潍柴动力 10% 股份,金额 2 150 万元。15 个月后,潍柴动力 H 股在香港联交所主板成功挂牌上市。上市后,深圳创新投持有潍柴动力股票市值比投资额增加 10 倍以上。2004 年 6 月,潍柴动力发布中期报表,公司净利润 24 859.9 万元,较 2003 年同期大增 102.4%,潍柴动力股票飙升至 20 元以上,深圳创新投的账面收益增至 30 倍以上。2007 年 8 月,潍柴动力收购"湘火炬"获得成功,回归内地实现 A 股再上市,上市首日收盘价 64.93 元,此后股价一度突破 100 元,深圳创新投 2 150 万元的投资账面收益等于赚了个注册资本为 16 亿元的深圳创新投。潍柴动力也成了深圳创新投迄今为止最为成功的投资项目。

(资料来源:经济观察网。)

五、成功解密

(一)在 2000 年前后中国的一股国企改制潮,其中不乏竞争实力强、市场占有率高企业管理团队精干的优秀企业

事实上,当时的国企改制为私募股权基金提供了很多绝佳的投资机会,只是当时私募股权基金在中国还很少,刚刚成立的一批风险投资公司都把注意力集中在高新技术中小企业上。深圳创新投在潍柴动力上的成功正是抓住了这样的一个投资机会。

(二)详尽的审慎调研

深圳创新投在整个过程中进行了多轮调研,从项目投资经理到公司副总都实地调研了潍柴动力,并与潍柴动力领导人进行了深入沟通。特别是在第一次投资决策会上,潍柴动力项目没有通过,部分委员提出很多反对意见后,项目经理还对潍柴动力的竞争对手进行了调研,以发现潍柴动力的优势和劣势,评估潜在的风险。

(三)传统行业中也有投资机会

以往私募股权基金往往都是在新兴产业领域中寻找投资机会,如互联网、生物制药、通信技术等,忽略传统产业中的投资机会。中国正处于高速发展时期,在很多传统产业领域,市场空间巨大,有些处于垄断地位的企业,也会获得很好的发展机会。

———— 即测即练 ————

第七章

股权投资变现

私募股权投资基金投资一家企业,最根本的目的是通过对企业价值的提升,在退出中获得利润。私募股权的退出一般是其投资的企业发展得相对成熟或已经没有较大的发展前景后,将其所拥有的股权转化为资金。在与企业签订投资协议时,私募股权投资基金就已经考虑退出的问题了。

退出是私募股权投资中的最后一个环节,同时也是投资实现变现的重要途径,退出的时机和方式的选择都会影响投资机构的退出收益。退出渠道不通畅或投资者无法顺利退出获得投资收益将会导致机构资金链的断裂,不仅影响投资机构的投资收益和后续募资,更不利于私募股权行业的持续健康发展。退出有很多种方式,其中最广泛的,也是私募股权最喜欢的方式就是上市(首次公开募股),这也是一家私人企业成为公众公司,进而发展壮大的必然选择。现实情况中,会有大量的企业因为各种原因不能实现公开上市,如企业持续盈利能力不足、公司独立性差、信息披露质量差等,私募机构只能通过其他公司并购、股权回购(share repurchase)等方式退出。

公开上市是最合适的一种退出方式,要知道私募投资基本上都是针对一些没有上市的公司进行投资,这样公司在运营过程中,就能获得一定的收益,而当企业上市之后,企业也会在公开市场运营,这种情况下,就可以减持上市公司的股权来完成退出,这种方式可以让自己获得更大的投资回报。

其实在投资的过程中,企业的管理人对企业的了解是非常深的,并且拥有丰富的管理能力,因此当企业发展到一定阶段,但是并没有达到公开上市的条件时,这些管理人也会通过内部收购的方式,向私募股权基金收购所持有的股权,这样就可以实现退出。

清算退出是回报率比较低的一种退出方式,当企业出现经营不善或者是因为发展太慢而达不到自己预期的情况,就会以破产清算的方式来挽回部分的损失,而这时,私募投资者就可以收回一定的投资回报。

接下来,我们会讨论私募股权基金退出的这几种方式。

第一节　IPO

当被投资企业经营达到理想状态时,会选择首次公开募股并上市,即将其拥有的企业股份转变成可以在公开市场上流通的股票,通过股票在公开市场的转让实现投资退出和资本增值。上市转让退出可以使股权投资基金获得较高的收益,实现被投资企业价值,上市转让是最为理想的退出的方式,也是私募股权基金最热衷的一种方式。正如图 7-1 所示,IPO 的数量在近几年更是占据退出方式的绝大部分。

图 7-1　2012—2023 年中国股权投资市场退出数量情况

资料来源:清科研究中心。

目前境内私募股权基金上市的退出渠道主要有:以离岸公司的方式在境外上市;境内股份制公司以境外 IPO 的形式实现境外上市;境内公司在境外借壳上市;境内设立股份制公司在境内主板、科创板、创业板、京板上市;境内公司 A 股借壳间接上市等。

一、IPO 的目的与意义

(一) IPO 的目的

IPO,是指拟上市公司首次在证券市场公开发行股票募集资金并上市的行为。通过 IPO,发行人不仅募集到所需资金,而且对以募集方式设立股份有限公司的单位完成了公司的设立,对已经设立的股份有限公司实现了股票公开发行。

公司上市的目的主要有四点,即融资、改善公司治理结构、广告宣传和财富增值。

(1) 融资。在通常的情况下,一个企业要赚 10 万元,靠的是体力;赚 100 万元,靠的是大宗的商业买卖;赚几个亿,靠的则是资本市场。不管是创业还是企业发展,都需要资金,公司扩大规模需要资金,拓展业务需要资金,吸引优秀人才也需要资金。因此,资本化就是在整个商业圈中形成一种与之匹配的资本供给的连接。

(2) 改善公司治理结构。公司一旦上市,就成了公众的公司,会建立股东大会、董事会、监事会、管理层等法人治理结构。同时,公司还会引入独立董事、审计部等监督结构。这样的公司会成为一个具有国际化特征的规范化公司,各方面机制、机构也都需要健全。

(3) 广告宣传。上市公司定期和不定期的信息披露,以及相关报纸、杂志等舆论工具的研究会不断报道公司。这样一来,也能为公司带来更广泛的市场宣传。所以,广告宣传和形象宣传是公司上市的另一个目的。

(4)财富增值。公司上市之后,股东价值由原来按照净资产来计算转变为按照市价来计算。同时,这种资产还可以流通,对股东来说,他们的财富大大增加了。通过公开上市,公司可以增加净市值,降低债务比率,上市大大削减了财务风险,从而让公司更容易在资本市场中进行低成本融资。

(二)IPO的意义

(1)可以实现资产证券化,企业的价值和股东的价值将会被放大。

(2)可以构建股权融资平台。

(3)可以加强企业品牌和知名度。

(4)向可以促进企业规范化运作。

(5)可以吸收更优秀的人才。

(6)可以提升企业的综合能力。上市融资不仅让企业获得更稳定的长期资金来源,还能进一步扩充资本,使得企业综合竞争力直线上升,实现质的飞跃。

对于私募股权投资者来说,能够在被投资企业上市后退出是投资退出的最佳途径和投资最成功的标志。公开上市通常是指首次公开募股。首次公开募股就是企业第一次将它的股份向公众出售,公开发行完成后,这家公司的股票通常就可以在证券交易所或报价系统挂牌交易。

首次公开募股的实质是推动所投资的企业从一个私人持股公司变为一个公众持股公司,从而实现股权可流通,以便通过公开市场出售其所持股份,以实现资本增值。无论是对于被投资企业来说,还是对于私募股权基金的投资方来说,直接上市都是实现双方利益最大化的最好途径。对于私募股权基金来说,股票市场所提供的高估价可以让其在投资几年后便拿到丰厚的收益获利退出,给基金的投资人以丰厚回报,进而保持极高的基金内部收益率筹集新的基金,投资新的目标,进一步发展壮大。私募股权基金一般都有其自身的存续期限,到期后必须清算,这个期限一般为7~15年,而上市本身是个非常耗费时间的过程。因此,如果基金对某一项目的持有期过长,很可能在基金结束时仍然不能实现该项目的上市,就需要被迫转让股权,降低基金的收益。另外,基金所持企业上市后,基金章程允许其获利收回的本金部分继续进行投资,这样自然可以实现基金的再增值,另一部分基金即使不允许进行再投资,在企业上市后还可以在相当长的时间内慢慢抛出股票,在二级市场上再一次获利,而不是在企业上市的时候就一次性退出完毕,这样的分次退出对于基金而言,获利会更加丰厚。

对于被投资企业而言,私募股权基金进入投资的时候,必然对管理层的股权有所安排。首先,企业上市后,大部分的管理层便可以实现其利益,虽然一般会有较长时间的限售期,但对于管理层来说,这无疑是最好的激励;其次,公司上市后还可以采用期权等一系列激励员工的方式,保持企业在人力资源上的竞争力。同时,上市过程本身还是一个融资的过程,股票市场成为公司新的融资渠道,具有私募融资所不可比拟的优势,高估价,高流动性,无疑会带来公司资本成本的降低,而新的融资又能为公司的成长壮大带来宝贵的资金资源,因此上市无疑是为企业增加了一对可以腾飞的翅膀。在一些竞争比较激烈的领域,如果哪家公司能够率先上市,那它就具备了兼并别人的能力,进而可能成为行业霸主。分众媒体在上市后先后对框架媒体、聚众媒体以及好耶广告的收购便是最好的例证。但上市并非易事,除了财务、股东等方面必须满足股票市场的条件之外,选择在哪个市场进行IPO,选择什么时间进行IPO,甚至选用哪家中介做自己的财务顾问,都可能极大地影响公司未来的股价。在选择股票市场方面,首先是在境内市场进行IPO还是在境外市场进行IPO。如果是在境外,又会有多家交易所进入选择的范畴。香港交易所、纳斯达克、伦敦AIM(交易所另类投资)市场、纽约交易所、新加坡交易所等都是近几年境内公司上市比较活跃的市场。这些交易所大都有主板市场和创业板市场两种。创业板和主板相比,不仅估值可能会有所折扣,同时由于财务标准较低,在创业板上市的企业规模都比较小,因此在股权市场采取股权融资或再融资都会面临出让股份过多的风险,一旦50%以上的股权在外流通,就存在公司被恶意接管和恶意并购的风险。

当然,企业上市不只是考虑自身的估值,长期的股价走势也是公司管理层所关心的问题之一。美国股市依托美国这个全球最大的经济体,以及华尔街大量的金融资产和复杂的衍生品交易,能够较早地消化股价波动的预期,可以说是套利空间最小的市场,加之制度上非常完善,先后经受了第一次世界大战和第二次世界大战的考验,因而股价走势相对平稳许多,股价也能够较好地反映公司的经营业绩,可以说是全世界最透明的市场。但是华尔街分析师的预期也给管理层施加了无形的压力,因为如果经营达不到预期,便面临股价大幅度下挫的可能;同时,美国严格的法律监管体系和信息披露制度也给管理层增加不少负担。

除此之外,企业的投资方或主要市场也会影响到上市市场的选择,不少在日本上市的中国企业要么投资人以日方为主,要么其主要的市场在日本。对这些企业,在日本上市会有利于企业的经营。

在上市时机的选择上,一般应主要考虑三个因素:一是股市状况。一般应是在股市行情比较好的时候安排上市,因为只有在这样的时间上市,才能使企业的价值得到最大限度的实现,私募股权基金才能得到应有的投资回报甚至得到超额回报。二是企业的经营状况。一般认为应在企业相对价值(相对于投资)最大的时候上市,以获得最大回报,但在实际操作中是很难把握的。在实践中,以上两个因素是很难同时达到最优的,这时私募股权基金就要在这两个因素之间进行权衡。三是投资组合和资金机会成本。考虑是否上市时,私募股权基金应该认真分析自身的投资组合情况,一旦发现另外有更好的投资机会,则应毫不犹豫地把手中的股票卖出去,以收回资金投入收益更高的项目中去。当然,有时即使没有更好的投资机会,但如果在私募股权基金的投资组合中,某项资产所占比例过大,那么,私募股权基金也应卖掉一部分股票,因为把过多的资金集中投向一项资产的做法是很危险的。另外,能否上市还有一个重要条件,即能否被保荐人看中。目前保荐人制度是世界各创业板市场普遍采用的上市制度,每个保荐人在选择评价对象时,都有自己的评价标准。上市最核心的条件是公司的历史业绩及发展前景,如果一个公司的利润无论是在过去还是在将来都能保持较高的增长率,并且符合保荐人最基本的要求,那么它就有可能被保荐人看中。保荐人制度是一种企业上市制度,保荐人的主要职责就是将符合条件的企业推荐上市,并对申请人上市文件的真实、准确、完整以及董事知悉自身责任义务等承担保证责任,保荐人的责任原则上随着股票上市而终止。香港创业板推出后,保荐人制度的内涵得到了拓展,资格要求更高,职责范围更广,对其监管更严,保荐人的任期也被法定延续到发行人上市后的两个完整的会计年度之内。

二、IPO 的基本流程及相关规定

(一) IPO 的基本流程

IPO 的基本流程见表 7-1。

表 7-1　IPO 的基本流程

阶　　段	流　　程	具 体 内 容
(一) 准备阶段	1. 准备	(1) 确定保荐人(主承销商) (2) 确定其他中介机构 (3) 成立 A 股上市办 (4) 讨论重大问题 (5) 制订改制方案 (6) 确定发行时间表 (7) 与各监管部门进行沟通
(二) 执行阶段	2. 尽职调查及辅导	(1) 保荐人(主承销商) ① 协助企业制订发行方案 ② 协助企业确定募集资金投资方向 ③ 牵头完成辅导工作 (2) 律师 ① 公司治理文件 ② 组织性文件 ③ 法律文件的审核 (3) 会计师 ① 内部控制 ② 财务
	3. 文件准备及申报	(1) 招股说明书 (2) 保荐人文件 (3) 会计师文件 (4) 律师文件 (5) 发行人文件 (6) 保荐人(主办承销商)内核 (7) 向中国证监会报送申请材料

续表

阶　段	流　程	具 体 内 容
（二）执行阶段	4. 核准	（1）交易所受理材料 （2）约见公司高管及保荐代表人 （3）初审 （4）初审反馈意见及回复 （5）发审委核准 （6）准备投资价值分析报告
	5. 调研营销	（1）制订营销策略，调动投资热情 （2）撰写投资价值分析报告 （3）与分析师、潜在投资者初步沟通 （4）接受市场反馈
（三）发行上市阶段	6. 推介路演	（1）招股意向书 （2）现场路演 （3）公司市场定位 （4）公司与投资者交流
	7. 询价	（1）确定询价区间 （2）投标询价 （3）网上路演，分析市场需求信息 （4）合理评估股票市场需求 （5）确定发行价格
	8. 发行	（1）战略投资者 （2）询价对象 （3）网上定价 （4）发行
	9. 上市	（1）上市申请 （2）上市公告书 （3）挂牌交易 （4）上市
	10. 后市	（1）研究报告 （2）投资者关系 （3）持续督导

（二）IPO 的相关规定

2021 年 12 月 24 日，中国证监会公布《国务院关于境内企业境外发行证券和上市的管理规定（草案征求意见稿）》（以下简称《管理规定》）和《境内企业境外发行证券和上市备案管理办法（征求意见稿）》（以下简称《备案办法》）（《管理规定》与《备案办法》合称"境外上市备案新规"），向社会公开征求意见。中国证监会支持企业依法合规赴境外上市，赴境外上市将全面实行备案制。下一步，经履行公开征求意见等立法程序，在相关制度规则正式发布实施时，中国证监会还将制定发布备案指引，进一步细化备案管理的具体安排，确保市场主体在办理备案时有清晰明确的规则依据。目前规范企业境外上市活动的法规基础主要是 1994 年发布的《国务院关于股份有限公司境外募集股份及上市的特别规定》(国务院令第 160 号),其制定于我国资本市场发展初期,总体上已落后于市场实践,不能很好地适应市场发展和高水平对外开放需要。2019 年 12 月,新修订的《中华人民共和国证券法》(以下简称《证券法》)明确直接和间接境外上市应当符合国务院的有关规定。

1. 适用范围

境外上市备案新规的适用范围可划分为行为范围及主体范围(表 7-2)。

表 7-2　境外上市备案新规的适用范围

规　　　定	具　体　情　况
1. 行为范围	(1) 发行行为:境内企业在境外发行股票、存托凭证、可转换为股票的公司债券或者其他具有股权性质的证券。 (2) 交易行为:境内企业在境外发行的股权性质的证券及在境外上市交易的行为
2. 主体范围	(1) 直接境外上市:H 股、D 股等。 (2) 间接境外上市:红筹股、SPAC(特殊目的收购公司)上市等

2. 外商投资负面清单

为进一步提高对外开放水平,健全外商投资准入前国民待遇加负面清单管理制度,推进投资自由化、便利化,国家发展改革委、商务部于 2021 年 12 月 27 日发布第 47 号令,发布了《外商投资准入特别管理措施(负面清单)(2021 年版)》(简称《外商投资负面清单(2021版)》),自 2022 年 1 月 1 日起施行。

1)限制外商投资领域

(1) 小麦新品种选育和种子生产的中方股比不低于 34%,玉米新品种选育和种子生产须由中方控股。

(2) 出版物印刷须由中方控股。

(3) 核电站的建设、经营须由中方控股。

(4) 国内水上运输公司须由中方控股。

(5) 公共航空运输公司须由中方控股,且一家外商及其关联企业投资比例不得超过 25%,法定代表人须由中国籍公民担任。通用航空公司的法定代表人须由中国籍公民担任,其中农、林、渔业通用航空公司限于合资,其他通用航空公司限于中方控股。

(6) 民用机场的建设、经营须由中方相对控股。外方不得参与建设、运营机场塔台。

(7) 电信公司:限于中国入世承诺开放的电信业务,增值电信业务的外资股比不超过 50%(电子商务、国内多方通信、存储转发类、呼叫中心除外),基础电信业务须由中方控股。

(8) 市场调查限于合资,其中广播电视收听、收视调查须由中方控股。

(9) 学前、普通高中和高等教育机构限于中外合作办学,须由中方主导(校长或者主要行政负责人应当具有中国国籍,理事会、董事会或者联合管理委员会的中方组成人员不得少于 1/2)。

（10）医疗机构限于合资。

2）禁止外商投资领域

（1）禁止投资中国稀有和特有的珍贵优良品种的研发、养殖、种植以及相关繁殖材料的生产（包括种植业、畜牧业、水产业的优良基因）。

（2）禁止投资农作物、种畜禽、水产苗种转基因品种选育及其转基因种子（苗）生产。

（3）禁止投资中国管辖海域及内陆水域水产品捕捞。

（4）禁止投资稀土、放射性矿产、钨勘查、开采及选矿。

（5）禁止投资中药饮片的蒸、炒、炙、煅等炮制技术的应用及中成药保密处方产品的生产。

（6）禁止投资烟叶、卷烟、复烤烟叶及其他烟草制品的批发、零售。

（7）禁止投资邮政公司、信件的国内快递业务。

（8）禁止投资互联网新闻信息服务、网络出版服务、网络视听节目服务、互联网文化经营（音乐除外）、互联网公众发布信息服务（上述服务中，中国入世承诺中已开放的内容除外）。

（9）禁止投资中国法律事务（提供有关中国法律环境影响的信息除外），不得成为国内律师事务所合伙人。

（10）禁止投资社会调查。

（11）禁止投资人体干细胞、基因诊断与治疗技术开发和应用。

（12）禁止投资人文社会科学研究机构。

（13）禁止投资大地测量、海洋测绘、测绘航空摄影、地面移动测量、行政区域界线测绘，地形图、世界政区地图、全国政区地图、省级及以下政区地图、全国性教学地图、地方性教学地图、真三维地图和导航电子地图编制，区域性的地质填图、矿产地质、地球物理、地球化学、水文地质、环境地质、地质灾害、遥感地质等调查（矿业权人在其矿业权范围内开展工作不受此特别管理措施限制）。

（14）禁止投资义务教育机构、宗教教育机构。

（15）禁止投资新闻机构（包括但不限于通讯社）。

（16）禁止投资图书、报纸、期刊、音像制品和电子出版物的编辑、出版、制作业务。

（17）禁止投资各级广播电台（站）、电视台（站）、广播电视频道（率）、广播电视传输覆盖网（发射台、转播台、广播电视卫星、卫星上行站、卫星收转站、微波站、监测台及有线广播电视传输覆盖网等），禁止从事广播电视视频点播业务和卫星电视广播地面接收设施安装服务。

（18）禁止投资广播电视节目制作经营（含引进业务）公司。

（19）禁止投资电影制作公司、发行公司、院线公司以及电影引进业务。

（20）禁止投资文物拍卖的拍卖公司、文物商店和国有文物博物馆。

（21）禁止投资文艺表演团体。

三、IPO 的类型

（一）境内上市

凡是在我国上海证券交易所和深圳证券交易所挂牌交易的,都属于境内上市。从数量上看,境内上市是主要的证券上市方式。境内上市主要分为主板、创业板、科创板、京板四个板块,其上市类型主要分为直接上市和借壳上市两种。

1. 直接上市

1）主板

主板即为二级市场,主板市场包括上海证券交易所和深圳证券交易所,在上海证券交易所挂牌交易的以 SH 为代号字头,在深圳证券交易所挂牌交易的以 SZ 为代号字头,在境内证券交易所主板挂牌交易的股票统称 A 股。在主板市场首次公开发行股票并上市交易需具备有关条件,如主体资格、公司治理、独立性、同业竞争、关联交易、财务、总股本及公众持股比例等。

主板和其他板块的区别,主要是从上市的标准来看的。主板上市标准主要有：5 000 万元以上的股本,连续 3 年以上盈利等主要条件。而在实际操作中,主板的上市公司股本远远超出 5 000 万元的规模。

2004 年 2 月,国务院出台《国务院关于推进资本市场改革开放和稳定发展的若干意见》（以下简称"九条意见"）,其中明确提出了分步推进创业板市场建设的要求。深圳证券交易所从主板市场中设立中小企业板块是进行创业板市场建设的第一步,是对九条意见的具体落实。

中小板就是相对于主板市场而言的,中国的主板市场包括深圳证券交易所和上海证券交易所。部分企业的条件达不到主板市场的要求,所以只能在中小板市场上市。中小板市场是创业板的过渡市场,在境内中小板的市场代码以 002 开头,即中小板主要是为中小企业进行融资、发行股票而推出的。2021 年 4 月 6 日深交所主板与中小板合并。

2）创业板

2014 年,中国证监会颁布了《首次公开发行股票并在创业板上市管理办法》,并从 2014 年 5 月 14 日起实施。《深圳证券交易所创业板股票上市规则》于 2009 年 7 月实施,并于 2012 年 4 月、2014 年 10 月、2018 年 4 月、2018 年 11 月、2020 年 6 月、2020 年 12 月、2023 年 2 月、2023 年 8 月进行了八次修订。

创业板主要服务于中小型民营企业,为中小型民营企业提供直接融资的平台。中小板是创业板的前身,创业板的成立是为了主板之外的暂时无法上市的中小企业和新兴公司提供融资途径与成长空间的证券交易市场,是对主板市场的有效补给,它在资本市场中占据重要的位置。在创业板市场上市的公司中大多数从事高科技业务,具有较高的成长性,成立时间较短,规模较小,业绩也不突出。创业板于 2009 年 10 月 23 日正式开市。

创业板设立的目的包括以下几个。

（1）为高科技企业提供融资渠道。

（2）通过市场机制，有效评价创业资产价值，促进知识与资本的结合，推动知识经济的发展。

（3）为风险投资基金提供"出口"，分散风险投资的风险，促进高科技投资的良性循环，提高高科技投资资源的流动和使用效率。

（4）增强创新企业股份的流动性，便于企业实施股权激励计划等，鼓励员工参与企业价值创造。

（5）促进企业规范运作，建立现代企业制度。

根据《首次公开发行股票并在创业板上市管理办法》的规定，企业在创业板上市的门槛比主板和中小企业板都低。创业板是我国建设多层次资本市场的重要一步，它进一步满足一大批中小型企业的融资需求，推动了产业结构的调整。同时，创业板的推出使得众多投资于中小企业的机构的退出渠道更加畅通，极大地刺激了创业投资的发展。总之，可以说创业板是一个门槛低、风险大、监管严格的股票市场，也是一个孵化科技型、成长型企业的摇篮。

创业板的推出，也是为了规范我国资本市场，使之与国际接轨。主板市场，也称一板市场，指传统意义上的证券市场（通常指股票市场），是一个国家或地区证券发行、上市及交易的主要场所。主板市场先于创业板市场产生，二者既相互区别又相互联系，是多层次市场的重要组成部分。相对创业板市场而言，主板市场是资本市场中最重要的组成部分，很大程度上能够反映经济发展状况，有"晴雨表"之称。主板市场对发行人的营业期限、股本大小、盈利水平、最低市值等方面的要求标准较高，上市企业多为大型成熟企业，具有较大的资本规模以及稳定的盈利能力。

二板市场，是与一板市场相对应而存在的概念，主要针对中小成长性新兴公司而设立，其上市要求一般比"一板"宽一些。与主板市场相比，二板市场具有前瞻性、高风险、监管要求严格，具有明显的高技术产业导向等特点。国际上成熟的证券市场与新兴市场大都设有这类股票市场，国际上最有名的二板市场是美国纳斯达克市场，中国内地此前没有二板市场，创业板的推出正是为了填补二板市场的空缺。

可以说，创业板的推出，将是私募股权基金实现投资退出的重要渠道。私募股权基金应该密切关注创业板推出的有关消息。创业板的明确定位是为具有高成长性的中小企业和高科技企业融资服务，是一个中小企业的直接融资渠道，是针对中小企业的资本市场。与主板市场相比，在二板市场上市的企业标准和上市条件较低，中小企业更容易上市募集发展所需资金，二板市场的建立能直接推动中小高科技企业的发展。

进一步讲，二板市场是不同于主板市场的独特的资本市场，具有自身的特点，其功能主要表现在两个方面：一是在风险投资机制中的作用，即承担风险资本的退出窗口作用；二是作为资本市场所固有的功能，包括优化资源配置、促进产业升级等作用，而对企业来讲，上市除了融通资金外,还有提高企业知名度、分担投资风险、规范企业运作等作用。建立二板市场,是完善风险投资体系、为中小高科技企业提供直接融资服务的重要一环。

3)科创板

上交所设科创板,坚持面向世界科技前沿、面向经济主战场、面向国家重大需求,主要服务于符合国家战略、突破关键核心技术、市场认可度高的科技创新企业。重点支持新一代信息技术、高端装备、新材料、新能源、节能环保以及生物医药等高新技术产业和战略性新兴产业,推动互联网、大数据、云计算、人工智能和制造业深度融合,引领中高端消费,推动质量变革、效率变革、动力变革。

2019年6月13日,科创板正式开板;7月22日,科创板首批公司上市;8月8日,第二批科创板公司挂牌上市。

2019年8月,为落实科创板上市公司(以下简称"科创公司")并购重组注册制试点改革要求,建立高效的并购重组制度,规范科创公司并购重组行为,证监会发布《科创板上市公司重大资产重组特别规定》。

4)京板

北京证券交易所(简称"北交所")于2021年9月3日注册成立,是经国务院批准设立的我国第一家公司制证券交易所,受中国证监会监督管理。经营范围为依法为证券集中交易提供场所和设施、组织和监督证券交易以及证券市场管理服务等业务。

北京证券交易所是新三板中公开挂牌交易的股票场所,由新三板中精选层的股票中选出的,与现有创新层、基础层坚持统筹协调与制度联动,维护市场结构平衡。北京证券交易所构建了一套契合创新型中小企业特点的涵盖发行上市、交易、退市、持续监管、投资者适当性管理等基础制度安排,提升了多层次资本市场发展普惠金融的能力。

5)B股

B股的正式名称是人民币特种股票,又称境内上市外资股,它以人民币标明股票面值、投资者以外汇(美元或港币)买卖、专门提供给境外投资者(包括法人和自然人)参与交易的外资股票。B股是发行人的注册地和股票上市地都在境内,但投资者在境外的一种特殊品种的股票,它在境内的上海证券交易所、深圳证券交易所上市交易。1991年,第一只B股上海电真空B股发行。2001年,国家允许境内居民投资B股,但交易计价仍以外汇计算。

B股市场是在中国资本市场尚未完全对外开放的背景下,为建立一条筹集外资的渠道而设立的,它有效地解决了非完全开放经济条件下的国际资本流动机制的问题。但在1997年后,由于H股和红筹股(境内拟上市企业的实际控制人首先在境外注册离岸公司,然后由离岸公司控制境内拟上市公司,最后将离岸公司在境外上市融资的上市公司股票)的兴起,B股的地位已经衰退,在2000年10月后,B股市场就再也没有发行过新股,自从2001年B股市场向境内投资者开放,境内投资者可以用合法持有的外汇购买B股,使得B股不再是针对境外投资者的外资股票。2002年11月,《合格境外机构投资者境内证券投资管理暂行办法》正式出台,A股市场通过合格境外投资者(QFII)机制向境外投资者开放,B股市场的地位和作用进一步削弱,其存在的意义和市场效率都降至最低点。B 股市场前景的黯淡,令投资者因信心不足和市场流动性低而纷纷离场,导致 B 股市场已经基本丧失了融资的功能。

2.借壳上市

借壳上市是指未上市公司把资产注入一家市值较低的已上市公司得到该公司一定程度的控股权,利用其上市公司地位,使母公司的资产得以上市,通常该壳公司会被改名。广义的借壳上市还包括买壳上市,实践中,私募股权投资通过借壳上市实现资本退出是一种行之有效的方式。

一般来说,借壳上市是指上市公司的母公司(集团公司)通过将主要资产注入上市的子公司中来实现母公司的上市。而买壳上市,就是非上市公司通过证券市场,购买一家已经上市的公司一定比例的股权来取得上市的地位,然后通过"反向收购"的方式注入自己有关业务及资产,实现间接上市的目的。

无论是借壳上市还是买壳上市,其实现途径主要包括两个步骤。

1) 选择壳公司

要实现借壳上市或买壳上市,必须首先选择壳公司,要结合自身的经营情况、资产情况、融资能力及发展计划,选择规模适宜的壳公司。壳公司要具备一定的质量,不能具有太多的债务和不良债权,应具备一定的盈利能力和重组的可塑性。

2) 并购和控股壳公司

非上市公司通过并购,取得相对控股地位,需要考虑壳公司的股本结构,只要达到控股地位,就算并购成功。其具体形式可有三种。

(1) 现金收购。这样可以节省大量时间,借壳完成后很快进入角色,形成良好的市场反应。

(2) 资产或股权置换。完全通过资产或股权置换,实现"壳"的清理和重组合并,容易使壳公司的资产、质量和业绩迅速发生变化,很快实现效果。

(3) 两种方式结合使用。实际上大部分借"壳"或买"壳"上市都采取现金收购结合资产或股权置换这种方法。非上市公司取得控制权后,通过重组后董事会对上市壳公司进行清理和内部重组,剥离不良资产或整顿改善壳公司原有业务状况,改善经营业绩,最终提升股份价值,而私募股权基金可以适时卖出股票达到退出的目的。

(二)境外上市

由于中国境内上市目前仍受到严格的核准限制,企业要在境内上市困难很大。对于中小型民营企业来说更是难上加难,虽然现在已有中小企业板和创业板,但是中小型民营企业的上市历程还是非常艰难的。就算能成功上市,以后的再融资还是受到很多限制。

企业在境内上市难,既有境内证券市场仍然没有市场化的原因,也有境内证券市场发展时间短、累积等候上市的企业太多的原因。虽然境内证券市场的市盈率和市净率都比境外的证券市场高,但不少企业仍然为了上市融资以及出于将来再融资的考虑而不得不选择境外证券市场。

境内企业在境外上市不仅需要满足上市地的证券交易所和证券监管部门的要求,而且要符合中国监管部门的要求,并同时受到境内和上市地监管部门的严格监管。境内企业到境外上市的监管部门包括中国证监会、商务部以及国家外汇管理局。需要特别说明的是,由于美国对国外企业在美国上市的要求非常严格,因此大部分国外企业包括中国的大型国有企业在美国的"上市"其实都是采用预托证券的形式,即这些企业不是真正地在美国的证券交易所上市,在美国证券交易所交易的其实都是这些公司的预托证券。

美国预托证券(American Depositary Receipt,ADR)是由一家美国银行重新包装为非美国证券而成的一种美国有价证券,它只是某一数目外国股票的拥有证明,而原始股票由发行公司本国的保管人持有。美国预托证券的证书、过户和交收过程都与美国证券相同。与直接购买外国股票比较,美国投资者通常宁愿选择美国预托证券,因为美国预托证券的价格资料齐备,交易费用较低,股息分派迅速。此外,有些美国投资机构不准投资于非美国证券,但可以投资于美国预托证券,因此,促进了美国预托证券的发展。

境外上市的方式有境外直接上市、境外间接上市和其他境外上市方式。

1. 境外直接上市

境外直接上市是指直接以境内公司的名义向境外证券主管部门申请发行的登记注册,并发行股票(或其他衍生金融工具),向当地证券交易所申请挂牌上市交易,即我们通常说的 H 股、N 股、S 股等。境外直接上市通常是采取 IPO 方式进行。境外直接上市的主要困难在于:境内法律与境外法律不同,对公司的管理、股票发行和交易的要求也不同。以直接上市模式在境外上市的公司,绝大多数都是符合条件的国有企业。

2. 境外间接上市

境外间接上市是指境内企业境外注册公司,境外公司以收购、股权置换等方式取得境内资产的控制权,然后利用境外公司在境外交易所上市。境外间接上市的好处是成本较低,花费的时间较短,所以许多企业,尤其是民营企业为了避开境内复杂的审批程序,以间接方式在境外上市。间接上市主要有两种形式:买壳上市和造壳上市,其本质都是通过将境内资产注入壳公司的方式,达到以境内资产上市的目的。

3. 其他境外上市方式

境内企业在境外上市通常较多采用直接上市与间接上市两大类,也有公司采用上面介绍的存托凭证以及可转换债券上市,但这两种上市方式往往是企业在境外已上市,再次融资时采用的方式。

境外上市对于我国企业自身发展、国家经济建设都具有重大意义:一是有利于直接引进外资,促进境内经济建设;二是有利于企业迅速筹集资金,增强企业的市场竞争力;三是有利于企业通过境外上市的一系列制度健全法人治理结构,完善内部组织管理结构;四是有利于学习国际证券市场监管经验,完善我国证券市场;五是有利于吸引外资,使资源在全球范围内有效配置。

不管是选择境内上市还是选择境外上市,都需要考虑企业的性质、不同市场的上市条件、不同的行业、未来的融资需求以及交易成本等综合因素。

一般来说,国有企业选择境内上市要容易得多,但民营企业就要困难得多。在境外证券市场的交易所的上市费用、交易费用、律师费、审计费等中介费用以及承销费等各种费用都会比境内市场高很多。选择境外上市的优势主要是上市条件市场化程度高、上市申请时间较短、再融资渠道畅通等。但其缺点是受国家政策的影响较大,要受两地证券监管部门监管、管理成本较高等。

四、IPO 的优缺点

私募股权投资基金本质是"投资—退出—再投资"的循环过程,具体而言,此过程分为四个阶段:资金募集、项目投资、项目管理、基金退出。其中,基金退出是指私募股权投资基金在其投资的企业发展到一定阶段后,将股权转化为资本,从而获利或降低损失的过程,这是私募股权投资循环的核心环节,不仅关系到投资人及私募股权投资机构的收益,更体现了资本循环流动的特点。

IPO一般在被投资企业经营达到理想状态时进行,可以使私募股权投资基金获得最大幅度的收益。当被投资企业公开上市后,基金逐渐减持该公司股份,将股权资本转化为现金形态。这种方式使不可流通的股份转变为可交易的上市公司股票,实现资本的盈利性和流动性,是私募股权投资基金较为理想的退出方式。

(一)IPO 退出的优点

(1)投资者能获得较高的收益回报,一般可达投资金额的几倍甚至几十倍。在股票市场整体估值水平较高的情况下,目标企业公开上市的股票价格相应较高,基金公司通过在二级市场上转让所持股份,可以获得超过预期水平的高收益。例如阿里巴巴于2007年11月6日在香港联交所挂牌上市,融资额高达15亿美元,其投资者软银、高盛约获得超过34倍的收益率。IPO是金融投资市场对被投资企业价值评估的回归和投资的价值凸显,资本市场的放大效应使PE退出获得高额的回报。

(2)是实现投资者、企业管理者、企业家三方利益最大化的理想途径。在投资者获得回报的同时,企业家和企业管理者所持股份也会获得大幅增值,若在二级市场套现,可获得巨大的经济利益。被投资企业由私人企业变为公众企业,不仅提升了企业的知名度,也增强了企业资金的流动性。IPO所募集的资金保障了企业规模经济和战略发展的需要,同时也满足了企业进一步发展和扩张的需求,而且减少了投资人与企业的利益冲突,企业家重视企业的控制权,若IPO成功,企业的全部控制权就会归还给企业家。

(3)有利于提高私募股权投资基金的知名度。IPO退出成功是对私募股权基金资本运作能力和经营管理水平的肯定,提高企业知名度的同时也提高了私募股权基金的知名度。IPO退出所产生的丰厚收益将吸引更多投资者前来投资,以便更好地开展下一轮私募股权投资。此外,在优质项目较为匮乏的时期,IPO退出成功也会扩大基金公司和基金管理人的市场影响力,为其获得优质项目创造了条件。

(二)IPO退出的局限

(1)上市门槛高。各国(地区)股票主板市场的上市标准都比较高,监管也十分严格。拟上市企业需要满足主体资格、经营年限、公司治理等诸多方面的要求,大批企业就此望而却步,私募股权投资收益也可能因为退出渠道不顺畅而有所减少甚至亏损。因此,很多企业选择在监管较为宽松的创业板市场上市,尤其是新兴中小企业。此外,IPO受整个资本市场行情的影响,当市场低迷时,公开上市将会变得更为艰难。

(2)所需时间长、机会成本高。即使满足上市条件,被投资企业也需要应对从申请上市到实现上市交易的烦琐漫长的上市程序,再加上对原始股东持股锁定期的规定,私募股权投资从投资到真正退出之间的周期相当长。从机会成本考虑,在等待IPO退出过程中,可能会错失市场上很多更好的投资机遇。

(3)风险较多。境内的证券监督管理机构可能会根据市场情形,适当控制境内上市公司数量,甚至阶段性地停止对企业上市申报材料的审批。另外,我国股价波动不仅取决于公司自身状况,还受股票市场整体活跃度以及政府宏观政策的影响,因此,企业上市后的股票价格会直接影响到私募股权投资的退出收益。股市瞬息万变,股价分分秒秒都可能出现大幅涨跌,若因为审批程序和持股锁定期的耽搁未能在合适的时机变现退出,可能无法实现预期收益,甚至可能遭受严重损失。

第二节　股权回购

一、股权回购的定义及分类

通常而言,PE有以下几种退出机制:IPO、兼并收购、股权回购和破产清算。理论上来说,IPO的投资回报率最高,是最佳的退出方式;兼并收购是次优选择;破产清算则属于被迫退出,是万不得已而为之的止损行为。但是,IPO筹备时间很长,且受国内政策影响极大,有极大的失败风险,所以当被投资企业无法上市,又没有并购的吸引力之时,私募股权投资基金就得倚仗股权回购条款这一稳妥的退出方式了。

股权回购属于股权转让的一种方式,具体来看,股权转让作为退出的主要方式可以分为股权回购、向第三方出售两种。兼并收购中的管理层收购是较常见的一种收购方式。在出售中如果把公司出售给上市公司,并且采用换股的方式进行,也有人称此为间接上市,而IPO更多地被称为直接上市。

股权转让退出方式的优点在于投资者可以在任意时候将拥有的股权变现,和IPO相比,该种退出方式操作简单、费用低廉,适合各种规模的企业。IPO虽然是风险投资的最佳退出方式,但是股票市场的容量毕竟有限,而由于私募股权投资支持的企业数量巨大,因此在实践中股权转让也是一种主要的退出方式。

在美国,股权转让方式一直占据绝对重要的地位,尤其在股市行情不好时更是如此。根据统计,同一日期美国私募股权投资退出方式中以股权转让方式退出的比例为38%,在我国以股权转让方式退出的项目占总退出数的40%以上。

股权回购,是指企业以一定的程序和价格,将私募股权基金所持有的股份购回,进而实现退出投资的方式。通过这种退出方式,私募股权可以拿到现金或可流通证券,而不仅仅是一种期权,可以迅速地从企业中撤出;股权回购只涉及企业与投资方两方面的当事人,产权关系明晰,操作简便易行;可以将外部股权全部内部化,使企业保持充分的独立性,并拥有充足的资本。

(一)股权回购的定义

股权回购是指在投资约定期届满时,被投资企业仍未能达到预先约定的条件,则投资者有权要求控股股东、管理层或被投资企业本身按照投资合同约定的计价方法计算的价格回购投资者所持有的股权。股权回购的收益率一般不高,所以通常只是备用的退出方式。

(二)股权回购的类型

根据回购主体的不同,股权回购可以分为管理层收购、员工回购(employee buy-out,EBO)、企业回购、期权等形式。

管理层收购是指企业的管理层购回私募股权基金的股份。在西方,管理层通常会采取杠杆式收购的方法(leveraged buy-out),其收购的资金来源于银行贷款或者发行的债券,收购后利用目标企业的盈利来支付贷款或债券的利息。一般情况下,管理层回购方案在签订投资协议时就确定了。这种退出方式一般发生在企业有足够的现金或者能够从银行获得贷款的情况下,但有时企业拿不出足够的现金,私募股权基金也会接受企业开出的短期或中期汇票,实际上,这相当于私募股权基金对企业的贷款,如果企业规模较小,私募股权基金可能会在接受企业开出的汇票的同时,要求企业的管理层以其他固定资产抵押做保证。在管理层收购中,管理层除了用汇票或现金方式赎回私募股权基金持有的股票,还可以选择以企业其他资产置换企业的股票,然后再以租赁的形式租用这些固定资产。

员工回购是指企业的员工集体购回私募股权基金所持有的股份。职工持股制度首先在法国出现,如今已成为各国企业广泛实施的一项重要的激励制度。购回后,企业可以建立一个员工持股基金,购买的资金来源可以从员工的薪水中定期扣除,也可以是企业的利润。MBO 和 EBO 也可以同时进行。

　　企业回购是指企业作为回购的主体,通过企业自身的融资渠道来收购私募股权机构的公司股权。其收购资金来源主要有两种:自有资本和未分配利润或公积金。如果公司使用自有资本回购自己的股份,则与减资无异。如果公司动用未分配利润或公积金回购股份,虽然资产负债表上的资产总额和净资产额等量减少,但资本额没有变化,则与减资有根本区别。我国和其他大陆法系国家一样实行较为严格的资本制度,在公司制度中贯彻“资本三原则”:资本不变原则、资本充实原则和资本维持原则,目的是保护债权人的利益。法律也允许公司在例外条件下减资,但设置了一系列严格的程序和条件,包括减资的财务界限、股东会决议的方式、通知和公告程序、债务的处理或担保、注册登记程序以及向股东返还资本的条件等。因此,公司以自有资本收购存在较多法律问题。由于公司可用的未分配利润或公积金相对于风险资本只是很小的部分,不具有购买风险资本在企业的股权的资本实力,这就造成以企业本身回购很难实现。因此,实践当中收购主要以 MBO 或者 EBO 的形式进行。

　　期权是指当企业经营状况达到特定条件时,允许或要求原有企业或管理层分批收购私募股权投资所持有的股权。期权具体可分为卖股期权和买股期权,卖股期权是指当企业经营条件发生不利变化或没有达到预定指标时,私募股权投资有权以预先约定的价格将其持有的股权卖给原有企业或其管理层;买股期权是指当企业经营实现预定目标时,私募股权投资允许管理层按照预先约定的价格购买基金所持有的部分股权。设定卖股期权可以控制私募股权投资的投资风险,设定买股期权可以激励管理层的积极性,并提前回收部分投资。

(三)有限责任公司与股份有限公司关于股权回购的条款

1. 有限责任公司

　　谈及退股,对于有限责任公司,可以通过约定或法定的方式回购本公司股东的股权。

　　(1)约定回购:在坚持公司资本维持原则及不损害公司和债权人利益的前提下,公司股东基于特定事由与公司签订退股协议,公司收回股权后,可以重新向其他股东转让,使其他股东增加出资,公司维持原有资本;公司也可以收购股权后,依法办理减资手续。

　　(2)法定回购:《公司法》第 74 条规定,有下列情形之一的,对股东会该项决议投反对票的股东可以请求公司按照合理的价格收购其股权:

　　① 公司连续 5 年不向股东分配利润,而公司该 5 年连续盈利,并且符合本法规定的分配利润条件的;

　　② 公司合并、分立、转让主要财产的;

　　③ 公司章程规定的营业期限届满或者章程规定的其他解散事由出现,股东会通过决议修改章程使公司存续的;

④ 自股东会会议决议通过之日起 60 日内,股东与公司不能达成股权收购协议的,股东可以自股东会会议通过之日起 90 日内向人民法院提起诉讼。

2．股份有限公司

对股份有限公司而言,仅有下列法定情形出现时,才可以收购本公司的股份。

（1）减少公司注册资本。

（2）与持有本公司股份的其他公司合并。

（3）将股份用于员工持股计划或者股权激励。

（4）股东因对股东大会作出的公司合并、分立决议持异议,要求公司收购其股份。

（5）将股份用于转换上市公司发行的可转换为股票的公司债券。

（6）上市公司为维护公司价值及股东权益所必需。（《公司法》第 142 条）

二、股权回购的优势与劣势

（一）股权回购的优势

1．交易流程简单

股份回购双方的权利与责任主体一般都非常明确清晰,交易程序相对简单,股权回购涉及的当事人仅仅是创投机构与回购主体,只要双方达成意思表示的一致,在不违反现行法律的条件下就可以顺利实施。

2．私募股权投资机构保障自己能实现退出

私募股权投资机构必须通过退出才能实现投资收益,股权回购是保障私募股权投资机构在企业未能达成预期目标时实现退出的手段。而当企业发展良好时,股权回购的价值则难以凸显出来。

3．成本较低

由于回购的双方主体均对标的公司较为了解,收购方不需要进行尽职调查,故谈判、磋商成本较低,如果是事先由契约安排的回购条款,则回购成本更低。

（二）股份回购的劣势

1．错失潜在的收益

私募股权投资机构在企业未能达成约定目标时实行股份回购的办法退出,能够保障私募股权投资机构取得一定的收益,但这也意味着私募股权投资机构放弃了企业可能在未来发展良好所带来的潜在收益。

2．变现风险较大

股份回购一般意味着企业的经营状况并不理想,所以一般采用长期应付票据等非现金

的结算方式,其间可能存在变现风险问题。

3.有所限制

为了维护资本维持原则,保护相关方权益不受损害,《公司法》第 142 条对股份有限公司股权回购在回购事由、股权注销期限、收购资金来源等作出了一定限制。

(三)股权回购的法律规范

我国私募股权基金退出的股权回购受限于法律规定并不包含公司回购股权情形,我国私募股权基金退出所涉及的股权回购,主要指管理层回购及原始股东回购。基于资本维持原则,避免公司自身随意买回公司股权而伤及债权人、投资者、小股东及社会大众的权益,一般情况下大多数国家对股权回购都采取禁止的态度。

关于公司回购,主要法律规范如下。

《公司法》第 35 条规定:公司成立后,股东不得抽逃出资。

《公司法》第 71 条规定了有限责任公司中的异议股东之退股权。

《创业投资企业管理暂行办法》第 24 条规定:创业投资企业可以通过股权上市转让、股权协议转让、被投资企业回购等途径,实现投资退出。

可见,由于《公司法》实行资本法定制,基于资本维持原则,原则上不允许股东退股,当然一般情况下亦不允许公司回购股权,所以,我国现行法律对公司股权回购的态度是"原则禁止,例外允许"。

对有限公司而言,只有在异议股东提出请求这一法定事由下才能启动该程序,范围较窄,而且《公司法》并没有规定在股东意见达成一致的情况下,公司可以回购股份。

对股份有限公司而言,《公司法》第 142 条明确规定了允许股份公司回购本公司的股份的四种情形,除此四种情形外,公司不得回购股权。

关于控股股东回购和管理层回购,主要法律规范如下。

《公司法》第 72 条规定:有限责任公司的股东之间可以相互转让其全部或者部分股权。股东向股东以外的人转让股权,应当经其他股东过半数同意。股东应就其股权转让事项书面通知其他股东征求同意,其他股东自接到书面通知之日起满 30 日未答复的,视为同意转让。其他股东半数以上不同意转让的,不同意的股东应当购买该转让的股权;不购买的,视为同意转让。经股东同意转让的股权,在同等条件下,其他股东有优先购买权。两个以上股东主张行使优先购买权的,协商确定各自的购买比例;协商不成的,按照转让时各自的出资比例行使优先购买权。公司章程对股权转让另有规定的,从其规定。

第三节　兼收与并购

企业并购的全称是企业间的兼并与收购(merger & acquisition,M&A)。狭义的并购主要指吸收型并购,即并购后只有并购方仍然存在,而被收购公司则被解散和法人主体资格消失的并购方式。广义的并购除了吸收型并购外,还包括收购,即一个企业提供购买另一个企业的全部或部分股权而取得该企业的全部或部分所有权,或者通过购买另一个企业的全部或部分资产而取得该企业的全部或部分所有权的并购方式。并购退出的实质是产权形态的流转,私募股权投资机构把持有的企业股权转让给并购方,获得投资收益,完成私募股权投资的退出。

本章第二节提到了股权转让主要分为两种形式:一种是股权回购,另一种是向第三方出售,并购退出就是向第三方出售的一种形式。向第三方出售是指私募股权基金将所持有的公司股权向投资企业之外的第三方出售,进而获利退出的过程。这种退出方式有两种形式:一是把企业出售给另一个公司,二是把企业出售给另外的投资者。

出售给另一个公司是指把整个企业出售给另一个公司,当售出的股份具有企业控制权的时候便称之为并购。这些企业的收购者主要是一些大公司,有些大公司尤其是那些有稳定现金收入的传统上市企业,宁愿购买那些有利润前景的新兴企业,而不愿从头开始。上市企业为了维护它的股价,需要有稳定增长的业绩,而这要求上市企业有新的利润增长点。建立新企业代价太大,而购买一个现成的企业风险则小得多。如果这种收购是通过杠杆方式实现的,那么收购企业还可以因债务带来免税优惠,从而提高上市企业股票的市盈率。另外,通过购买整个企业,买方可以控制被收购的全部财产。因此,出售整个企业往往比出售企业的一部分股份容易得多。目前,国内那些拥有一个良好的技术平台和占有一定稳定市场份额的企业,往往成为欧美跨国企业收购的潜在对象。这些跨国企业借助收购中国国内现有企业以达到进军中国和亚洲市场,或把中国的新产品引进美国和欧洲市场的目的。除了上述目的外,大公司收购中小企业还包括以下一些原因:收集人才、技术或知识产权;把被收购企业纳入集团的综合业务中;通过收购竞争对手,提高收购企业的市场份额和利润水平;通过收购供应商,保证货物供应和降低成本;通过收购销售商,控制销售主动权等。

在了解收购方这些意图和想法的基础上,私募股权基金会尽量与多个潜在的买主接触,以提高成交的机会与价格,最好的做法是同时与几个买主联系,邀请其竞标。有时候,通过中介机构可能是一个比较好的选择,但注意所选择的中介机构应该拥有强大的关系网和技术优势,从而保证竞标者来源的广泛性。出售企业的方式很多,主要有股票换现金、股票换汇票、股票换股票等。无论以何种方式出售公司,私募股权基金都会参与交易的谈判的过程。有时,企业管理者出于保留企业和获取买主信任的目的,在谈判时不惜牺牲投资者的利益,它们站在买主的一边,帮助说服投资人接受低价方案的交易,这是在出售企业时应当注意的。如果采用换股的方式出售,对于企业而言便实现了间接上市。

根据清科研究中心发布的数据,在 2022 年,中国股权投资市场共发生 4 365 笔退出案例,同比小幅下降 3.7%;2022 年,被投资企业 IPO 案例共 2 696 笔,同比下降 13.0%;并购性质的案例数量显著提升,并购/借壳/SPAC 的案例数合计 253 笔,同比上升 29.7%;股权转让和回购案例数同比分别上升 10.1%、21.8%(图 7-2)。退出方式分布方面,2022 年被投资企业 IPO 案例数占比 61.8%,相比 2021 年下降了 6.6 个百分点。股权转让和回购的占比分别上升 2.6 个百分点、2.3 个百分点。此外,并购退出占比也上升 1.2 个百分点。

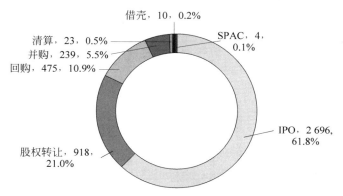

图 7-2　2022 年中国股权投资市场退出方式分布(按退出案例数,笔)

资料来源:清科研究中心。

整体来看,2022 年起,VC/PE 机构都在积极地寻求二级市场以外的退出渠道以获取现金收益。值得关注的是,随着越来越多的行业逐渐进入调整与整合阶段,叠加 IPO 项目溢价降低、上市不确定性持续增强的影响,企业端被并购意愿有所增强,在此环境下,股权投资机构开始更多地关注并考虑通过并购实现收益变现,带动并购退出交易热度大幅提升(图 7-3)。

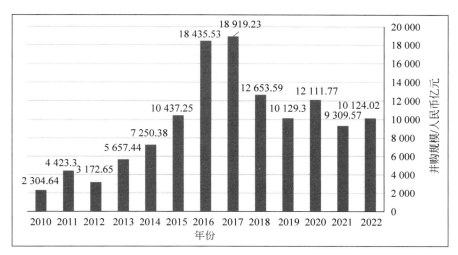

图 7-3　2010—2022 年中国并购市场总规模统计

资料来源:清科研究中心。

2022 年,中国并购市场共发生交易 2 536 起,同比上升 16.8%,交易金额 10 124.02 亿元,同比上升 8.7%(图 7-4)。2022 年,中国并购市场中交易数量和规模均有所增长,从全年市场表现看,一方面,受较为积极的政策鼓励和较低的市场估值水平影响,全年并购活动较为活跃;另一方面,交易规模增长幅度有限。

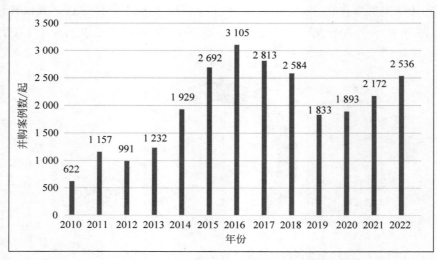

图 7-4　2010—2022 年中国并购市场总案例数统计

资料来源：清科研究中心。

　　季度趋势方面，2022 年第四季度成交规模低于预期，共完成交易 705 起，同比增长 11.2%，披露交易金额 2 267.76 亿元，同比下降 26.5%。[①] 季度内披露金额交易的数量占比偏低，且 100 亿元以上的并购交易数量较少，拉低了整体规模。

一、企业并购的动因

（一）扩大生产规模，降低成本

　　通过企业并购，企业的规模扩大，从而形成有效的规模效应。通过规模效应，企业实现资源的充分利用、资源的充分整合，降低管理、原料、生产等各个环节的成本，从而降低总成本，实现企业协同效应。

（二）提高市场份额，提升行业战略地位

　　规模大的企业，伴随生产力的提高、销售网络的完善，市场份额将会有比较大的提高，从而确立企业在行业中的领导地位。

（三）取得各类资源

　　通过企业并购，可以取得原有企业的生产资料、先进技术、管理经验、人力资源等，这些有助于提升企业整体的竞争能力。

---

① 清科研究中心。

（四）跨入新的行业，实施多元化战略，分散投资风险

企业进入新的行业和新的市场存在技术等行业壁垒，企业通过对其他行业的企业进行并购，能够以较低的成本进入新的行业，不仅能有效扩大企业的经营范围，获取更广泛的市场和利润，而且能分散因本行业竞争带来的风险。

二、企业并购的优劣势

（一）企业并购的优势

（1）退出流程简单，周期短，成本低。私募股权以并购的方式退出，只需要寻找到合适的并购方，与其协商沟通、议价，并达成协议，便可以进行交易，完成私募股权投资的退出。与 IPO 退出方式相比，并购方式退出流程非常简单，因而其交易周期比较短，而且减少了很多中间环节的各种费用，退出成本较低。

（2）收益确定。由于并购方式退出的交易价格是由双方议价达成协议的，因而私募股权投资机构最终退出时的收益也就确定了。相比之下，以 IPO 方式退出虽然平均回报率比较高，但其投资收益要受到宏观经济状况、市场周期等外部因素的影响，收益具有不确定性，即投资风险较大。因而并购方式退出以收益水平降低为代价降低了投资风险。

（3）没有严格的条件限制。IPO 上市对企业的规模、盈利情况等有严格的条件限制，而并购则没有这方面的限制，任何企业都可以实现并购。

（二）企业并购的劣势

（1）企业失去独立性。原有企业的大量股权份额被外部企业占有，使外部企业获得企业的决策权力，企业失去了原有的独立性，甚至可能被并购方排斥，失去原有重要职位。

（2）营运风险。企业并购完成后，可能不会产生协同效应，并购双方不能实现共享互补，甚至出现规模不经济，为企业的营运带来风险。

（3）可能存在信息不对称的问题。采取并购方式退出，企业不需要作出公开的信息披露，因此交易双方可能存在信息不对称的问题。

三、企业并购的类型

根据并购的不同功能或并购涉及的产业组织特征，可以将并购分为横向并购、纵向并购及混合并购三种基本类型。

（一）横向并购

横向并购是指两个或两个以上生产和销售相同或相似产品公司之间的并购行为。横

向并购对企业发展的价值在于弥补了企业资产配置的不足,由于规模效应而使生产成本降低,提高了市场份额,从而大大增强了企业的竞争力和盈利能力。

横向并购的基本特征就是企业在国际范围内的横向一体化。近年来,由于全球性的行业重组浪潮,结合我国各行业实际发展需要,加上我国国家政策及法律对横向重组的一定支持,行业横向并购的发展迅速。

横向并购的优点是它是企业获取自己不具备的优势资产、削减成本、扩大市场份额进入新的市场领域的一种快捷方式,在经营管理上发挥协同效应,便于在更大的范围内进行专业分工,采用先进的技术,形成集约化经营,产生规模效益。而其缺点是容易破坏自由竞争,形成高度垄断的局面。

(二)纵向并购

纵向并购是指生产过程或经营环节相互衔接、密切联系的企业之间,或者具有纵向协作关系的专业化企业之间的并购。纵向并购的企业之间不是直接的竞争关系,而是供应商和需求商之间的关系。纵向并购理论的核心问题是资产设备的特定性,即企业某一资产对市场的依赖程度。

纵向并购的优点是通过市场交易行为内部化,有助于减少市场风险、节省交易费用,同时易于设置进入壁垒。而其缺点是企业生存发展受市场因素影响较大,容易导致"小而全,大而全"的重复建设。

(三)混合并购

混合并购是指一个企业对那些与自己生产的产品不同性质和种类的企业进行的并购行为,其中目标公司与并购企业既不是同一行业,又没有纵向关系,简单地说,就是并购企业与被并购企业分别处于不同的产业部门、不同的市场,且这些产业部门的产品没有密切的替代关系,并购双方企业也没有显著的投入产出关系。

从理论上看,混合并购的基本目的在于分散风险,寻求范围经济。在面临激烈竞争的情况下,我国各行各业的企业都不同程度地想到多元化,混合并购就是多元化的一个重要方法,为企业进入其他行业提供了便捷、低风险的途径。多元化经营指的是一家企业同时介入基本互不关联的产业部门,生产经营若干类互无关联的产品,在若干个基本互无关联的市场上与相应的专业化对手展开竞争。

混合并购受到的争议很多,对于混合并购及由此引发的多元化经营战略的利弊及可行性目前仍在不断争论。有的学者将此形象地称为"多元化经营的馅饼与陷阱""多元化陷阱与并购泡沫"等。

进行混合并购主要出于以下的考虑:一是能够多元化地利用企业的有形资产、无形资产、人力资源等,把这些资源分摊到尽可能多的产品或服务上,降低平均成本,提高收益,并利用这些资源扩展企业的生产和服务领域;对那些具有季节性需求的产品,生产互补性季节产品,可以提高工厂的利用率;对于具有需求变化的产品,生产几种产品可以弥补由需求的变化而引起的设备利用率的下降。二是通过多元化经营,可以降低一个行业由于需求变化而产生的经营风险,当其中某个领域或行业经营失败时,可以通过其他领域内的成功经营而得到补偿,从而使整个企业的收益率得到保证。

混合并购多元化经营的最初动因是分散风险,但仅仅依靠多元化经营并不足以分散风险,因为多元化本身也可能增加风险。企业的资源总是有限的,如果企业把资源分散在多个业务领域,则会分散企业在具体业务领域的资源实力,尤其是影响需要相当资源保证的核心业务或主营业务领域的竞争实力,损害了企业的利润"发动机",给企业带来风险。另外,关联程度低的多元经营也难以实现资源共享,导致资源占用效率低下,从而导致管理成本增加。

四、企业并购的一般程序

一般来说,企业并购都要经过前期准备、方案设计、谈判签约和接管整合四个阶段。

（一）前期准备阶段

(1) 企业发展战略与并购战略的制定。
(2) 目标企业的搜寻、调查与筛选。
(3) 目标企业的评估。

（二）方案设计阶段

(1) 目标企业的定价与支付方式的制定。
(2) 融资方式制定与安排。
(3) 税务筹划与安排。
(4) 并购会计处理方法的选定。
(5) 并购程序与法律事务安排。

（三）谈判签约阶段

(1) 协商与谈判。
(2) 签约与披露。

（四）接管整合阶段

(1) 交接与接管。
(2) 整合。

对于私募股权投资来说,并购虽然并不是最佳的退出方案(公开上市是最佳的退出方式),但可以说是一个次优的方案。境外私募股权投资的退出方式就以并购为主。

私募股权基金还可以将企业股份出售给另外的投资者,可能是其他的私募股权基金。因为私募股权基金在投资对象上有所限制,比较专注于第一轮投资的私募股权基金可能等不到企业上市,所以大多可能在企业后续融资的过程中逐渐退出,将所持有的股权转让给后续的投资者。有时候,有些新的投资者愿意向私募股权基金支付比较有诱惑力的价格购买其在企业持有的股本。这种交易之所以能够发生,是因为企业家希望签订一份新的合作协议,而新的投资者也愿意通过购买私募股权基金的股本成为企业家的合作者。通常这个新的投资者是大公司或其他私募股权基金,因为找到愿意购买私募股权基金手中持有的股票并真正想长期持有这些股票的被动投资者是很困难的。大公司之所以愿意购买私募股权基金在中小企业持有的股票,是想将来进一步购买整个企业或对企业进行控股。由于大公司在市场销售及产品开发方面拥有丰富的经验,与私募股权基金相比,它可能成为中小企业更好的合作者。一些私募股权基金之所以可能购买另一私募股权基金持有的中小企业的股票,是因为不同私募股权基金的投资阶段偏好不同,有些私募股权基金把投资重点放在中小企业发展的早期阶段,而有些私募股权基金则专门对企业的后期发展阶段进行投资。这样,那些从事早期阶段投资的私募股权基金就可以在企业业务发展到一定阶段后,将其所持有的股权出售给那些进行后期阶段投资的私募股权基金。

五、企业并购的案例——阿里并购饿了么

阿里集团曾在 2018 年花费了 95 亿美元的巨款来并购"饿了么",不过如此大规模的行动并非突如其来。在两年以前,阿里集团就开始持续增投"饿了么",在"饿了么"完成三轮的融资以后,阿里集团于 2018 年正式收购了该集团,并购流程如表 7-3 所示。

表 7-3　阿里巴巴并购"饿了么"流程

融 资 时 间	融 资 金 额	投 资 方
2016 年 4 月	12.5 亿美元	阿里巴巴
2017 年 4 月	4 亿美元	阿里巴巴、蚂蚁金服
2017 年 6 月	10 亿美元	阿里巴巴
2018 年 4 月	68.5 亿美元	阿里巴巴

此次阿里巴巴并购"饿了么"存在以下特点:第一,纵向并购。就行业属性而言,两家公司都属于互联网行业,不过两者的经营范围与侧重点都不相同,前者主要是电子商务业务,而后者是网上订餐业务,因此属于纵向并购类型。第二,善意收购。本次并购事件并不是单方面的行为,而是双方经过不断协商后的结果,因此该并购属于善意并购。第三,股权投资收购。阿里巴巴为了更好地完善其生态圈的建设以及更好地实现对股权的控制,选择了股权投资的收购方法。阿里巴巴是通过四次注资使得占股比例不断提高,最终才实际上赢得了管控"饿了么"的权利。故而,它实质上是一次股权并购的操作行为。其四,现金收购。阿里巴巴在收购的行为当中一共支出了高达 95 亿美元完成了对"饿了么"的全资收购,所以本次收购事件被称为中国史上最大的一次互联网全现金收购案例,这也是此次并购案最大的特点。

第四节　其他退出方式

私募股权基金的退出方式还涉及破产清算、非破产清算等方式,这应该是私募股权投资人最不愿看到的。对于不成功的投资项目,及早进行清算有助于私募股权投资方收回全部或部分投资本金。

一、企业清算

企业清算是与企业设立相对应的阶段,是企业合法退出市场的方式。具体来说,就是企业通过成立清算委员会,进行解散职工、补缴税款、偿还债权的活动,并最终达到企业注销的目的。清算是指企业因破产、解散而清理债权债务、分配剩余财产并注销企业的行为。虽然清算是风险投资各方都不愿意看到的结局,但是由于运作不成功而进入清算程序的比例在国外并不低。如美国风险投资类私募股权基金投资的企业有32%会进入清算程序,其所占比例与IPO的比例大体相当。对企业进行清算,对私募股权基金来说并非实现退出的一个比较好的选择,大多数情况下是出于无奈。如果企业经营不善,而使用其他方法又不能解决问题,那么清算就是私募股权基金最容易实现的投资退出方式。其操作方式为:私募股权基金(包括其他投资者)把企业的资产卖掉,然后提取属于自己部分的现金以抵消本人在企业中的投资。比如,一个企业发展到一定阶段,业务遇到了困难,利润出现较大滑坡并有亏损的可能,这样与其勉强维持下去,还不如对其进行清算。在清算时,企业的土地、厂房、设备及其他资产的价值可能比公司继续使用它们所能体现出的价值更高。企业清算通常出现在陷入困难时期的行业中。例如,企业经过几年的发展,自身积累了一定的资产,突然遇到整个行业发展的不景气时期,企业的部分资产出现闲置,整个行业的利润大幅度下降或出现亏损。在这种情况下,对企业的资产进行清算,并把收回的现金存入银行或进行其他投资,所得到的收益比企业继续经营获得的利润要高。

（一）企业清算的分类

企业清算分为破产清算和非破产清算两种。

破产清算是指企业法人资产不能清偿到期债务而依法宣告破产,它通常由法院组成清算组对破产企业进行清理,并将破产财产按《中华人民共和国企业破产法》规定的顺序清偿,最终撤销破产企业的法人资格。

非破产清算是指在公司法人资产足以清偿到期债务的情况下进行的清算,包括自然清算和解散清算。《公司法》规定的非破产清算原因包括以下几个。

（1）公司章程规定的营业期限届满或者公司章程规定的其他解散事由出现。

（2）股东会或股东大会决议解散。

（3）因公司合并或者分立需要解散。

（4）依法被吊销营业执照、责令关闭或者被撤销。

（5）公司经营管理发生严重困难，继续存续会使股东利益受到重大损失，通过其他途径不能解决，持有公司全部股东表决权10%以上的股东请求人民法院解散公司。

一般来说，非破产清算的股东还可以分配清偿公司全部债务后的剩余财产。

（二）企业清算的程序

对于破产清算，其程序如下。

（1）破产宣告。破产宣告由自人民法院裁定作出之日起5日内送达债务人和管理人，自裁定作出之日起10日内通知已知债权人，并予以公告。

（2）破产财产变价方案。破产财产变价方案由管理人拟订并提交债权人会议讨论通过。

（3）变价。管理人按照债权人会议通过的或者人民法院裁定的破产财产变价方案，通过拍卖变价出售破产财产。债权人会议另有决议的除外。

（4）清偿。破产财产依照下列顺序清偿，破产财产不足以清偿同一顺序清偿要求的，按照比例分配。

① 破产费用和公益债务。

② 破产人所欠职工的工资和医疗、伤残补助、抚恤费用，所欠的应当划入职工个人账户的基本养老保险、基本医疗保险费用，以及法律、行政法规规定应当支付给职工的补偿金。破产企业的董事、监事和高级管理人员的工资按照该企业职工的平均工资计算。

③ 破产人欠缴的除前项规定以外的社会保险费用和破产人所欠税款。

④ 普通破产债权。

（5）终结。公司无财产可供分配或最后分配完结后，管理人提请人民法院裁定终结破产程序。人民法院裁定终结破产程序的，应当予以公告。管理人自破产程序终结之日起10日内，持人民法院终结破产程序的裁定，向破产人的原登记机关办理注销登记。

对于非破产清算，其程序如下。

（1）清算公司财产、制订清算方案。

第一，调查和清理公司财产。清算组根据债权人的申报和调查清理公司财产的情况编制公司资产负债表、财产清单和债权、债务目录。

第二，制订清算方案。编制公司财务会计报告之后，清算组应当制订清算方案，提出收取债权和清偿债务的具体安排。

第三，提交股东大会通过或者报主管机关确认。股份有限公司应将清算方案提交股东大会通过；有限责任公司应交股东大会通过。因违法而解散清算的公司，清算方案还要提交有关主管机关确认。

第四，如果清算组在清理公司财产、编制资产负债表和财产清单时，发现公司财产不足清偿债务的,清算组有责任立即向有管辖权的人民法院申请宣告破产。经人民法院裁定宣告破产后,清算组应当将清算事务移交人民法院。

（2）了结公司债权、债务。

第一,处理公司未了结的业务。清算期间,公司不得开展新的经营活动。但是,清算组出于清算的目的,有权处理公司尚未了结的业务。

第二,收取公司债权。清算组应当及时向公司债务人要求清偿已经到期的公司债权。对于未到期的公司债权,应当尽可能要求债务人提前清偿,如果债务人不同意提前清偿,清算组可以通过转让债权等方法变相清偿。

第三,清偿公司债务。清算组通过清理公司财产、编制资产负债表和财产清单,确认公司现有的财产和债权大于所欠债务,并且足以偿还公司全部债务时,应当按照法定的顺序向债权人清偿债务。首先,应当支付公司清算费用,包括：公司财产的评估、保管、变卖和分配等所需的费用,公告费用,清算组成员的报酬,委托注册会计师、律师的费用,诉讼费用等；其次,职工的工资、社会保险费用和法定补偿金；再次,所欠税款；最后,其他公司债务。

（3）分配公司剩余财产。根据《公司法》第186条的规定,对于清偿全部公司债务之后公司的剩余财产,有限责任公司按照股东的出资比例分配,股份有限公司按照股东持有的股份比例分配取得公司剩余财产的分配权,是公司股东权益的一项重要内容,是公司股东的基本权利。

（三）企业清算的优点

1. 控制损失和风险的最后选择

私募股权投资的目标企业都具有高风险、高收益的特征,企业的经营失败是难以避免的。以企业清算的方式退出能够以最低限度减少私募股权投资机构的损失,为避免进一步扩大损失风险提供最后的选择。

2. 符合市场优胜劣汰的规律

企业清算能在竞争市场中剔除劣质的企业,对整个市场环境的良性发展具有积极作用,优化资源配置。

（四）企业清算的缺点

1. 法律程序烦琐

破产清算一般要符合《公司法》《中华人民共和国企业破产法》等有关规定,而且程序比较烦琐。

2. 影响私募股权投资机构的声誉

以企业清算的方式退出,代表私募股权投资机构在本次投资失败,这对私募股权投资机构不但造成资产上的损失,还对其声誉造成不利影响,不利于其品牌的发展。

无论采用哪一种方式,退出都是私募股权投资的必由之路和最后环节。是草草收场还是功成身退,一方面取决于基金管理人在投资时对市场的分析和实际上市场的发展与变化相比是否准确,另一方面取决于被投资企业的经营状况以及管理团队的能力和水平。无论如何,投资退出都是对私募股权投资基金管理人的最终考核。

二、挂牌新三板退出

新三板全称为"全国中小企业股份转让系统",是我国多层次资本市场的一个重要组成部分,在其基础上设立的北京证券交易所是继上海证券交易所、深圳证券交易所之后第三家全国性证券交易场所。目前,新三板的转让方式有协议转让和做市转让两种。协议转让是指在股转系统主持下,买卖双方通过洽谈协商,达成股权交易;而做市转让则是在买卖双方之间再添加一个居间者"做市商"。

2021 年 9 月 2 日,国家主席习近平在中国国际服务贸易交易会全球服务贸易峰会致辞中宣布,继续支持中小企业创新发展,深化新三板改革,设立北京证券交易所,打造服务创新型中小企业主阵地。

相对于其他退出方式,新三板主要有以下优点。

其一,新三板市场的市场化程度比较高且发展非常快。

其二,新三板市场的机制比较灵活,比主板市场宽松。

其三,相对主板来说,新三板挂牌条件宽松,挂牌时间短,挂牌成本低。

其四,国家政策的大力扶持。

但是新三板市场的流动性、退出价格却一直饱受资本市场的诟病。究其原因,主要是投资者门槛过高、做市券商的定位偏差、做市商数量不足、政策预期不明朗等。关于增加做市商、扩大做市商范围等改革措施未来仍有完善空间。

对企业来说,鉴于新三板市场带来的融资功能和可能带来的并购预期、广告效应以及政府政策的支持等,新三板市场是目前中小企业一个比较好的融资选择;对机构及个人来说,新三板市场相对主板门槛更低的进入壁垒及其灵活的协议转让和做市转让制度,能更快实现退出。

第五节　市场实际案例

一、中信产业基金海外并购柏盛国际

(一)案例介绍

1. 并购双方概况

(1)中信产业基金。中信产业基金成立于 2008 年 6 月,是中信集团公司旗下专门从事

PE基金管理业务的子公司。根据清科研究中心数据统计,截至2018年12月,中信产业基金已累计投资超过100家企业,其中30多家已成功上市,资产规模近千亿元人民币,专注于以控股型投资为主的长期投资策略。

(2)柏盛国际。柏盛国际成立于1998年,于2005年5月20日在新加坡交易所上市,2016年4月20日从新加坡证券交易所退市。其主营业务为心脏支架及介入性心脏手术相关器械产品的研发、生产和销售,在14个国家和地区设有分支机构,在EMEA(欧洲、中东、非洲)地区的市场份额达到10%以上,仅次于雅培、波士顿科学、美敦力,全球排名第四。其在山东威海的全资子公司吉威医疗是我国心脏支架领域的三大巨头之一。

2. 中信产业基金并购柏盛国际的动因

一是行业有壁垒。由于对生产环境、技术工艺、产品安全等均具有较高的要求,同时,销售渠道的覆盖、终端客户及医院医生对产品质量的认可、技术研发人员的储备及品牌声誉和使用习惯等均构成进入医疗器械行业的壁垒,柏盛国际已建立起技术人才、生产优质产品、品牌声誉及销售渠道等闭环系统,属于稀缺的优质标的。二是市场有潜力。清科研究中心数据显示,2018年我国私募股权投资市场一级行业分布中,生物技术/医疗健康行业在投资案例中居于第三位,对PE具有很大的吸引力。随着世界人口老龄化趋势的加重和心血管疾病发病率的提高,以及人们支付能力的提升,对心脏支架的需求有增无减,行业发展前景光明,市场成长空间大。

3. 中信产业基金参与海外并购的过程

北京中信投资中心(以下简称"北京中信")成立于2011年10月,为有限合伙企业,是本次海外并购资本运作的主体,其基金管理人为中信产业基金。北京中信是一家投资领域广泛的股权投资基金,主要侧重于未上市成长性企业的投资和并购型投资,旨在为投资者创造优异回报,自设立以来已先后投资于包括医疗、环保、消费、物流、旅游与休闲等在内的60多个行业细分领域。2013年11月21日,北京中信购买柏盛国际21.7%的股权,成为公司的主要股东之一,由于看到柏盛国际光明的发展前景,2015年10月28日,北京中信计划联合其他投资机构买下剩余78.3%的股权,即实现私有化柏盛国际。柏盛国际并购后的股权结构如图7-5所示,2015年10月28日,柏盛国际宣布收到了以北京中信及其他联合投资人组成的财团发出的拟将柏盛国际和CBCH Ⅱ的子公司CBCH Ⅰ在百慕大群岛的全资子公司Bidco进行合并的要约,CBCH Ⅱ为筹措合并资金之目的而引入股权投资人并向中国银行贷款,2016年4月5日,柏盛国际召开特别股东大会,批准了Bidco与柏盛国际的合并计划和柏盛国际从新加坡证券交易所退市的计划。2016年4月20日,柏盛国际正式退市。

自2016年4月柏盛国际完成私有化退市后,北京中信等股东集中精力于柏盛国际业务运营方面的优化调整。

2017年初,作为控股股东,北京中信开始筹划柏盛国际的后续资本运作事项,最终确定将柏盛国际向A股上市公司出售的商业决策,蓝帆医疗相关团队人员于2017年2月首次

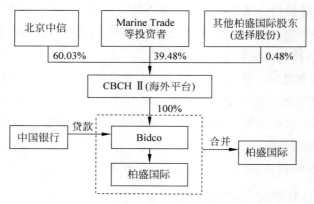

图 7-5　柏盛国际并购后的股权结构

获悉北京中信正在筹划的柏盛国际资本运作事项。2017 年 4 月,北京中信启动竞标流程,开始向多家上市公司发出关于标的公司 CBCH Ⅱ 的竞标邀请函。蓝帆医疗作为参与竞标的上市公司之一,自北京中信获取了关于柏盛国际的详细尽职调查资料,并随即展开了内部分析和研究。经过多轮筛选及市场化谈判,蓝帆医疗最终获得收购柏盛国际的机会。

上市公司蓝帆医疗的控股股东为淄博蓝帆投资有限公司(以下简称"蓝帆投资"),其持有蓝帆医疗 29.72% 的股份,蓝帆投资是蓝帆集团的全资子公司,且蓝帆集团持有蓝帆医疗 14.18% 的股份,李振平作为实际控制人,个人持有蓝帆医疗 0.67% 的股份,但他控制着蓝帆集团,占有 53.57% 的股份。首先,蓝帆投资作为资本运作的主体,以 19.34 亿元购买北京中信持有的柏盛国际 30.12% 的股份,成为柏盛国际第一大股东,与蓝帆医疗成为兄弟公司,因为蓝帆投资既控股了蓝帆医疗,也持股了柏盛国际。其次,蓝帆医疗定增股票融资 19 亿元人民币,除了 CPBL Limited 持有的 6.63% 未收购,用现金认购了 Marine Trade 和其他股东所持有的 CBCH Ⅱ 的股份,从而使蓝帆医疗成为柏盛国际的第一大股东,持有 33.34% 的股份。最后,蓝帆投资和北京中信认购蓝帆医疗发行的新股,作为对价,蓝帆投资和北京中信将其持有的 CBCH Ⅱ 30.12% 和 29.91% 的股份给予蓝帆医疗,实现蓝帆投资和北京中信的退出。

(二)中信产业基金海外投资运作阶段风险分析

在私募股权投资基金海外投资并购的过程中,由于不同国家政治、法律、文化等方面的不同,风险存在于并购的各个阶段,面临的风险更为复杂,需要在充分识别风险的基础上采取一定的措施防范和控制风险。

1. 决策阶段

在海外并购的决策阶段,私募股权投资基金在目标公司的选择、决策、并购方式的选择、所在国法律法规、政治等方面面临着风险。首先,面对市场上的众多行业,确定最有发展潜力的投资行业至关重要,如果基金管理人对行业发展不了解,对公司不进行尽职调查,就可能在初始阶段面临投资风险。

（1）并购方式选择风险。战略型投资和财务型投资是私募股权投资基金的两种策略选择。战略型投资除了获取投资回报外，还看重战略发展，利用专业人士的经验和丰厚的资金支持，获取目标公司的控制权，投资期限较长。财务型投资不以取得公司的控制权为目的，而是利用私募股权投资基金的专业财务人才和资金支持，参与公司的并购活动。战略型投资需要承担并购失败带来的亏损，风险成本更高，而财务型投资需要承担的损失较小，但收益有限，因此，选择何种并购方式是私募股权投资基金海外并购应最先考虑的问题。

（2）政治与法律风险。环境风险分为自然环境风险和社会环境风险，社会环境风险中最重要的组成部分是宏观政治与法律风险。政治风险主要是指国家政局的稳定性或者政府对海外并购的干预程度对投资活动的影响。私募股权投资基金如果不全面知悉相关政策导致触犯目标公司所在国法律，会招致诉讼，产生经济损失，增加并购成本，严重时会导致并购失败。

中信产业基金参与此次并购的方式是战略型投资，目标公司柏盛国际光明的市场前景能够在未来给中信产业基金带来更多的收益。中信产业基金资金实力雄厚，不仅可以给柏盛国际提供财务支持，还可以参与公司管理，因此该决策选择可以减少并购风险。此外，标的公司所在国新加坡政局稳定，其法律法规对医疗行业的并购基本没有限制，先少数股权投资再私有化并购的方式符合目标公司所在国的法律要求，能够降低并购风险。

2. 投资阶段

选择好目标公司及参与方式后，在投资阶段，私募股权投资基金将会面临估值风险、支付风险、偿还风险等。

（1）估值风险。2018年3月，为引导私募股权投资基金专业估值，中国证券投资基金业协会发布了《私募投资基金非上市股权投资估值指引（试行）》，提出了估值的五种方法，分别是现金流折现法、市场乘数法、参考最近融资价格法、行业指标法和净资产法，不同方法有其适用条件，只有选择恰当的估值方法，才会减少偏差，使结果更加准确。估值阶段是双方博弈的阶段，如果估值过低，私募股权投资基金报价会随之减少，难以获得目标公司的重视，错过良好的投资机会，造成并购失败；如果估值过高，会导致成本增加，不利于未来筹集资金。海外并购中往往会产生价值高估的风险。

（2）支付风险。海外并购的支付方式主要有现金支付、股份支付、杠杆支付和混合支付等。不同的支付方式有其各自的优劣势：现金支付方式简单、便捷，能够使私募股权投资基金尽快获得目标公司控制权，减少时间成本，但完全使用现金支付方式会增加私募股权投资基金的资金压力。股份支付方式是指私募股权投资基金用股份换得目标公司的经营权和控制权，减轻资金负担，但是会丧失一部分控制权。杠杆支付方式能以较低的成本完成收购，但是高负债增加了运营压力。混合支付方式是上述多种手段相结合的支付方式，各种支付方式相互补充、制约，但是很难确定最优结构。

（3）偿还风险。海外并购涉及的交易金额较大，因此杠杆融资成为海外并购常用的融资方式之一，可以较低的成本获得高收益。并购后，被收购公司的利润和现金流需要清偿负债。高负债不可避免地要承担较高的利息，给被收购公司带来偿还压力，如果拖欠时间较长，被收购公司经营状况恶化，不能到期偿还贷款，会导致公司资产负债率过高，增加并购风险。

北京中信并购柏盛国际时，柏盛国际的股东可以选择接受每股0.84新加坡元的现金对价，也可以选择换取CBCH Ⅱ的股份。如果选择现金支付方式，可以使北京中信尽快取得柏盛国际的控制权，但是会造成资金压力；如果选择股份支付方式，虽然会使北京中信丧失一部分控制权，但是能够以较低的成本完成并购，降低并购的压力。北京中信最终选择现金支付与股票支付相结合的方式，既取得了柏盛国际的控制权，也减少了并购的资金压力，此外，柏盛国际的原股东可以换取CBCH Ⅱ的股份，相当于提前获得了柏盛国际的股份，在一定程度上避免了股东的逆反情绪，便于并购事项的开展。

北京中信私有化柏盛国际的过程中采取了谨慎性原则，首先采用参股的方式，持有其21.7%的股份，然后联合其他投资者买下剩余股权。此次私有化采用的是杠杆并购的方式，中国银行向北京中信贷款5.8亿美元，而且协助北京中信完成总交易对价10.5亿美元。后北京中信通过财务运作的方式将中国银行的债务转移到了柏盛国际，这种操作的优点是基金持股平台转移了还债负担，缺点是大幅提升了标的公司的负债率及财务费用。

海外并购由于受国际市场规则、国外文化、法律环境等因素的影响，限制条件较多，并购过程较为复杂。本案例中北京中信了解到在开曼群岛成立的公司在香港联合交易所上市的情况比较多，容易被香港联合交易所接受，程序清晰，法律规定有章可循。因此，北京中信选择在开曼群岛成立海外交易平台公司CBCH Ⅱ，因为双层质押结构对贷款能够形成更好的保障。通过在海外设立多层持股公司不仅可以为各种投融资决策提供场所，筹集更多的所需资金，而且可以减少国外审核风险，在不触碰国内外相关法律条款的基础上进行资本运作。

3. 管理阶段

对于战略型投资来说，私募股权投资基金会取得目标公司一定的控制权，参与到公司的管理活动中。在投资后的管理阶段，私募股权投资基金面临的风险主要有文化整合风险和财务风险。

（1）文化整合风险。海外并购涉及两个不同的国家，文化背景、公司价值、经营管理活动通常存在较大差异，私募股权投资基金在并购海外企业时，文化整合失败会严重削弱员工的工作积极性及归属感，管理效率低下，甚至导致并购失败。

（2）财务风险。受市场环境变化和目标公司自身发展情况恶化的影响，公司的营运能力会受到影响，经营不善会导致存货周转速度慢、资产利用率低，不仅会使公司面临运营风险，而且会给私募股权投资基金带来财务风险，影响其投资回报。私有化后，北京中信等股东集中精力于柏盛国际业务运营方面的优化调整,包括优化治理结构和管理架构,聘请李炳荣先生任柏盛国际 CEO,调整或更换大部分销售区域和职能部门主要负责人;注重将业务发展重心聚焦于自主专利产品系列的取证和新产品的研发;为进一步拓展公司在全球的销售网络,柏盛国际还与全球最大的医药和医疗器械分销商康德乐签署了战略分销协议,授权康德乐在 EMEA 区域和日本、韩国代理柏盛国际的心脏支架产品,降低了文化整合和经营风险。

4.退出阶段

私募股权投资基金的退出是判断盈利指标的重要参考。其不以长期持有目标公司的控制权为目的,而是通过一段时间的生产经营,提升公司价值后,退出并转让对公司的控制权,从而实现收益。在退出阶段,私募股权投资基金会面临退出方式选择和退出时机选择的风险。

(1)退出方式选择风险。私募股权投资基金的退出方式主要有四种,分别是首次公开发行(IPO)、兼并收购、股份回购和破产清算。首次公开发行是指目标公司第一次公开向非特定社会对象发行股票募集资金,私募股权投资基金逐渐出售其持有的目标公司股份,实现收益完成退出。兼并收购分为兼并和收购,目的是获得目标公司的控制权或所有权。当目标公司的价值达到预期值时,私募股权投资基金将目标公司出售给第三方以实现资金的退出。股份回购是指目标公司股东和管理层按照事先约定的价格回购公司股份,主要有股东回购和管理层收购。破产清算是指当目标公司不能偿还到期债务或继续经营会带来更多损失时,为了将损失最小化,宣布公司破产并进行清算。

(2)退出时机选择风险。资本市场环境时刻都在发生变化,尤其是涉及海外的经营、投资,宏观经济环境不确定因素较多,需要私募股权投资基金退出决策人员保持灵敏度,把握合适的退出时机:在行业发展的成熟阶段退出会增加投资收益,在行业发展的衰退阶段退出则会带来损失,面临重大的投资风险。退出阶段是私募股权投资基金运作实现盈利的关键环节。2017 年初,作为控股股东,北京中信开始筹划柏盛国际的后续资本运作事项,并拟定了 A 股 IPO 上市、香港上市及由 A 股上市公司收购等多条备选路径。由于 A 股 IPO 上市审核非常严格,排队时间长,而且上市后股票将锁定 3 年;在香港上市则存在估值低、流动性差等问题,经内部研究,北京中信确定了将柏盛国际向 A 股上市公司出售的商业决策。之所以选择蓝帆医疗,是因为看中了其产品销量和公司治理战略,可以实现交叉销售,提高公司利润,降低经营风险和财务风险。

(三)案例启示

本书对中信产业基金海外投资运作流程各阶段风险进行了分析,通过参与此次海外并购,中信产业基金成功整合了行业资源,增强了专业能力和市场影响力,其积累的宝贵经验为其他私募股权投资基金的海外投资提供了一些启示。

一是重视行业研究,选择优秀目标公司。中信产业基金是中国中信集团下从事投资业务的专业公司,有着良好的信用背景,在资金募集和项目取得方面具有一定的优势。中信产业基金成立之时,就得到了包括中国人寿、联想控股、三一重工等优质 LP 的鼎力支持。中信产业基金非常重视行业研究,有一批优秀的投资团队,涉及工业环保、金融、医疗服务、旅游休闲商业服务等行业。在寻找投资项目方面,中信产业基金建立了一套标准的流程:行业研究—初步尽职调查—投委会—详细业务尽职调查—法律和财务尽职调查—出具管理建议书。完善的流程不仅有利于其自身作出决策方案,更是向目标公司展示了其高超的业务水平,为成功获取项目打下了良好的基础。

二是选择以控股型投资为主的投资策略。私募股权投资在我国的发展时间并不长,即使是在其发源地美国,大部分私募股权投资也是以少数股权投资为主,只有像黑石、凯雷、KKR、TPG 等世界顶级 PE 机构才更多地涉及控股型投资,从国际市场上来看,控股型交易是整个 PE 市场的主流,从募资和投资的角度看,在成熟的海外市场中,控股型交易是成长型投资的 2～3 倍。国内控股型投资和收购处于起步并逐渐发展阶段,虽然控股型收购可能面临亏损风险,但如果发现市场上被低估的优质资产,然后聘请职业经理人进行运营,最后把这些资产卖出去,投资收益也是相当可观的。如本案例中,由于新加坡证券交易所流动性较差和公司经营管理存在问题,柏盛国际在 2012 年 1 月至 2015 年 5 月股价走势呈下跌趋势,考虑到柏盛国际在全球冠脉支架领域既有的独特竞争优势、内在价值及发展前景,中信产业基金最终完成私有化柏盛国际。

三是加强投后管理计划,提升增值服务水平。作为控股型投资,需要投资机构深度参与目标公司的经营和管理,投后管理较为复杂,也面临着更大的管理风险,因此对投资机构的资源整合能力及投后运营能力都有着更高的要求。中信产业基金能够协助柏盛国际不断进行价值创造,在很大程度上得益于非常强大的投后管理服务,拥有专业的内部管理和投资团队,还有很多外部第三方顾问和良好的产业资源网络。中信产业基金在与被收购公司签订合同后,投后管理团队介入公司,制订管理计划,相关团队定期与管理团队沟通并参加董事会会议,不仅为公司提供了资本,更能在战略、人才团队运营管理优化等方面为公司提供帮助。此外,中信产业基金有一支专业的增值服务团队,可以提供专业的咨询服务,并定期召开会议,搭建网络资源服务,为公司发展提供增值服务。

(四)私募股权投资基金海外投资风险防控相关建议

相关统计数据显示,私募股权投资基金参与海外投资和并购活动的数量和金额越来越多,扩大了股权投资市场,但仍未达到成熟阶段,我国法律法规尚不健全,市场环境复杂,应加强对私募股权投资基金的监管和风险防范,充分利用其优势参与到海外投资活动中。

1. 建立量化的风险评估体系

项目选择是投资的基础和前提,只有获得了优质项目,后续的投资管理才有意义。项目选择对于投资来说至关重要,这就要求在选择项目时必须严格把关。面对海外投资市场存在的众多风险,私募股权投资基金有必要对目标公司的风险进行预估,德尔菲法、层次分析法、贝叶斯法、效用函数法等都是应用广泛的决策方法,可以用来进行项目风险分析。通过采用定性和定量相结合的方法,将优势结合起来,能够有效地进行风险量化评估和决策方案的选择。

2. 加强风险管理

私募股权投资机构为防范海外投资风险,应健全内部控制制度,可以设立专门的风险管理组织负责海外投资运营管理。风险管理工作包括:一是加强项目核准和退出风险,从而降低项目选择和投资决策风险。二是建立行业分类管控机制。投资可能会涉及各个行业,受行业生命周期、市场竞争等因素的影响,只有客观分析不同行业的发展潜力和存在的投资风险,才能实现海外投资管理成本效益最大化。三是保持风险跟踪。私募股权投资基金期限较长,一般为5~8年,定期对投资期、退出期、延长期进行风险监测,能够避免因风险信息不对称或跟踪不及时而导致的重要风险被遗漏,从而给投资机构和被投资公司带来损失。四是建立突发事件应急管理程序。在海外市场环境复杂多变的情况下,如果出现被投资公司经营不善面临严重财务危机等预期之外的情形,私募股权投资基金应积极应对,将风险事件带来的损失和影响降到最低。

3. 完善相关法律法规,加强监管

近年来,私募股权投资基金发展迅速,在获得可观收益的同时伴随着众多风险,原因在于法律法规的不健全和监管制度的不完善。为进一步降低投融资风险,使私募股权投资基金的价值最大化,国家和相关部门应出台法律法规,使私募股权投资基金在参与市场运作时有章可循,更加规范化,在参与海外并购的过程中,提高并购成功率。例如,制定私募股权投资基金海外投资的法律法规,在法律和制度层面对其参与海外的活动进行严格把控,包括参与过程、违规的惩罚措施、法律诉讼案件的处理等方面,形成私募股权投资市场的法律规范,以引导和规范海外投资活动。

二、国能日新对赌协议

(一)案例介绍

1. 国能日新概况

国能日新科技股份有限公司的前身是北京国能日新系统控制技术有限公司(以下简称"国能日新"),于2008年2月由朱军、杨光、李小銮、傅尧、孟梅各自认缴出资200万元组建而成,在北京市海淀区注册,注册资本为1000万元。2008年11月,国能日新进行了第一次股权转让,公司原股东退出,引入曾燚、雍正等新股东,雍正入股国能日新并任职总经理,负

责国能日新的日常经营管理。2013 年 8 月与 2013 年 12 月,国能日新又进行了两次股权转让,雍正通过股权受让的方式持有国能日新股权 66.81%,成为国能日新的实际控制人。2015 年 2 月和 4 月,为筹集公司经营发展所需资金,国能日新先后进行了两次增资,分别增资 1 600 万元和 2 000 万元。2017 年 10 月,国能日新开始向外部资本市场寻求增资,国能日新股东雍正、丁江伟先生与 3 家私募投资基金股东签署了增资协议,共获得增资款 1 765 745.86 元,并且双方在增资协议中设计了对赌协议机制,约定了 2017 年至 2020 年间需达到的税后净利润金额以及未完成约定的补偿金额。2018 年 2 月 7 日,国能日新在股东会决议中提出:以 2017 年 11 月 30 日为基准日,将国能日新从有限公司变更为股份有限公司,公司名称正式变更为"国能日新科技股份有限公司"。2018 年 4 月 20 日,国能日新经各方一致同意,将经立信会计师事务所审计的基准日账面净资产 72 395 436.64 元按 1∶0.704 5 的比例折成股份,即将 51 000 000.00 元折合为国能日新的股本,剩余 21 395 436.6 元转为国能日新的资本公积。2018 年 5 月 6 日,立信会计师事务所提供了《验资报告》,经检验证实了国能日新变更为股份有限公司的出资情况,此时雍正共计持有国能日新 37.30% 的股份。2018 年 5 月 18 日,国能日新正式完成了变更登记,取得了工商营业执照。

自从成立以来,国能日新一直把精力投放在新能源行业的数据应用与研发上,是新能源行业中首屈一指的清洁能源管理专家,也是新能源大数据服务商。在人才方面,国能日新高度重视高科技人才的培养,在人工智能领域和大数据核心算法领域培养了一大批精英人才;在技术研发方面,国能日新在研发领域持续投入,重视创新与创造,不仅成功获得了多项的研究成果,而且拥有了多种核心技术;在创新服务方面,国能日新建立了 400 余家全国客户服务中心,售后服务既快速又贴心,很大程度上解决了新能源电站远程协调难、技术支持无法及时到场的问题;在营销领域方面,国能日新不仅在中国范围内布局新能源市场,而且在东南亚、非洲、中亚等国家也成功开拓了市场,在全球范围内逐步拓展。目前,国能日新已经全方位地占领了新能源市场,为清洁能源提供发电功率预测系统和服务。

2. 对赌协议相关内容

在国能日新 2017 年 10 月的增资过程中,共有 3 家私募投资基金股东与国能日新签署了对赌协议,分别为融和日新投资合伙企业、北京和信新能产业投资合伙企业以及嘉兴微融投资管理合伙企业。其中:融和日新出资 1 102 762.43 元,持国能日新股份比例为 4.79%;和信新能出资 220 994.48 元,持国能日新股份比例为 1.92%;嘉兴微融出资 441 988.95 元,持国能日新股份比例为 0.96%。私募投资基金股东的基本情况如下。

融和日新(嘉兴)投资合伙企业为有限合伙企业,于 2017 年 9 月在浙江省嘉兴市南湖区注册成立,经营期限为 2017 年 9 月 29 日至 2022 年 9 月 28 日,所属行业为商业服务业,注册资本为 2 000 万元,法定代表人为国家电投集团产业基金管理有限公司,其认缴出资 20 万元人民币,持有融合日新 1% 的股份。融和日新的经营范围主要为实业投资、投资管理。

北京和信新能产业投资合伙企业为有限合伙企业,于 2017 年 9 月在北京市房山区注册成立,经营期限为 2017 年 9 月 20 日至 2047 年 9 月 19 日,所属行业为商业服务业,注册资本为 2 041 万元,法定代表人为北京和信新金创投资管理有限公司,其认缴出资 1 041 万元人民币,持有和信新能 51.004 41％的股份。和信新能的经营范围包括投资、投资管理、资产管理、投资咨询、企业管理咨询、经济贸易咨询等。

嘉兴微融投资管理合伙企业为有限合伙企业,于 2016 年 1 月在浙江省嘉兴市南湖区注册成立,经营期限为 2016 年 1 月 21 日至 2023 年 1 月 20 日,所属行业为商业服务业,注册资本为 45 100 万元,法定代表人为万融时代资产管理有限公司,其认缴出资 200 万元人民币,持有嘉兴微融 0.443％的股份。嘉兴微融的经营范围包括投资管理。

3. 对赌协议具体条款

国能日新在 2017 年 10 月的增资过程中,国能日新股东雍正、丁江伟先生代表国能日新与 3 家私募投资基金股东签署了增资协议,并且在增资协议中设计了对赌协议机制。如表 7-4 所示,对赌主体是国能日新与融和日新、和信新能及嘉兴微融 3 家私募投资基金股东。对赌标准为归属公司股东税后净利润这一财务指标,雍正、丁江伟先生承诺 2017 年度归属公司股东税后净利润达到 2 800 万元,且 2018 年至 2020 年归属公司股东税后净利润的增长率不得低于 20％,或者 2017 至 2020 年 4 年合计归属公司股东税后净利润达到业绩补偿条款约定的目标总额。对赌对象为现金补偿。

表 7-4　国信日能对赌协议主要条款

构 成 要 素	主 要 条 款
对赌主体	国能日新 vs 融和日新、和信新能及嘉兴微融
对赌标准	2017 年度归属公司股东税后净利润达到 2 800 万元,且 2018 年至 2020 年归属公司股东税后净利润的增长率不得少于 20％,或者 2017 至 2020 年 4 年合计归属公司股东税后净利润达到业绩补偿条款约定的目标总额
对赌对象	现金补偿方式

资料来源:国能日新招股说明书。

如果国能日新 2017 年度归属公司股东税后净利润没有达到 2 800 万元,而且以后年度归属公司股东税后净利润的增长率没有达到 20％,或者国能日新对赌期间内合计归属公司股东税后净利润没有达到业绩补偿条款约定的目标总额,那么雍正、丁江伟先生需要以承诺利润与实际利润的差额部分为基础,并且按私募投资基金股东各自持有国能日新的股份比例给予私募投资基金股东一定的现金补偿。

4. 对赌协议实现情况

自 2017 年签署对赌协议开始,国能日新实际归属公司股东税后净利润连续 3 年均未达到对赌协议约定的对赌标准,2017 年至 2019 年国能日新仅完成了对赌标准的 81.19％、57.75％和 87.75％,即使 2020 年达到了当年对赌协议约定的目标,但 4 年合计归属公司股东税后净利润 12 970.88 万元也未达到对赌协议约定的目标总额 15 030.40 万元,显然国能日新的对赌协议是以失败告终的。

国能日新在 2017 至 2020 年间归属公司股东税后净利润与对赌协议约定的目标总额相差 2 059.52 万元,按照融和日新、和信新能、嘉兴微融的持股比例计算的应给予对赌对象的现金补偿金额分别是 98.65 万元、39.54 万元、19.77 万元共 157.96 万元。雍正和丁江伟先生在签署对赌协议时约定二人依据各自持有公司股份的比例承担补偿金额,因此,雍正和丁江伟先生依据各自 37.30% 和 12.33% 的持股比例分别赔偿现金 118.72 万元和 39.24 万元。

(二)国新日能对赌协议失败原因分析

1. 对赌标准的制定过于随意

从成立初期至 2016 年底,国能日新的新能源信息化业务尚且处于发展、开拓阶段,该期间的销售收入和盈利情况较低,为了完善主营产品和服务体系、提高技术水平进而形成竞争优势成功占领新能源市场,国能日新在研发和销售方面都投入大量资金,由此资金短缺问题开始显现。

2017 年初,国能日新开始向外部资本市场寻求增资,于 2017 年 10 月 15 日成功与融和日新、嘉兴微融、和信新能达成了增资协议,分别认购新增出资额 1 102 762.43 元、220 994.48 元、441 988.95 元,占国能日新注册资本的 7.66%。然而,国能日新为了成功获得增资,还额外签署了对赌协议,协议中约定了增资后国能日新需要完成 2017 年度归属公司股东税后净利润达到 2 800 万元,且 2018 年至 2020 年归属公司股东税后净利润的增长率不得低于 20%,或者 2017 至 2020 年 4 年合计归属公司股东税后净利润达到业绩补偿条款约定的目标总额。但关于对赌协议中对赌标准的制定,国能日新管理层雍正和丁江伟先生既没有以企业历史经营业绩为基础进行预测,也没有考虑国家政策是否会发生变化进而对企业未来的盈利状况产生影响,更没有聘请专业机构或人员进行专业化的分析、预测,仅仅是以当时积极的市场环境、行业整体估值水平以及企业已拥有的订单数量为基础,简单预测了企业未来的经营业绩,进而设定了对赌标准。

2. 成本与费用增加埋隐患

在对赌期间,通过利润表可以发现国能日新的成本与费用总体均呈逐年增长的趋势,主营业务成本由 2017 年的 5 182.45 万元增长至 2020 年的 9 506.50 万元,期间费用由 2017 年的 7 925.67 万元增长至 2020 年的 8 965.06 万元。

在成本方面,国能日新的主营业务成本由外采软、硬件成本等直接材料、直接人工以及现场实施费、运费成本、气象成本等制造费用组成,其中外采软、硬件成本和现场实施费为国能日新最主要的主营业务成本,占全部成本的 90% 左右。国能日新签署对赌协议后,2017 年的主营业务成本为 4 724.93 万元,但由于成本控制不力,主营业务成本连年增长,于 2020 年增长至 9 124.01 万元,增长率高达 93.10%,其中外采软、硬件成本从 2018 年的

4 188.43 万元增长至 2020 年的 7 215.44 万元,现场实施费从 2018 年的 326.93 万元增长至 2020 年的 1 076.24 万元。

在费用方面,销售、管理、研发和财务费用均有不同程度的增加。销售费用主要由职工薪酬、差旅交通费、招投标费用、租赁费、业务招待费、广告宣传费等组成,从 2017 年的 3 506.22 万元增长至 2020 年的 4 639.84 万元;管理费用主要由职工薪酬、咨询培训费、折旧摊销费、差旅交通费、物业水电费、租赁费、办公费、招聘费等组成,从 2017 年的 1 026.77 万元增长至 2020 年的 1 480.67 万元;研发费用主要由职工薪酬、租赁费、差旅费、办公费、折旧摊销费等组成,从 2018 年的 2 788.49 万元增长至 2020 年的 2 869.56 万元;财务费用主要由利息支出、利息收入、汇兑损益和银行手续费等组成,从 2017 年的 17.19 万元增长至 2019 年的 26.94 万元。

3. 收入确认方法的变换

国能日新在 2019 年申报财务报表审计时,为了客观展现公司的经营成果与财务状况,全面梳理了企业业务实质并重新分析了企业会计准则,然而却发现公司以前年度对会计政策的理解并没有完全满足准则要求,即对新能源发电功率预测产品的收入确认方法不够合理。

国能日新关于功率预测产品的销售合同具体分为两种:一种是含设备类功率预测合同,即提供功率预测设备和服务;另一种是功率预测服务合同,即仅提供功率预测服务。在 2019 年之前,国能日新财务人员认为功率预测产品在验收时点所有权上的报酬与风险已经全部转嫁给了客户,满足收入确认条件,因此将上述两种合同所包含的产品与服务按销售商品进行处理,并且在验收时点进行了收入的确认。

然而在 2019 年财务报表审计时,国能日新重新梳理了收入确定方法、分析企业业务实质,考虑到公司最终提供给客户的产品为服务期内的功率预测数据,而由于功率预测数据是由功率预测软件提供的,功率预测软件与功率预测服务二者共同作用才能够达到使用需求,所以不能简单划分功率预测软件与功率预测服务,功率预测软件的相关风险与报酬是同步于功率预测服务在整个服务期内一点点转移的,因此功率预测服务的收入应该分摊于服务期间内确认,而不是简单地在验收时点进行确认,国能日新在 2019 年之前一次性确认收入的做法会产生一定程度的风险,与谨慎性原则相违背。

相较于之前将整个合同收入在客户收到产品时直接确认收入,国能日新将收入的确认方法更正为:功率预测设备独自认定为一项收入,在客户收到产品时直接确认收入;功率预测服务的收入在整个使用期间内分摊确认。

对于上述收入确认方法的变换,不仅仅对后续期间适用,国能日新也在 2020 年 5 月召开了董事会和监事会会议,且在 2020 年 6 月召开了股东大会,最终审议通过了追溯调整财务报表的议案。由于 2014 年度以前功率预测产品的收入较少,并且收入确认方法的更正对报告期间的经营状况的影响微弱,故而 2014 年 1 月 1 日为追溯调整的最早期间,即追溯调整的期间为 2014 年 1 月 1 日至 2018 年 12 月 31 日。

4. 管理层主观预测偏乐观

2016 年底,国家发改委、国家能源局发布了《能源发展"十三五"规划》,规划中提出了加大新能源发展的力度和对能源资源进行优化配置,国内新能源市场开始升温。2017 年 2 月,国家能源局又发布了《关于印发 2017 年能源工作指导意见的通知》,加速了光伏发电产业的发展。在这些政策的影响下,国能日新的业务规模得到了快速增长,而国能日新管理层正是基于当时积极的新能源行业政策以及已拥有的销售订单,简单判定本企业的经营前景较为乐观,以此为基础签署了对赌协议。从 2018 年下半年开始,国家发展改革委、能源局以及财政部对新能源行业的政策进行了一系列的改革,主要体现为加速新能源补贴减少,推动新能源平价上网等随着平价上网政策的实施,国家不再给予新能源价格补贴,新能源行业因为原材料价格上浮、新能源电力不能完全消纳、电站建造成本增长等原因导致了光伏、风电发电项目建设较慢,最终导致市场空间增长缓慢,而国能日新在面临政策变化时并没有及时调整企业的战略方向,合作电站项目数量呈减少趋势,由此随着 2018 年新能源行业政策的变动,国能日新的实际经营业绩并没有如预期那样实现连年持续增长。除此之外,国能日新管理层在预测企业未来经营状况的时候忽视了竞争对手的潜在威胁,不仅国能日新的竞争对手有实力较强的综合型企业集团,与其相比国能日新具有资金方面的劣势,而且国能日新所处的新能源行业技术更迭快、产品生命周期短,一旦技术创新或者新产品研发失败,则会大大削减企业的竞争力,进而影响企业经营业绩。

(三)国能日新对赌协议的对策建议

1. 合理设置对赌标准

对赌标准的设计是对赌条款的关键所在,合理的对赌标准能够在一定程度上有效降低对赌双方的风险与损失,推动对赌成功。如果对赌标准设置较低,融资企业轻松完成对赌协议,易使投资方不能获得理想中的收益;如果对赌标准设置过高,融资企业对赌失败的风险大大增加,一旦对赌失败,就需要赔偿给投资方巨额赔款。而合理设置对赌标准不仅可以有效降低代理成本,激励融资企业管理层,还可以减少由于信息不对称所带来的风险。因此,在设计对赌条款时要根据企业实际情况,合理设置对赌标准,促使投融资双方合作共赢,实现利益最大化。

1)设定多重对赌指标

国外资本市场上关于对赌协议领域的应用已经趋于成熟,对赌协议的形式不仅各式各样,而且内容丰富,其核心内容更是涉及方方面面。比如对赌指标,不仅仅涉及如增长率、利润总额、收入等财务指标,更是涉及股票发行、企业行为、赎回条款以及管理层方面等多种非财务指标。其中,股票发行通常是投资方要求融资企业在一定时期内成功上市,如果融资企业没有在约定期限内上市,则投资方拥有按约定低价收购融资企业股权等权利;企业行为是指融资企业在规定期限内完成部门调整或者完成一项高新技术研究等,如果不能完成,则投资方享有一定权利,比如投票权;赎回条款是指融资企业未完成对赌指标,投资方拥有的部分或者全部股份可以要求融资企业赎回,赎回价格一般是投资价款加上利息收入;管理层方面是指规定融资企业管理层的任职时间,未到规定的任职时间管理层不能够离开企业,否则融资企业需要给予投资方一定的赔偿。在对赌协议中设置丰富的对赌指标最主要的原因是财务指标可以简单明了地确定对赌双方的经济保障,而有些情况下非财务指标正是企业价值的真正所在。企业在制定对赌条款时将财务指标和非财务指标合理运用,能更好地增加企业价值,鼓励企业管理层不单单关注财务指标,同时也重视企业自身的发展,很大程度上规避了企业仅因某一项指标未完成而导致对赌失败的风险。因此,这样运用多重对赌指标作为评判标准来衡量企业未来价值的方式,涉及企业经营与管理中的方方面面,是有效规避对赌协议走向失败的策略之一。

国能日新在制定对赌协议时,除了对赌标准运用税后净利润这一财务指标外,还应当适当加入股票发行、企业行为等非财务指标作为对赌标准。若增加股票发行作为对赌标准,则要注意在对赌协议中增加相应的限制条件,比如对股权的担保、转让、质押等行为进行限制,避免发生股权被私自质押的情况。若增加企业行为作为对赌标准,可以增加诸如拓宽合作伙伴、发展企业创新能力等对赌标准,促使国能日新管理层在追求企业税后净利润增长的同时重视企业的长远发展。这样在对赌协议中设置多重对赌指标的方式,可以有效防止国能日新因单一指标未达标而导致对赌失败,大大降低了对赌协议失败的风险,而且能够有效避免国能日新管理层过分关注经营业绩而出现短视行为,有利于国能日新的长远发展。

2)设置多档对赌标准

在签订对赌协议时,对赌双方应当注意合理设置对赌标准,比如对赌双方在设定对赌条款时可以将对赌标准设计得更加多样,采用波动的对赌标准来形成统一意见,即设置低、中、高三个档次的对赌标准,在未来的经营中不仅给予了融资企业一定的缓冲空间,而且对融资企业具有很强的激励作用,更是有效规避了融资企业因为追求短期目标的实现而放弃企业长远发展的情况发生。若只设置一档对赌标准且设置过高,则融资企业完成对赌协议的难度太大,容易导致对赌失败,而这种以企业发展的预期状况为依据设置多档对赌标准的方式可以有效降低融资企业管理层的经营压力,增加了对赌成功的可能性,此时如果对赌双方在设计对赌协议条款时运用了重复博弈的方法,那么便会大大降低由于对赌双方自身因素而形成的未来不确定性事件的发生概率,从而有效分摊失败风险,既给投资方提供了一份保障,更是给融资方提供了一定的缓冲空间。因此,在对赌条款中设定多档对赌标准,不仅使得对赌条款更加灵活多样,而且大大减少了对赌失败的风险,降低了融资企业的损失。

国能日新在签署对赌协议时应该从高到低设置三个档次的对赌标准,每一档设置一个波动的比率,比如$10\%\sim20\%$是一档,$0\%\sim10\%$是一档,0%以下是一档。同时每一档所对应的对赌对象都各不相同。这样不仅减轻了国能日新管理层的业绩压力,避免了管理层的短视行为,而且给予了管理层持续性的激励。当国能日新实现净利润增长率高于10%而低于20%时,说明国能日新利润实现情况一般,但并不算差,这时采用现金方式补偿不仅简单,而且对国能日新管理层有一定的激励效果,激励管理层即使没有达到约定的利润标准,也会尽最大努力提高净利润增长率,否则国能日新面临的不是现金方式补偿,而是其他更不利的补偿条款。当国能日新的净利润增长率低于10%甚至为负增长时,应当给予投资者的补偿也会更多,于投资方而言采取股份补偿更有利,因为国能日新正想要成为上市公司并为之努力,如果日后国能日新成功上市,市值剧增或者发展状况持续良好,采取股份方式补偿比现金方式补偿更灵活且价值更高。

2. 合理规划成本费用支出

成本与费用是衡量企业经营状况的主要财务指标,成本与费用的发生会直接导致经济利益流出,因此采取各种措施加强成本与费用的管理是提高企业经济效益的有效途径,是保障对赌协议成功的有效手段。

1) 加强企业成本管理

于企业发展而言,成本问题是每个管理决策者必然面临的问题,只有成功控制了成本,才能获得利润,从而在竞争中处于优势地位。国能日新如果想要加强企业成本管理,可实施的具体措施如下。

一方面,精细管理企业内部成本。如果企业内部成本缺少一个标准对其进行约束,那么管理层很难对各项成本采取科学、有效的控制。通常情况下,企业的成本控制计划包括主营业务成本和其他业务成本,在企业财务人员编制完每月和每季度财务报表后,应该同时将财务报表报送给企业管理层,并且应该通过科学系统的分析,识别出异常和超支的财务数据,便于准确开展下一阶段的预算。每期末,财务部门需要结合技术、生产等方面的信息解释异常和超支的情况,并为解决异常和超支情况提供相应的对策建议。除此之外,国能日新还可以通过建立全员成本管理制度来加强成本管理。全员成本管理制度即先制定出一个最高成本限额,然后将总限额水平分至各管理部门,再垂直分至小组和个人,与此同时还应该建立考核机制,对成功将成本控制在限额内的部门给予奖励,对成本超限额的部门进行惩处,形成井然有序的成本管理系统。

另一方面,树立科学系统的成本管理理念。国能日新在进行成本管理时,应当全过程、全方位地对各个部门进行管理,即从初创到发展阶段,全面进行成本管理,将成本管理理念渗透到国能日新的各个部门;还应当建立正确的成本效益观,增强国能日新的成本预测能力和科学决策水平,将企业的成本管理与经济效益联系起来。与此同时,还应当注重本公司职工的成本管理能力,对职工进行成本管理知识体系的培训,鼓励全体职工都参与到成本管理中,营造一种自主的成本管理氛围。

2）重视企业费用控制

伴随着经济增长速度的放缓、营业成本的攀升以及企业间竞争的加剧,控制费用的发生已经成了许多企业经营管理的重心。费用控制的成功与否与企业利润的高低直接相关,影响了企业的经营业绩,于国能日新而言,更是直接影响了对赌协议的成败。因此,在企业的经营期间,应该重视企业费用的控制。国能日新如果想要有效控制费用的发生,可实施的具体措施如下。

首先,提高员工费用控制意识。国能日新的公司职工对待各项费用已经形成了固有的思维,若想改变这种状况,则需要对职工进行培训。国能日新应当聘用专业的费用管理、控制专家培训本企业职工并进行考核,同时以考核成绩为依据给予职工相应的奖励与惩罚。考核结束后,企业职工应将所学理论运用到实际工作中。一段时间后,比较培训前和培训后的企业业绩,评估这两次财务数据所反映出的费用控制效果与经营方面问题,及时调整费用控制方法。

其次,完善费用核算体系。国能日新财务人员的专业性直接影响财务数据的准确性,也就是说财务人员水平的高低决定着费用数据的准确性。如果费用数据不准确,费用管控就失去了意义。因此,企业能否招聘到高水平的财务人员就显得十分重要。除此之外,在核算费用方面,不仅应当将费用细化至各具体部门,部门负责人对本部门发生的费用承担主要责任,还应当对费用科目细化,比如在二级科目差旅费下再设餐费、住宿费、车费等明细科目,从而对费用进行精细管理。

最后,对费用进行预算控制。企业的费用支出应结合企业经营阶段、发展战略以及经营业绩进行合理规划,应当受到一定程度的制约,不能随意支出。因此,国能日新应该每年对费用进行预算,实际发生的费用不能超过预算范围。如果存在没有纳入预算范围,但真实经营确需发生的特殊事项的费用,应经过部门提出申请、部门负责人批准、财务部门审核、总经理核准的层层批准。这样对费用进行控制,能够有效避免发生费用支出不节制的情况。在实际发生花费时,应该将实际花费与预算费用一一核对,如果发现异常情况,则要及时寻找原因,并告知相关人员要重点关注并减少异常费用的发生。如果超支重大,则应该提示管理层在审批时要多加关注。

3. 规范会计政策的运用

会计政策是会计信息真实可靠的保障,只有合理运用会计政策,才能得到准确的会计信息,然而会计政策的选择主要依靠财务人员的专业判断,因此企业管理层应该重点关注财务人员对会计政策的运用是否规范、标准。除此之外,健全的内部会计控制制度和完善的内部监管制度也是规范会计政策运用的主要影响因素,企业管理层也应该关注。

4. 谨慎预估企业发展前景

企业未来发展前景是企业确定对赌协议中对赌标准的主要依据,因此能否科学准确地预测企业未来的发展前景是决定对赌协议成败的因素之一。而企业管理层若想要谨慎预估企业发展前景,则要多方因素综合分析,不能仅依据企业自身盈利状况就简单断定企业未来发展状况,除此之外还要综合考虑企业所处行业的发展趋势以及企业在市场竞争中所处的地位。只有综合考虑到方方面面因素,才能谨慎、准确地预估企业未来的发展前景。

三、中科招商

(一) 发展故事

单祥双 1988 年毕业于厦门大学会计系,此后分配到国家教委工作 3 年后调任交通部,并很快成为最年轻的处级干部。在这个岗位上做了 7 年之后,他仍然选择放弃安逸稳定的职位,孤身一人辞职南下来到深圳国通证券公司任交通行业经理。"这个世界不缺资金、不缺项目、不缺市场、不缺人才,缺的是把这些有机叠加起来,即资源的整合。"就是在这个念头的支配下,1999 年单祥双以"为项目融通资金,为资金嫁接项目"为宗旨,在交通部领导的大力支持下,策划组织了"中国交通产业投融资专业委员会",并出任首任秘书长。该组织把国内航空、航运、港口、公路、铁路、邮政等领域企业组织起来,致力于建设统一的战略资源平台和投资规划平台。

2000 年上半年,正是资本市场和网络经济最热的时候。国内一直沸沸扬扬地呼吁创业板推出,国际上纳斯达克指数也达到巅峰,资本市场带来巨大的财富效应,很多热钱向创业投资涌流。

33 岁的单祥双看准了这一时机,他说服委员会的几家上市公司企业成员,在 2000 年 5 月,以招商银行、国通证券为依托,注册资本 3.35 亿元人民币的 21 世纪科技投资有限公司成立,这是当时最大的民间创业投资机构。然而,由于体制原因,该公司成立后,没有按照单祥双发展创业投资的理想前行。仅仅过了 4 个月,他毅然决定离开亲手缔造的企业,走新的创业之路。

单祥双花了 1 个月的时间,每天加班加点到凌晨一两点钟写了一份 30 万字的研究报告——《资本市场与高科技产业发展》,得出的结论是做坚定的直接投资基金的推动者。他认为中国的高新技术企业、中小企业要发展,最有效的资本支持就是产业投资基金、风险投资基金和重组并购基金,换句话说,直接投资基金是支持高新技术企业发展、中小企业发展乃至产业发展的必不可少的金融工具。与证券市场相比,直接投资市场是理性市场,需要构建理性的投资原则、投资策略和投资标准。

如何设立一个直接投资基金的管理公司?国际上普遍采取有限合伙人制度。但是单祥双很快明白,把境外的有限合伙制完全照搬到中国境内是行不通的。像境外那样,成立管理公司,然后去融资,让出资人委托管理公司管理资金很困难,因为中国境内的诚信基础很差。而且,中国境内风险投资刚起步,许多人都没有成熟的行业经验,没有完备的制度安排,也缺乏相应的业绩积累。这种情况下,单纯的合伙人很难取得出资人的信任。不过,有限合伙人制度可以很好地把管理人的利益和基金股东的利益结合在一起,起到很好的激励作用,也规避了道德风险。

中科招商做了改良,设计了机构股东和个人股东相结合的模式。中远集团、招商局集团、乐凯集团等大企业作为管理公司的控股股东,持股51%。其他集体和团队持股49%。中科招商募集到的资金以基金形式运作,在收益分配上,80%的收益归基金注资人,20%的收益归投资基金管理公司。之后,这20%的收益中的30%奖励给合伙人,其余部分再在公司内部分配。单祥双结合境内创业投资实际情况,提出了以基金管理模式运作创业资本的思路,并率先在2000年12月成立了境内首家创业投资管理公司,就此,中科招商诞生了。

崭新的事物,充满怀疑和机遇。在当时的情况下,"基金管理、受托管理"这些新的制度概念,对于大多数人来说还是闻所未闻,这给单祥双和他的创业团队带来了巨大的困难,也带来了前所未有的机遇。之后,单祥双带着一本厚达60多页的基金招股商业计划书,踏上了为管理公司募集资金的道路。

对商业计划书感兴趣并且接待单祥双的,都是一些在中国企业界耳熟能详、叱咤风云的大人物。3个月的时间,裹挟在飞机、火车和长途汽车的往复颠簸中,时间像流水一样飞快逝去,单祥双此时充分体现出了一个风险投资家的天分和意志,无数次的路演,无数次的答辩,无数次的沟通,最终换得了一个令人满意的结果。2001年5月,注册资本3亿元人民币的中科招商一期基金成功设立,成为中科招商受托管理的第一只基金。中科招商利用基金管理模式开展创业投资首开了境内先河。

到2003年,中科招商所管理基金的净资产利润率达到16%,股东现金分红率10%;2004年净资产利润率达到23.8%,股东现金分红率达到15%。甚至一段时间之内,联想投资、山东创投等境内著名的风险投资公司也开始效仿中科招商的模式。短短4年时间,单祥双便以其稳定的业绩,赢得了招商局集团、中远集团、中国乐凯集团、长城资产管理公司、北京城建集团、中国华录集团等众多大型企业集团的支持和高度认同。中科招商已形成创业投资基金、产业投资基金、资产管理基金三大基金品牌,管理着5只投资基金,管理基金规模达到数十亿元人民币。

(二)运作模式

中科招商的运作模式缘起于单祥双在招商证券工作期间对投资公司运营模式的长期反思。经过多年的思考,单祥双写出了30多万字的研究报告,在充分研究世界创业投资发展历史和运作特点后,认为采取有限责任制的投资公司形式从事创业投资主要存在以下弊端。

(1)不能解决"内部人控制"的问题,道德风险高度集中。股东出资后经理人掌握了日常投资决策权,而日常的投资活动又不可能都经过董事会讨论,由于经理人没有持有公司股份,投资好坏虽与经理人有一定的利益关系,但远没有经理人与外部勾结带来的收益大,在这种情况下,经理人的投资决策很大程度上是凭良心做事,道德风险非常大。

（2）易形成股东对公司的操纵。由于绝大多数创业投资公司要么是在政府为主出资下建立的，要么是在以大型企业集团为主出资下建立的，大股东很容易形成对公司的左右，突出表现在两个方面：一是委派经理层；二是指定投资项目，改变投资原则和决策程序。因而投资失误较多。

（3）不能形成有效的资本放大，运行成本居高不下。由于一家投资公司只能管理自身的注册资本，而受托管理其他资本，没有像美国有限合伙制那样形成1%管理100%资金的放大效应。如中国目前一家投资公司管理的资金平均不超过1亿元人民币，而人员多在20人以上，结果一年的费用开支平均占整个资金总额的5%以上，远远高于境外创业投资公司（基金）2.5%的管理费。

（4）不能实现专家理财的初衷，不利于形成专业化投资经理人队伍。投资公司是在某一股东的支持下建立的，人才的使用也是非市场化的，经理层往往是指派任命的，结果导致某些根本不懂创业投资的人在从事高风险的创业投资，投资经理人队伍很不稳定，不利于形成优秀的管理团队和市场品牌，不利于资本重组和资源重组。

而用基金管理的模式运作创业资本是国际上的主流趋势，可以有效解决上述弊端。通过把机构股东和个人股东结合起来，将经理人的利益与股东的利益有效捆绑，营造出比较好的激励和约束机制。单祥双预测，随着创投市场的发展，采取这种模式将很快成为可能，于是率先提出了用基金管理模式运作创业资本的构想。

在单祥双的带领下，中科招商投资（基金）管理公司成为国内第一批采用基金管理模式的创投公司。中科招商的基金以私募的方式发起，出资人均为具有产业背景的大公司如鄂尔多斯、北京城建集团。这些公司的投资能力和风险能力都很强，其出资目的主要是借助中科招商的专业投资管理团队，实现产业升级，增加利润回报。它们将资金投入中科招商创投（基金）公司内。这些资金由中科招商创投管理有限公司以委托代理方式来进行投资。

中科招商创投管理公司的出资人分四种情况：高层管理人员占股31.5%，拥有相对大的股份，以便专业团队在开展委托管理投资业务中拥有相对较大的自主权，当然意味着同时需要承担较大责任；中科院占16%，第二大股东，目的是将创业融资与科技研发结为纽带关系，以实现双赢；招商集团占股12.5%，但未投资入股创投（基金）公司，目的是以其强大的产业和金融能力，增强创投（基金）公司对管理公司的信任。在中科招商管理层的持股总额当中，单祥双作为主要发起人，受托管理创投基金的主要负责人，出资最多，占有较大股份。他不但是中科招商管理公司的股东、董事、CEO，而且兼任中科招商创投公司的董事和总裁。

另外一大特点，就是管理公司入股创投（基金）公司的1%股份。这显然是借鉴了美国有限合伙制和我国台湾创投基金的某些有效机制，用股权方式将受托人与委托人二者的命运捆在一起，别看1%比例不大，但对管理团队来说却是一个巨大的压力，同时也构成了一个新的动力，即与创投（基金）出资人将一损俱损、一荣俱荣。创业伊始，单祥双"几乎把所有的家当都放进了管理公司"，显然，中科招商这个第一个吃蟹人除了大胆外，还有着惊人的运气。在那样的环境中,没有别的能力来说服别人,把自己个人的钱和投资人的钱捆绑在一起,如果亏钱,先亏我的。毫无疑问,管理层首先承担风险赢得了投资人的信任。

(三)双董事会决策制

钱到了中科招商,单祥双和他的手下会不会巧立名目最后给瓜分掉了?有什么有效的制度能够保证股东资金的安全?出资的股东们有类似的疑问非常正常。

中科招商的委托——代理制给了他们一个很好的答复。跟别的创投公司不同的是,中科招商管理公司作为资金受托人的管理机构,本身并不受托管理资金,而是负责投资经营业务,并获取管理费和投资净收益的一定比例的分成奖励。如果按"集合投资制",即组织化投资基金进行分类,中科招商创投公司应属于公司型创业投资基金。但是它的创业投资基金的最终投资决策权,集中在投资公司董事长身上。

从这个意义上说,受托人——中科招商管理公司和委托人——中科招商(基金)公司之间是商业性的"委托—代理关系",而不是金融的信托关系。单祥双一再强调,中科招商坚持这一原则,并严格按照《委托管理合同》建立和健全其投资决策机制。在中科招商,每一笔投资的投出,都有严格的审批和表决制度。中科招商《委托管理合同》规定:500万元人民币(含500万元)以下投资额,由投资公司董事会授权管理公司管理层决定,但必须报投资公司董事会备案,这是为了便于开展小额投资时缩短投资决策周期,提高决策效率。500万元以上则必须报管理公司董事会和投资公司董事会双重决策,全体董事过半通过。不过,即便需要经过以上各项审核和审批过程,在中科招商,一个项目从立项到出资,一般周期不会超过3个月,报董事会双重决策也不会超过1个月,投资效率可见一斑。

或许有人对双重董事会决策感到疑惑不解,甚至有人认为这种做法不够规范。其实,这不难理解,它是由中科招商特殊的股东结构决定的。创投公司的董事同时也是基金管理公司的董事,加之投资决策经全体董事会过半通过,并不影响决策效率,反而有利于集中各方面的智慧,减少决策失误。

中科招商的运作模式还在于建立了一个集体作战、分工明确的高效团队。资金安全毕竟不是股东的最终目的,因为要达到这样的目标,把钱放到银行岂不更简单?他们之所以借助中科招商,恰恰是因为看重中科招商的专业团队,相信后者能够给他们带来原本无法实现的高投资收益。中科招商所有的投资都以项目方式来进行投资,这跟境外一个基金经理一条线负责到底的模式大不相同。

单祥双认为,这是特殊时期的特殊办法。在目前境内诚信等基本法则几乎为零的情况下,个人百分之百运作项目的方式几乎不可能成功。第一风险大,首先是道德风险,个人拿着大笔资金运作,最可能出现的后果是什么?其次是商业风险,以小组的方式集体运作,每个项目好几个人,就形成制衡,同时集思广益,把几个人的能力叠加到一起,削弱单个人对项目的影响。这样从某种程度上也规避了风险,要不然,某项目经理一走,他所主导的项目就只能功败垂成了。这种团队作战模式,同时也是基于境内投资人整体经验不足的一种不得已办法。一个同时精通法律、投资、财务、行业的人在境内投融资界几乎未曾见,通过组合财务专家、市场营销高手,也即"瞎子加瘸子"的模式,恰恰能弥补单个人知识阅历的不足。

目前,中科招商已经建立起一套包括基金经理、融资总监、行业投资总监、风险控制总监在内的整体团队,通过不同领域高手的组合,按统一的流程运作,保证了项目投资的准确和回报。为建立这一整套模式和运行团队,中科招商配备了良好的人力资源激励机制。在机制建设上,中科招商借鉴了美国版本的"有限合伙人"制,但在投资收益分配上还是做了一些变通,可称为"准合伙人"。

所有要进入中科招商管理公司的人,都需要经过单祥双这道关。在考察员工时,单祥双会首先看重道德操守;其次才是经验、业务能力;再次才是性格特点。更有意思的是,为了把握道德风险,任何一名员工进入中科招商,同时还需要有两名担保人,此员工日后若出现问题,担保人要负连带责任。从挑选员工角度看,中科招商近乎苛刻。不过,当员工进入中科招商,就会发现这家公司每一级员工的薪酬都会略高于银行和证券业同业水平。因为他们的CEO单祥双希望通过这个办法来"高薪养廉"。员工在中科招商享受的是差额工资制,假设某员工的年薪为30万元人民币,平时只发70%,30%的工资到年底结算。如果员工100%完成任务,就可以拿到余下的30%,同时获得奖励,奖金高的动辄数十万元。优秀员工在获得奖金的同时,还享有提薪的机会,一般每提一级月工资的增加都在几千元数量级;少数对公司作出杰出贡献者,还可进入公司高管层,并成为公司的股东之一。

在中科招商,并非由一个项目经理投资各个行业的项目。在这里,最重要的角色是行业投资总监,他们首先是本行业的专家,然后才是投资专家。对项目所处行业的深度了解很好地规避了投资风险,中科招商在两年多投资了8个项目,没有哪一个是亏钱的。

作为中国首家创业投资管理公司,中科招商建立伊始就明确将自己定位于投资有成长潜力的中小型创业企业。单祥双认为,向职业化投资机构转型是本土风险投资制胜的关键。这个转变,除了经营管理模式之外,投资什么行业、什么阶段的企业成为拿到不同成绩的关键。"不盈利基本不投"的理念使得中科招商的投资就是实际意义上的策略投资。

单祥双选取项目的标准非常简单,就是两个20%:一是投资项目的净资产回报率达到20%以上;二是中科招商在被投企业中占20%以上股权。同时,对单个项目的投资额,不超过基金资产净值的20%。中科招商显然更善于在传统行业中发掘金矿。单祥双认为,在中国具有比较优势的仍然是传统行业,市场潜力无限,而将传统产业与高科技结合起来将产生巨大的赢利空间。单祥双已经着手运作的有软件、教育和农业三只产业基金。

针对国内资本市场的现状和创投行业面临的问题,中科招商确立了"稳健务实、规避风险、业务创新、保值增值"的指导思想。坚持以直接投资为主营业务,在主业中寻找和创造商机,迅速形成主营收入,基本不参与二级市场。

(四)风险管理

在美国硅谷——风险投资的发源地——流传着这样一个投资法则:在所有风险投资的

项目中，必然有 50％完全失败、40％刚刚打平，只有 10％赢利。即便如此，这样的风险投资依然是成功的，因为 10％赢利的项目获得的回报是惊人的！但是，美国的这一流行法则在中国境内看来并不起作用。原因很简单，因为中国境内是完全不同的环境，不管是资本、法律还是信用等，都与美国大相径庭。因此，在中国境内进行风险投资必须建立另外一套游戏规则。

单祥双进一步悟到了规避风险的独到见解，他发现在中国，道德风险甚至比商业风险危害还要大，要想规避道德风险，更大限度地提升投资价值，就必须深度介入所投企业项目。在境外一般只防范商业风险，一笔投资失败是很正常的，按此思路，一旦遭遇不测，外资创投在中国境内绝少能收回投资本金。因此，单祥双精心设置了约束机制，确保最糟糕的投资也不会血本无归。中科招商进入项目公司后，给自己的定位是三保角色：保安、保姆、保健医生。作为项目公司的保安，要维持正常的生产经营秩序；作为保姆，要准时打扫出现的卫生问题；作为保健医生，要提供保健方案和资源支持，精心设置约束机制，确保投资不会血本无归。

中科招商是所有投资公司里唯一设有风险控制总监的。别的公司对应的机构一般都是"风险管理委员会"，因为是集体负责制，所以最后谁都不负责，形同虚设。风险控制总监职能就是以毒辣的眼光挑出项目所有可能的漏洞，譬如财务。每一个项目投资，该总监都要代表总裁与对方总裁或者董事长签署一份"诚信责任书"，要求对方提供真实可靠的财务数据，并不能向中科招商人员进行各种利益诱导，一旦上述方面出现问题，就要收回全部投资，并且追究相应责任。另外，进入一家公司之前，必须进行财务审计，不停地对其进行财务监管。如深圳某公司，一开始中科招商并没有看出端倪。财务经理驻扎该公司一段时间以后，发现该公司有两套账，最终否决了该项目。

对于专业能力的风险，中科招商实行的是行业投资总监制。中科招商的团队主要由上市公司的董事长、总裁、副总裁和大型企业集团的副总、高层领导以上的人构成，在项目投资过程中实行严格的项目小组控制。中科招商把自己两年多来的成功和幸运归功于稳健的投资风格。单祥双认为，自己作为总裁对网络、市盈率、点击率之类一直没什么深的感觉，同时幸运的是也未做证券交易。中科招商在 2002 年、2003 年投了 8 个项目，这 8 个项目的选择都极为慎重，几乎都是百中选一。

中科招商深刻认识到所投资项目在市场、政策、财务、管理、团队、变现上的风险，因此采用了"4＋1"模式，即行业投资总监、管理投资总监、风险控制总监、资本运作总监，四人中有一人不同意就可以否决项目，而单祥双只有否决权，没有一票通过权。设置独立的风险控制总监是中科招商投资管理的一大特色。风险控制总监从项目发现开始，全程参与项目投资，为每一个拟投资项目制订风险分析方案和风险防范方案。在完成项目投资后，根据被投资企业的经营情况制订项目动态风险管理方案和风险预警机制。

项目投资中最大的风险也是企业团队的风险，单祥双在每个项目决策前，都要求把项目企业团队情况摸得一清二楚，甚至是经营者的兴趣爱好都要准确掌握。他会与项目企业团队进行深度面谈,从各个细节去辨析把握团队特别是经营者的投资价值,面谈效果会给最后的投资决策带来至关重要的影响。一个团队在投资人面前所体现出的精神气质,足以反映团队本身的管理水平和创造能力,在很大程度上映射出一个企业的投资价值。通常,单祥双和他的投资团队会非常注意考察项目方的团队是否具备企业家的素质,如果不具备,这样的团队不可取,要么重新从社会上选聘置换,要么放弃项目。

在以往的国企改制中,引进战略投资者、完善治理结构、IPO 退出,"这三板斧"中有一板斧没有砍下来,就会导致投资者的良好愿望泡汤。而中科招商投资前,会将这些问题全部都谈妥,否则不会进入。退出的方式仍然是以最终上市或通过一级市场上的并购将股权转让把价值放大。

单祥双经常会和媒体谈到一个投资失败的案例。中科招商刚成立的时候,第一个项目是甘肃一家公司。这家公司当时正在进行股份制改造,中科招商投资 1 000 万元人民币进入后成为其股东之一,占了不到 10% 的股份。公司方有两块主营资产,一块主营资产在天水,一块在兰州。天水和兰州有矛盾,但已完成股改,资产已放在一块儿了,就没有理由把资产再分开。但很遗憾,天水这个地方就组织罢工,上访到省里,迫使天水这块资产仍然没有跟兰州这块资产有效合在一起,最后股份公司名存实亡。在这种情况下,中科招商决定从项目中退出。虽然没有亏掉老本,但也没有收益。这使单祥双深刻地意识到在中国做创投不光要规避财务风险、法律风险、市场风险,还有一个风险必须考虑,就是政治风险。中国出现的很多政治风险不是靠法律可以解决的。

那些国企的巨无霸,如招商局、中远、城建等,为什么要把钱交给中科招商来运作?中科招商的解释是因为中科招商的管理模式对基金股东的利益有保障。

在投资业务中,最大的内部风险就是投资经理团队风险。解决这个问题,关键要靠制度安排。为了有效规避基金管理业务中内部人控制和道德风险问题,单祥双在创建中科招商之初,就形成了一整套科学实用的制度安排,他借鉴国外经验,设计了有中国特色的有限合伙制。

这种制度安排,核心是三个层面的捆绑:第一个捆绑是管理公司项目管理团队和基金股东共同持股;第二个捆绑是管理团队所在的管理公司出资 1% 参股基金;第三个捆绑是具体投资项目上实行管理团队的配比投资,企业出现亏损首先亏掉管理团队投入的钱,然后再由其他股东按照股权比例分担投资亏损。这种方式的结果,是将管理团队和基金投资人的利益紧紧捆绑,成为防范道德风险最有效的制度设计之一。

投资不是冒风险而赚钱,而是成功地规避了风险才能获利。中科招商在刚刚开始成立的时候就坚持这个理念。投资的过程是一个枯燥的事情,但是单祥双会以讲故事的方式轻易地让听者知道他想表达的意思,那些细致的投资理念和原则也能够快速地被人们接受。

企业创立之初,正逢无处不在的"创业板"热潮,众多风险投资公司不惜成本地大肆抢购所谓准创业板的高科技创业企业股权,使得一些高科技企业估值在 10 倍、20 倍,乃至有些企业开始定向募集资金,形成了严重的投资泡沫。

单祥双以独特的眼光,成功地规避了这个时期的巨大风险。他一边加紧筹集基金,一边极力说服自己的团队和股东克制盲目投资的欲望。当时,在自己的团队也有人提出:"能否买入一些传闻中即将登陆创业板的股票?"单祥双的回答不容置疑——中科招商已经制定的投资规矩绝对不可破坏。"我喜欢做事情之前首先大家在一起定下公司的投资原则和理念,中科招商的投资原则就是两个20％,即项目投资收益率超过20％,项目持股比例超过20％。"单祥双解释了中科招商的投资规矩与原则,而这个原则当时还被很多的同行当成很可笑的事情,认为中科招商凭借这么苛刻的原则根本不可能拿到项目。不过,单祥双依然在各种谈判场合保持理性和冷静,坚持自己的投资原则。

中科招商可以接受的融资条件是5倍市盈率,这个原则的设计是根据市场资金成本计算的结果:如果中科招商不去投资,这些社会资金的融资成本应该在10％左右,也就是委托理财最低的保本底线。专业机构如果不高出10％收益就很难盈利。但是要想取得更高的收益也就要冒更大的风险。中科招商不过分地放大风险,只赚合理利润。没有损失,就是收益。在资本市场上,"剩"者为王,只要好好地活着,就会看到柳暗花明的一天。单祥双稳健的投资策略使他轻松地度过了让许多人难熬的2001年的冬天。

2001年底,曾经嘲笑中科招商没有加入创业板寻宝行业中的风险投资公司大都面临一个严峻的问题:创业板出台已经没有明确的时间表。手中持有高市盈率的项目公司的股票如何处理?如果要保持被投公司的发展和稳定增长,就需要大量地追加资金投入;如果没有追加资金的投入,被投公司的经营就会出现能否延续的问题,先前所投的资金将很难收回本金。创业板成为众多风险投资公司的滑铁卢的同时,也成为在中国发展时日并不长的风险投资行业的试金石。

中科招商如此完备的管理制度和投资规则,紧密相连的利益捆绑机制,会不会让投资经理因此过于谨慎甚至比较保守,错失一些高风险高收益的投资机会?

在中科招商基金的投资组合里,体现出中后期项目比重较大的特点,行业方面也没有明显的高科技烙印。一个投资机构的投资管理风格,必须和市场发育程度相适应。从创业机制、诚信制度、市场环境、资本市场等多种因素来看,境内与境外直接投资的环境差异较大,因而在境内做直接股权投资,稳健是第一要务。在境内,收益性、安全性和流动性较好的项目,大多数都是中后期项目,这已经成为市场的共识。国际上著名的投资基金,几年下来已经悄然改变了既有的投资风格,把资金越来越多地聚焦于中国境内中后期项目市场。中后期项目,一般都有很长的经营纪录、相应的市场份额和客户资源。另外,这些基金希望介入盘子较大的项目,每单项目应达到1亿元人民币以上。

对于是不是一定要投高科技行业,单祥双的价值取向也非常明确,关注高成长而不局限高科技。单祥双认为,中国境内高新技术产业化的进程远远落后于境外,有很多体制的问题,不是完全靠市场行为能够解决的,也不是短期能够奏效的。能够为投资人带来巨大回报的企业,是各个行业的高成长企业。而这些企业的成功,往往不仅是技术上的成功。更重要的是商业模式和市场开拓的成功。

也许,对于投资人而言,市场的诱惑很多,必须自我设定"有所为,有所不为"的边界,没有制度约束和标准限定,很难保证投资经理专注和高效开展投资业务。

<hr/>

即测即练

第八章

投资回报测算

　　私募股权资产作为一种新兴的资产类别,逐渐被各类投资者吸纳进投资组合,并成为提高投资组合收益、降低跨周期风险的"增强剂",相比权益、债券、货币等传统金融资产,私募股权投资所特有的非金融行为,如投后管理、增值服务、企业运营咨询等,是获取超额回报的秘密武器,也是业界和学界对其研究的重点。但是私募股权投资的收益该如何测算、测算的结果是否真实反映了最真实的投资收益,这些问题目前还缺乏系统而全面的梳理。

　　私募股权基金的回报测算一直是业界和学界研究的重点,也是令人头疼的一件事,其原因是私募股权公司受以下三个主要问题的影响,使得私募股权的业绩难以衡量。

　　(1) 缺乏流动性。私募股权基金支持的企业经常是在获得资金后的几年仍未上市,正因如此,这些公司不能提供可用于观测的市场价格。此外,通常为私人合伙制的私募股权基金很少会在公开市场进行交易。基于此,投资者也难以观察到它们的股价。

　　(2) 投资公司估值信息的不确定性。对于早期的创业企业,由于没有之前的盈利数据或是真实可靠的项目数据,私募股权公司对所投企业的估值往往并不以量化的指标为基础;相反,合伙人往往依靠对初创企业所拥有的技术、管理团队的实力和预期的市场潜力等主观的概念进行评估。

　　(3) 周期性。私募股权的估值水平往往会随着募资环境的变化而急剧上升或下降。每当大量的资本涌入私募股权投资机构时,私募股权投资机构对所投公司的估值水平就会大幅度提升;反之亦然。

　　围绕私募股权投资收益率的相关问题,一般从"用什么指标"和"指标表征能力"两个层次进行分析:第一,将收益率指标的选取分为绝对收益类指标(如 IRR)和相对收益类指标[如 PME(公开市场等价物)],在此基础上评价私募股权投资的收益;第二,通过相对收益类指标,将私募股权资产的收益与股票等其他资产类别的收益相比较,从而为投资人提出投资建议。

　　私募股权投资的收益如何测算、测算的结果是否真实反映了投资收益,这些问题都需要在具体的情况下使用具体的方法处理。在本章,我们会讨论私募股权基金一些常用的计算投资回报的方法和其优缺点。在私募股权基金行业,大家一般习惯使用现金回报倍数法(distribution to paid-in capital,DPI)、资本回报倍数法(multiple of capital contributed,MOC)和内部收益率这三个指标来评价一只基金产品的收益。这三种方法各有优劣,接下来我们开始讨论下这三种方法。

第一节　投资回报的测算方法

权益、债券、货币等资产流动性强、收益公开且实时,但私募股权的收益取决于基金与其投资者之间现金流的时间安排,裁量标准较为自由且不规则。因此,测算私募股权基金绩效需要有别于衡量传统资产收益的方法。

常用的私募股权绩效的指标通常可以分为收益率类和实现率类,收益率类包括内部收益率,修正的内部收益率(MIRR)以及时间加权收益率(time-weighted rate of return,TWR);实现率类指标有实收资本分配(distribution over paid-in,DPI)、投入资本总值倍数(total value to paid-in,TVPI)等。

一、现金回报倍数法

现金回报倍数法或许是评估私募股权基金投资业绩时运用最普遍、最直接的方式。这种方法考察的是收回的资金和基金中还有的基金与已投入资金的比率,它的计算方法是,私募股权基金回报价值除以投入基金的资金额,也就是"收入比投资"的比率计算。根据这种估值方法,在相同期限(即在同一年进行募集)的基金之间,可以互相比较。

在实际操作中,因为着眼点的不同,回报倍数的衡量法一般有三类。

(一)已分配价值/实投资金比

实投资金即 LP 实缴资金,为 LP 已承诺资金的一部分,被用于投资、支付管理费和其他与基金相关的支出。已分配价值/实投资金比(distributed value to paid-in ratio,DVPI)也称"投资已实现倍数",是衡量 LP 获得的回报与其投入基金中的资金量的比率。已分配价值包括未投资资金的返还和股票分配,实投资金包括投资资金和支付管理费用。

DPI 可以在投资期间更好地帮助 LP 衡量这项投资,DPI 简单来说就是投入资本的分红倍数。DVPI 通常用于衡量将要结束的基金的业绩,如果一只基金的已承诺资金尚未全部用于投资,DVPI 就很难反映基金的投资业绩情况。

(二)残值/实投资金比

残值/实投资金比(residual value to paid-in ratio,RVPI)被称为"投资为实现倍数",是衡量相对于 LP 投入基金中的资金量,私募股权基金的资产净值,即"未实现所得"。该指标常用于尚未有很多资金回报,处于存续期前期的基金。这种衡量方法很大程度上取决于基金对其被投公司的估值方式,如果基金对被投企业采取保守的记账法,这种衡量方法可能会得出很低的回报倍数,从而产生误导。如果 LP 想看一个 GP 未来的投资潜力,或者手头有更多的钱需要密切关注,可能会更多地依赖 RVPI。

（三）总价值/实投资金比

总价值/实投资金比(total value to paid-in ratio,TVPI)是基金中所有剩余投资的现值加上当期所有投资分配的总价值,与实际投入的资金总额之比,表示所有已缴资本预计可以得到多少回报,也就是 DVPI 和 RVPI 之和。TVPI 类似于一般项目投资中的回收期指标,所不同的是在分子中使用期末价值而不是现金流之和。若在不考虑时间价值的情况下,如果 TVPI 小于 1,则表明投资未能给投资人带来收益;若 TVPI 大于 1,才能给投资人带来收益。其中超过 1 的数值代表投资收益。TVPI 是目前在基金存续期结束前对基金投资业绩相对较好的衡量比率。

二、资本回报倍数法

资本回报倍数法其计算公式为 MOC=(账面退出金额-总投资金额)/总投资金额。MOC 这个指标比较适合用在同期成立的基金的横向比较,看看在同样的时间内,哪个 GP 的资本回报率比较高。但对 LP 来说,还是要放在整个基金层面去考虑。MOC 这一指标的优点是可以一目了然地看到投资成本翻了多少倍,缺点是没有考虑时间成本。MOC 分为两种:已实现回报倍数(realized MOC)和未实现回报倍数(unrealized MOC)。项目没有退出时,MOC 指的都是未实现回报倍数,以及企业当前的公允价值与投资成本的比值。只有当项目成本退出了,投资收益落袋为安了,才是已实现回报倍数。

举个例子,投资了 1 个亿,现在公允价值为 3 个亿,那么 MOC 就是 3。在实操中很容易把这个指标理解为 TVPI 这个指标。

三、内部收益率法

内部收益率法又称财务内部收益率法、内部报酬率法,是用内部收益率来评价项目投资财务效益的方法。内部收益率法是一种重要的资金配置决策工具,它是一种基于现金流分析的投资决策方法。内部收益率法的基本思想是,给出一个资本项目的净现值,并将其与期望的投资回报相比较,如果净现值大于期望的投资回报,则此资本项目可行。简单说就是,IRR 把投资里所有现金流的净现值(包括营收和亏损的现金流)调成零,然后看这一时刻的投资折现率是多少。IRR 是目前被普遍采用的指标,因为它把资金的时间价值糅合进行计算。当 PE 基金的前期只存在负现金流,因为项目并没有退出,为了计算 IRR,往往把投资项目的公允价值作为现金流入。

IRR 衡量 PE 基金绩效的优势在于:首先,IRR 考虑了时间价值,考虑基金整个生命周期的现金流,复利计算,减少了收益的波动。其次,PE 基金的特点是前期现金流出多,后期现金流入多,利用 IRR 则会使收益率趋近于真实收益。最后,计算 IRR 的时期越长,其结果越稳定,这就意味着计算当期的结果和最终的基金收益之间的偏差较小。IRR 法虽然有很多优点,但其计算却比较烦琐,接下来我们就讨论下 IRR 的计算方法。

(一) IRR 的公式算法

在说明 IRR 的计算前需要先对 NPV 进行了解,计算 NPV 时,需要首先给出某一贴现率,通常我们设定为投资者愿意接受的最低回报率;其次是确定每段"现金流"进出的时间点和金额。

例如,有三笔现金(X_1,X_2,X_3)分别在时间 T_1,T_2,T_3 上流入(通常来讲,资金的流入为正,资金的支出为负)。在贴现率为 r 的情况下,计算这些现金流在时间 T_1 的 NPV 的公式为

$$NPV = X_1 + X_2/((1+r)^{(T_2-T_1)}) + X_3/((1+r)^{(T_3-T_1)})$$

IRR 的计算是对这个问题的反向考虑,令 NPV 为 0 计算贴现率 r。在计算 NPV 时,我们是把贴现率 r 当作已知进行计算,在计算 IRR 时,我们是令 NPV 为 0 来计算贴现率 r。

例如,上述公式将会变为

$$0 = X_1 + X_2/((1+r)^{(T_2-T_1)}) + X_3/((1+r)^{(T_3-T_1)})$$

(二) Excel 表格的 IRR 函数计算

第一步:桌面新建 Excel 表格。

第二步:在表格 A1、B1、C1 三个单元格分别填上三个字段:年度,现金流和 IRR,具体如图 8-1 所示。

图　8-1

第三步：填入年度，根据产品投资周期的具体情况来填写。这里我们从第 1 年填到第 10 年，具体如图 8-2 所示。

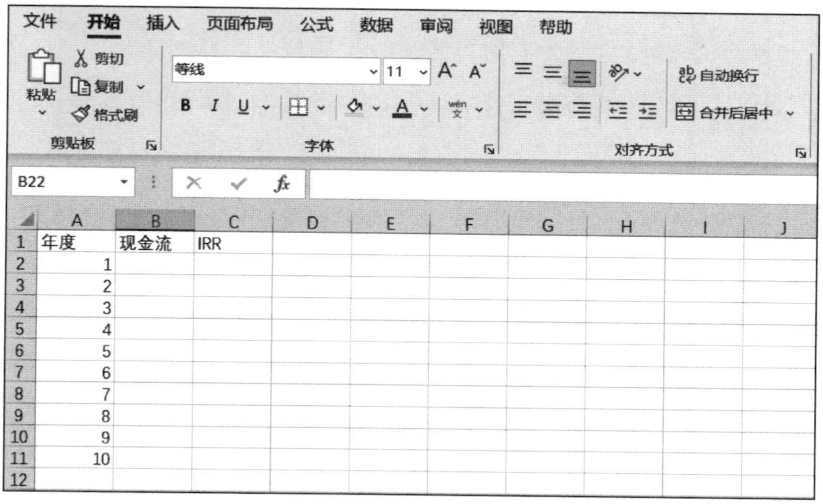

	A	B	C
1	年度	现金流	IRR
2	1		
3	2		
4	3		
5	4		
6	5		
7	6		
8	7		
9	8		
10	9		
11	10		

图 8-2

第四步：填写现金流。若往项目里面投钱，现金流则为负数；反之则为正。这里我们假设前 3 年需投入 10 万元，从第 6 年开始返还 5 万元，最后第 10 年拿到 15 万元，具体如图 8-3 所示。

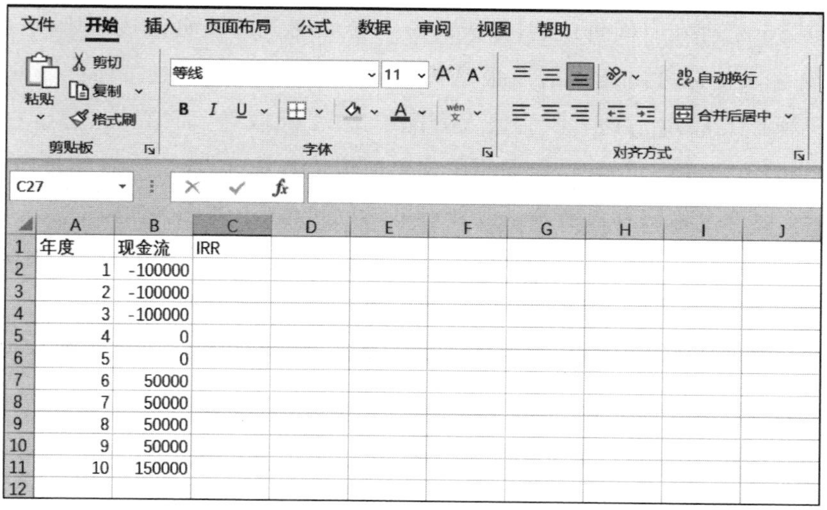

	A	B	C
1	年度	现金流	IRR
2	1	-100000	
3	2	-100000	
4	3	-100000	
5	4	0	
6	5	0	
7	6	50000	
8	7	50000	
9	8	50000	
10	9	50000	
11	10	150000	

图 8-3

第五步：输入 IRR 函数。在英文输入法状态下，单元格内输入＝IRR(B2:B11)，按回车键即可求得，具体如图 8-4 所示。

其中(B2:B11)就是表格内部所有现金流的数据范围，最后的数据如果没有小数点的话，在“开始”菜单的“百分比”下方，调整小数点就可以得出准确的 IRR 的结果了。

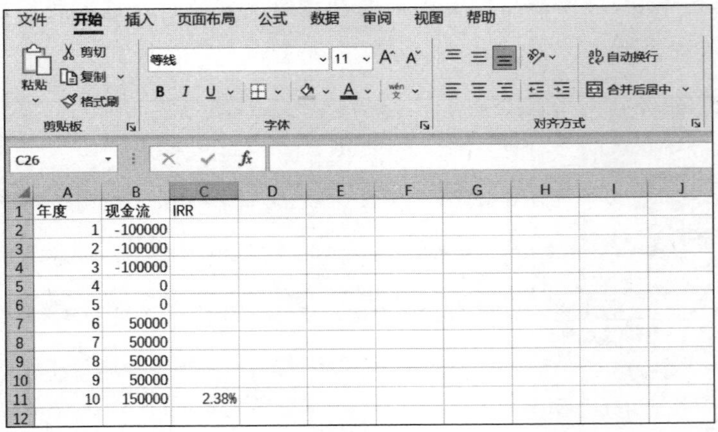

图 8-4

第二节 投资回报的测算问题

一、现金回报倍数法存在的问题

首先,现金回报倍数法存在的最致命的问题就是没有考虑想要进行比较的现金流发生的时间点,即资金是存在时间价值的,今天的资金会比明天的钱更值钱。所以,我们使用现金回报倍数法并不能区分出资本的回报是按时间平均分配的,还是按时间不平均分配的。例如,第一只基金在 10 年后向有限合伙人分配了 10 亿元收益,而第二只基金在 20 年后向有限合伙人分配了 20 亿元收益。如果使用现金回报倍数法计算收益,我们理所当然地会选择第二只基金,但这个做法并没有考虑到资金的时间价值,不考虑 GP 用了多久的时间创造回报。如果我们在第一只基金分配收益之后进行再度投资,有可能会在接下来的 10 年间得到更多的收益。

其次,现金回报倍数法对未分配价值缺乏准确性,主观性太强。若投资企业变化很大,有可能一年后失败,也有可能在一年内快速增长。到资金退出时,实现结果与评估值经常会出现显著差别。DPI 只有在资金到期清算时,所计算的数值才是准确的。

那么如何才能解决现金回报倍数法存在的问题?针对这一问题,私募机构可以在持续披露回报倍数的基础上,提供更多投资相关信息,比如再投资金额、达到某一回报倍数的杠杆比例的大小及投资持续期限。

现金回报倍数法通常只适合在有相同期限(即在同一年进行募集)的基金之间进行比较,从而得出不同项目的优劣。比如,一个基金规模为 5 亿,到第 5 年有项目退出回款 1 亿,则 DPI 为 20%。这个指标的缺陷是对刚成立三四年的基金无法进行准确的业绩评价。因为股权基金期限通常在 7～10 年,在前几年的投资期,企业都在发展阶段,根本无法实现退出,所以 DPI 这个指标基本无法使用。只有到基金退出期,陆续有项目退出了,有现金分配给投资人了,DPI 指标才有参考价值。在无 DPI 指标可供参考时,则可以参考第一节所说的 IRR、MOC 这两个指标来进行衡量,且在评估基金业绩时还需要查看基金的投资组合标的,穿透到底层所投资公司发展情况来评估基金业绩。

二、资本回报倍数法存在的问题

MOC 衡量的是资本回报率,在实操中很容易把这个指标理解为 TVPI 这个指标。比如,我们现在经常看到在一些基金募资说明书里面会披露过往历史业绩是多少倍。这个数字如果没有特别标注,那大概率是指已投出金额的回报倍数。例如,某基金规模为 10 亿,投出去 5 亿,现在账面回报 2 倍,那这个 2 倍是基于 5 亿投资成本来算的,而不是客户以为的 10 亿的基金规模来算。这个数字有时会很容易让人产生误解,比如某基金成立了 2 年还在募资,但在 2 年时间内投了几个项目,发展也很好,按投资成本算,账面是 1.5 倍,然后会跟 LP 说没有罚息,原价进入,还和之前 LP 享受一样的项目收益。这里要说明一下,表面上你是享受了这 60% 账面浮盈,但其实并没有,因为这个基金还在募资,已投部分资本占基金规模实际上还很低,比如只有 50%,后面还有 50% 的钱没有投出去。所以客户实际上占的是 2 年时间的便宜,在浮盈上其实并没有实际拿到手的好处。

MOC 存在的问题也是没有考虑投资变现的时间价值,不考虑 GP 用了多久的时间创造回报。因为这个缺点,很多人并不喜欢看 MOC,但是很多有钱人喜欢这个指标。因为他们往往想的是:如果我给一个 GP 几百万,他最好能赚多少钱？时间长短并不重要,我也并不着急使用,重要的是可以少赚些,但不能赔太多钱。

MOC 是一个静态指标,应该结合 IRR 指标来使用,这样才可以更好地衡量投资回报水平。在业界中,大多数也是这样做的,所以有很多 MOC 和 IRR 的速查表供使用,根据MOC 和投资时间可以很方便地查出 IRR。

三、内部收益率法存在的问题

IRR 能够把项目寿命期内的收益和投资总额联系起来,计算得出项目的收益率,便于将其和行业基准投资收益率对比,确定这个项目是否值得投资。IRR 指标虽然在股权行业中被广泛应用,但在学术界,其实用性仍存在争议。

首先,IRR 不体现风险因素。一项投资可能产生了惊人的 IRR,但它的风险也可能高得惊人。如果两项资产之间的预期 IRR 差不多,但风险大不相同,大多数人会选择较低的IRR,因为风险也会低得多,比如投资房地产和科创项目。其次,最好在投资完成后计算IRR。预计 IRR 只是 GP 的猜测,即使投资已经进行了一半,IRR 还是可能误导 LP。最后,

IRR 的计算对现金流的时间非常敏感。例如,两只投资期均为 10 年的私募股权基金回报倍数可能会相同,但会产生不同的 IRR。分配现金较早的基金,IRR 值较大。又比如,一些快进快出的项目 IRR 可能超过 200%,但实际回报倍数不到两倍。GP 在新基金募集时经常用 IRR 作为历史业绩的衡量指标,而 IRR 对现金流收入分配时间的敏感性,促使 GP 通过即时现金管理来提高 IRR,如较早退出早期投资项目,并对退出资金进行再投资。

IRR 并不是一把完美的量尺,它往往会使 LP 的短视,伤害长期投资。私募股权基金前期 IRR 存在较大误导性。在计算的过程中,短期的小项目 IRR,相对比率较高,但其绝对收益并不多;长期的高投资项目因为投资周期长,前期投入大,计算出 IRR 往往偏低。在衡量私募股权基金投资回报时,LP 应该同时评估 IRR 和回报倍数。在基金成立初期的几年,IRR 波动范围比较大,现金回报倍数可能更具有参考价值。但由于 IRR 相对现金回报倍数法来说,包含了资金的时间价值,因此也能更全面地反映 LP 所得的回报。

上述三种方法都有自己的优势和不足,除了上述三种方法之外,可用于评估私募股权基金业绩的其他方式还包括净现值法。这种方法在实际应用中存在一定困难。一方面,净现值的计算要求假设资金成本,而每个私募投资人资金成本的大小又是不同的。从某种层面上,可以使用基金的最低资本收益率作为固定折现率,如果不同的基金采用相同的最低资本收益率,就可以进行行业业绩比较。另一方面,NPV 是有规模依赖性的,因而对于不同规模的基金也不能直接使用此方法。

--- **即测即练** ---

第九章

股权投资公司的治理

第一节　股权投资公司的组织形式

传统理论上私募股权投资基金最常见的组织形式有契约型、公司型和有限合伙型三种。不同的组织形式之间税收、政策等方面也存在差异，各有自己的优缺点。在美国等私募股权基金发展较长时间的国家中，目前新建立的私募股权基金多按照有限合伙制进行组织模式的建立。私募投资基金在我国境内发展的 20 余年以来，受限于境内政策环境和立法传统，在私募股权投资领域，一直是公司型和有限合伙型基金占据绝对的数量比例，尤其是 2006 年《合伙企业法》的修订正式确立有限合伙企业制度以来，有限合伙型基金因其较低的税负和较灵活的管理模式受到了市场的青睐。但 2014 年国务院发布了《国务院关于清理规范税收等优惠政策的通知》，过往各个地方政府给予有限合伙企业的税收优惠幅度越来越小，契约型基金这一在证券投资基金领域发展得较为成熟的组织形式，也因为《私募投资基金监督管理暂行办法》的正名，开始被广大私募股权投资基金管理人所接受。接下来就介绍这三种不同的组织形式运行的特点及其优势和劣势。

一、契约型

契约型基金又称单位信托基金，指专门的基金管理公司作为委托人通过受托人（投资人）签订"信托契约"的形式发行受益凭证——"基金单位持有证"来募集社会上的闲散资金，用以从事投资活动的金融产品。契约型基金的主要法律关系是信托关系，即指委托人基于对受托人的信任，将其财产权委托给受托人，由受托人按委托人的意愿以自己的名义，为受益人的利益或者特定目的，进行管理或者处分的行为（《中华人民共和国信托法》第 2 条）。《私募投资基金监督管理暂行办法》明确规定私募投资基金可以以契约型设立，为未来设立契约型的私募股权投资基金提供了法律基础，但契约型的私募股权投资基金目前仍存在工商登记困难和税收政策不明确的法律风险。

契约型基金运作特点：投资人签订基金管理人拟定的基金合同来设立的投资基金，合同通常有信托、资管计划、私募股权基金等几种方式。契约型基金是一种代理投资,是一种信托关系。投资人作为基金的受益者,一般不参与管理决策。契约型基金不具有独立的法律资格,对外投资通常以基金管理人的名义进行,工商登记只能将股权登记在管理人名下。因此,契约型基金可能导致基金财产作为基金管理人财产,风险隔离能力较弱。市场上为回避这一劣势,在投资非上市股权时,通常用有限合伙企业做对外投资人,契约型基金作为LP方式存在。

在信托关系中,委托人与受托人之间有《信托合同》,委托人与投资顾问之间有《投资顾问合同》,受托人与基金保管人之间有《资金保管合同》,受托人与被投资企业之间有《股权转让合同》或《增资合同》。契约型基金主要有以下特点。

(一)连带责任承担

契约型基金不具备独立的法律实体,无法以基金的名义进行借贷或为他人提供担保。作为受托人,基金管理人可以自己的名义申请过桥贷款或为被投资企业进行担保。如果基金出现资不抵债的问题,投资人按照法律规定只以出资为限承担投资损失,而基金管理人若没有过失,也不对负债承担任何责任。

(二)委托—代理风险

契约型基金存在双重委托—代理风险:一是投资人与受托人之间,私募股权基金进行信托,信托公司不得披露委托人的身份,因此,这样投资人会无法确认信托关系中财产所有权的转移和确认。二是信托与投资顾问之间,投资顾问是信托公司的委托人,而不是投资人的委托人,他们对投资人的诚信和义务缺乏相应的约束。

(三)投资运作效率

契约型基金中投资人对受托人的投资决策行为会缺乏充分的权力来进行监督,基金管理人权力过于集中,易于导致决策失误。基金由受托人发起,如果受托人没有重大过失或违法违约行为,投资人一般不能通过投票方式解任受托人,投资人在契约型基金中往往处于被动地位,投资人与受托人不能形成良性沟通,这也会导致投资运行效率比较低。

(四)运行成本

契约型基金主要借助契约关系将各方联系在一起,有法律地位却无公司实体,可以有效地降低基金的运行成本。例如,可以免除大量的独占性不动产的投入,减少交易与运营成本;减少设立有关投资决策、审查以及监督等方面的制度安排,相应地降低制度成本。

(五)税收

对于私募股权投资基金来说,主要有两个税种:一是所得税,包括企业所得税和个人所得税;二是增值税,即原来的营业税。契约型基金并未形成法律实体,因此不适用于《中华人民共和国企业所得税法》，基金本身也不是纳税义务主体，同样不存在纳税问题。基金进行对外投资时，以管理人的名义进行，实质是由基金进行投资，投资取得的投资收益，管理人也无须承担纳税义务。因此，契约型基金的收益可以有效地避免双重税负。

二、公司型

公司型包括有限责任公司和股份有限公司两种形式，对于私募股权投资基金主要是采用有限责任制，投资人作为股东直接参与投资，以其出资额为限，对公司债务承担有限责任。对于基金管理人的选取，通常是由股东大会选出董事、监事，再由董事、监事投票委托专门的投资管理公司作为基金管理人。

公司型基金运作特点：通常以有限责任公司方式发起设立，基金运作与一般有限责任公司的治理机构相似。投资决策权力主要在董事会层面，投资者通过购买基金份额，成为公司股东，享有参与管理、收益分配等股东权利。基金的重大事项依据章程规定的董事会或股东会决策过程。公司型基金存在双重征税的弊端，项目决策效率不高，对团队的激励方面也相对欠缺。

公司型基金主要有以下特点。

（一）有限责任

公司型基金所有的出资人以其出资金额为限对其债务承担有限责任，并可以在股东大会中参与公司的重大决策。基金管理人必须对公司履行"诚信、善管"义务，否则就会受到相应处罚。

（二）委托—代理风险

公司型基金相较于契约型基金有着比较完善的法人治理机制，可以防范基金管理人的权力过于集中。公司型基金可能会存在大股东一家独大所形成的委托—代理风险，不过，这可以通过实行独立董事制度来避免，可由占据董事会大多数的独立董事来防范大股东独自操纵公司的运作。

（三）投资决策效率

现代公司的治理结构遵循决策权、执行权和监督权相互分离且制衡的原则，这有利于提高投资决策效率，但实际上，由于私募股权投资适合以投资经理为核心圈的扁平型管理模式，多重机构的制衡会造成决策效率的降低。

（四）制度成本

公司是较为规范的体系，所以不可避免地会产生多重制度，如股东大会、董事会、监事会,这些都会给公司的运作带来较大的制度成本。对于一些原本不需要安排太多制度的组织来说,公司型基金的制度优势反而是一种累赘。

(五)税负

公司在法律上是独立的法人个体,所以,公司型基金存在双重税负的问题。公司型基金需要缴纳公司所得税,将收益分配给投资人之后,投资人需要缴纳个人所得税,公司型基金所承担的税负成本较高。

三、有限合伙型

有限合伙型基金,其执行事务合伙人为普通合伙人,GP负责合伙事务并对基金承担无限责任。在基金管理方式上,GP可以自任为基金管理人,也可以另行委托专业的私募股权基金管理机构作为管理人。有限合伙通常有固定的存续期间(一般为10年),到期后,除全体投资人一致同意延长期限外,合伙企业必须清算,并将获利分配给投资人。有限合伙人在将资金交给GP后,除了在合同上所订立的条件外,完全无法干涉GP的行为,GP享有充分的管理权。目前,国内实行有限合伙型的比较多,有限合伙型的基金管理人需要对企业的负债承担无限连带责任,这也使有限合伙型基金形成了稳健、厌恶风险的投资风格。

有限合伙型基金主要有以下特点。

(一)当事人责任承担

LP享受有限责任的保护,但不能参与合伙企业的日常管理;GP对基金债务承担连带责任,消除了有限合伙人承担连带责任的顾虑。

(二)委托—代理风险

为了避免委托—代理风险,有限合伙一般通过业绩报酬对普通合伙人建立起鼓励机制,通过合伙协议事先约束普通合伙人可能会产生的道德问题。尽管合伙人之间的协议越来越完善,但仍无法包罗运作过程中所出现的意外情况,这使得委托—代理问题的解决具有一定的局限性。

(三)投资决策效率

有限合伙型基金与公司型基金相同,基金的所有权与经营权实现了分离,这可以使资金优势和专业优势有效地结合起来。有限合伙型的管理者组建投资决策委员会,可以独立地对重大事项作出决策,而有限合伙人仅能通过顾问委员会发表意见。

（四）制度成本

有限合伙型基金只涉及签订合伙协议的成本和管理成本,但投资者较难评估未来运作过程中的诸多不确定性,仅签订合伙协议的成本并不低。一旦合伙企业发生亏损,有限合伙人须以其出资承担损失,而普通合伙人要对合伙企业债务承担无限连带责任。

（五）税收

有限合伙型基金不具备法人资格,不属于纳税主体,但合伙人个人所取得的收益需要缴纳个人所得税。

四、契约型基金、公司型基金和有限合伙型基金的优势与劣势

契约型如上述所说是基于合同关系而不具备法律实体,可以有效地避免双重税负。契约型在私募证券投资基金领域的应用更为普遍,而在私募股权投资基金领域的数量目前较少。这主要是因为契约型没有独立的法律主体地位,无法作为未上市或未挂牌公司股东以及合伙企业合伙人进行工商登记,不被上市公司监管部门所承认,故而参与一级市场股权投资较少。而且这种形式的组织在投资标的 IPO 退出时会遭遇障碍,中国证监会要求在IPO 过程中须清理拟上市公司的信托股东,原因是此类股东的存在会导致拟上市公司股权不清晰。不过自 2022 年 3 月开始,深圳市已经率先开展契约型私募股权基金投资企业商事登记试点工作。如基石资本、深创投旗下两只契约型私募股权基金已经顺利完成商事登记,成为全国首批参与"实名登记"的契约型私募股权基金,我们也期待未来能够出台适用全国范围的相关规定。如果法律主体地位的问题得以解决,那么契约型私募股权投资基金将体现出独特的优势。

公司型的私募股权投资基金最大问题在于为投资者增加了税收负担,这也是当前备案主体以有限合伙企业居多的原因。另外,对于基金管理人来说,公司型基金有一大劣势,即其可以作为受托投资顾问的方式控制公司的管理权,但公司的最高权力机构为股东会,作为基金份额持有人的股东仍能够左右决策,从而对管理人的决策造成影响,不利于基金进行有效的投资决策。公司型私募股权投资基金的优点在某些方面亦显而易见,尤其对国有企业及上市公司这些特殊主体而言,可以避免《合伙企业法》第 3 条关于合伙企业普通合伙人主体资格的限制。同时对于大型民营企业来说,公司型的组织形式也非常值得考虑,因为大型企业通常将作为基金的控股股东,甚至持有其全部股权,有利于大型企业依据自己的需要对其他企业进行融资或者并购,而不受到外界干涉;在决策制定上完全依据企业自身的决策制定程序;在税收上和母公司的税收无异。

有限合伙型的私募股权投资基金的整体优势较强,我国大部分私募股权基金采用有限合伙型的组织形式。一方面,它实现了所有权和管理权一定程度的分离。LP 具有资金优

势但可能缺乏专业的投资知识及运营经验等,能保证基金的规模。而管理人虽欠缺资金,但是具有专业能力和项目资源,能够最大限度有效行使管理权。另一方面,有限合伙型基金具有有效的激励机制和约束机制,能够确保基金有效运作实现利益最大化。GP 作为基金管理人,位于利益分配的最末端,只有利用其专业能力赚取超额预期利润才可以提取管理费之外较高的管理分红,但同时 GP 也对基金进行了少量的出资,也需要对投资的失败承担无限连带责任。因此,这种安排能够有效避免管理人为了追求高额利润而作出过于冒险激进的投资决策,防范道德风险。此外,由于合伙企业不具有法人资格,不属于纳税主体,对于基金取得收益仅在合伙人层面纳税,因此该种组织形式可避免双重纳税的问题。而有限合伙制私募股权投资基金的缺点在于,其所提供给投资者的权利相比公司制基金弱化了许多,经营管理权给到 GP 后,LP 无法对合伙企业的投资事务进行决策,仅能行使《合伙企业法》规定的相关监督权和其他合伙人权利。

第二节　股权投资公司的经营模式

从私募股权基金运作的整体流程来看,私募股权基金运作分为募集资金、投资项目、投后管理、项目退出四个环节,简称"募、投、管、退"。

募集资金指私募基金的管理人向特定的人群,以不公开的方式进行路演并达成合作意向,私募基金的资金来源有多种,公司的投资人包括高净值人群、机构投资者、政府引导基金、上市公司、家族企业等。

投资项目指 PE/VC 机构通过行业研究梳理投资逻辑,从中介机构、经纪人、自身储备的资源等渠道获取潜在项目信息,挖掘具有成长空间的投资标的,基于研究分析,通过多轮次的谈判及详细系统的尽职调查,选择投资标的,确定项目估值、投资比例、投资方式、对赌条款、保护性条款等,基于上述条款与企业签订投资协议,以股权投资形式投资于目标企业。

投后管理指投资机构在完成对企业的投资后,为了控制和降低投资风险,实现投资增值、保值而进行的一系列活动。投后管理中,一方面需要不断地向被投企业提供各类型增值服务,提升企业价值;另一方面需要对项目具体情况进行分析,以便确定退出渠道及时机。在实际操作中,一个项目选择继续持有还是择机退出,受到多方面因素影响,如项目是否达到预期收益率、股权受让方意愿、基金存续期、IPO 市场政策等。

项目退出指等待项目相对成熟后,在利益最大化的前提下,将前期入股通过 IPO、收并购、新三板挂牌转让、管理层回购等方式实现退出,基金从中获取投资收益后,由基金管理人和投资者按照约定的方式进行收益分配。

投后管理是股权基金投资项目"募、投、管、退"四项管理环节中最为重要的,指的是为了降低股权基金投资项目投资风险采取的一系列措施和活动,以此来推动被投资企业实现增值,从而提高股权基金投资项目投资经济效益。高质量、高效率的投后管理在主动减少和尽量消除投资风险的同时,还有利于股权基金投资项目的后续发展,为投资对象退出股权基金投资项目提供了便利条件,从而实现成功退出,避免投资对象面临更大的经济损失。

为了使投后管理更好地赋能被投企业的发展,不同类型的私募股权投资机构有着不同的投后管理的经营模式。目前,国内外的经营模式主要有投资团队负责模式、投后团队负责模式、投资+投后团队负责模式和外部承包模式。

一、投资团队负责模式

投资团队负责模式也称投前投后一体化模式,是指由项目投资经理既负责前期筛选标的、行业分析和尽调,也负责投资完成后进行跟踪管理,中小私募股权投资机构多采取此类投后管理模式,也存在PE巨头因从业人员较为优秀,同时具备行业、法律、财务、企业运营多方面的能力,由投资团队全权负责整个项目,如黑石集团,其投后管理策略体现了由公司治理到业务扩张再到资本运作的完美增值服务流程,从"投"到"管"的一体化高超运作背后是其长期价值投资的逻辑。这种模式的优势在于可以控制成本,投资团队对于被投企业了解全面,由投资团队全程负责,可以不断地对被投企业存在的问题加以改进;同时项目与项目负责人的绩效直接挂钩,对投资团队能够起到较强的激励作用。但其缺点也显而易见,首先,该投资团队所负责的项目数量增加后,投资团队难以做到对每个项目都进行深度挖掘,投后管理工作难以提供更加深入的建议和支持;其次,对于项目负责人的专业程度要求较高,这是因为项目负责人需要同时掌握法律、财务、企业管理、行业管理等知识和技能,这样才能够满足股权投资基金项目对于投后管理的需求,并且受到项目负责人经验和精力的限制,难以为被投资企业提供增值服务。

二、投后团队负责模式

投后团队负责模式也称专门化投后管理模式,是指有专门的投后管理队伍,负责对接沟通、定期监督、制订方案等,这种模式强调的是专业化分工,使投后管理更加全面、高效。投后团队负责模式的优势在于投后团队可以独立并持续地专注于帮助企业在运营过程中解决各类管理问题,提升企业价值。专门化投后管理模式适合应用在大型股权投资机构中,这是因为大型股权投资机构由于实际业务量较大,普遍设置了专门的投后管理部门,与整体管理模式相比,独立管理模式更有利于确保投后管理专业程度。目前,国内领先的私募投资机构如九鼎投资、中信产业基金、信中利等多家机构都已组建专业的投后管理团队。

投后团队负责制的典型为IDG资本,其推出了"term sheet"以约定投资及投后管理关键事项,包括投资额、股权比例、董事会席位等八项关键条款,为项目从投资团队移交到投后团队实现了良好的过渡。IDG内部建立了专门的投后管理团队,投后团队以项目运行方式分工,各司其职,如人力服务、外部资源对接、公关活动、内控建设等。投后管理活动在运行中,投后管理人员会与被投企业建立联系,组建项目小组,定期讨论企业存在的问题及需求,经过多方的反馈,判断企业的短板,确定 IDG 能够为企业提供的服务。随后,投后管理部门会利用 IDG 的相关资源,帮助企业解决困难。以人力资本服务为例,IDG 资本的投后团队辅助 IDG 的数百个被投企业进行招聘工作。一方面,IDG 可以集合被投资企业的需求,向猎头公司以更低的价格集中采购;另一方面,IDG 内部也建立了自己的核心人才数据库,为企业的人才遴选提供支持。

投后团队负责模式的缺点是:①投后团队需要与企业有一定的磨合期,所花费的时间成本较高,投后团队需要对企业的经营环境、财务状况熟悉后才能进行有效的工作;②该种模式存在绩效评估模糊的问题,因为被投资企业业绩的提升难以被确定是投资团队选择的问题还是投后团队的问题;③这种模式需要投后管理人员与项目负责人和前期投资人员进行沟通,这会增加投后管理的时间成本。

三、投资＋投后团队负责模式

投资＋投后团队负责制是投资团队和投后团队共同负责的模式,既利用投资人员对于项目的熟悉,又弥补投资人员在时间及投后专业能力上的缺陷。这种模式由投资团队负责与被投企业进行对接,收集企业的运营和财务信息,由投后团队帮助企业赋能,有利于发挥机构的整体优势。在 PE 巨头中,TPG(德太资本)采用了投资＋投后团队负责制,具体体现为"运营团队＋专家库"的模式。在 TPG 的内部结构中,设立一个专门负责给被投企业提供增值服务的运营团队。此外,还有一个集合了各类型专家的专家库,指向性地为企业提供运营建议和实践指导。TPG 通过同时利用内部投后人员及"外部大脑",一方面保证对企业的日常监控,另一方面将内部投后团队的短板交由外部专家负责,监控、增值两不误。

投资机构将前期投资人员纳入投后管理团队中,并且专门建立为被投资企业提供增值服务的团队,负责完成一应投后跟进和管理工作及增值服务工作,如果遇到无法解决的投后管理问题,还需要聘请行业专家或咨询机构建立专家队伍,形成"投资管理＋投后管理＋专家管理"三位一体的投后管理模式。投前＋投后团队负责模式适合应用在大部分股权投资机构中,这是因为此模式的应用较为灵活,但是由于管理团队担任的是双重职责,因此,难以对投资管理阶段和投后管理阶段工作绩效的准确量化及评价。

四、外部承包模式

随着投资行业的多元化,不同行业的企业面临不同类型的战略、业务和管理问题,逐渐探索出外部承包模式,将投后管理剥离出私募股权投资公司,或者将投后管理直接外包给专门的咨询公司,从而形成新的合作模式。外部承包模式在一定程度上解决了投后团队绩效划分不明确的问题,也解决了投资团队人手不够和专业化程度不够的问题。外部承包模式的缺点是成本较大。

由此可见,不同股权投资基金项目投后管理模式的应用特点不同,投资机构需要结合项目类型、项目实际情况、增值服务需求、投资规模、投资目标、管理成本等诸多因素选择合理的投后管理模式。

投后管理的四种模式对比如表 9-1 所示。

表 9-1　投后管理的四种模式对比

投后管理模式	优　势	劣　势
投资团队负责模式	投资团队对项目充分了解,更有针对性地对投资项目进行持续跟踪和改进;项目与绩效直接挂钩,激励投资团队的投后管理工作	管理项目数量快速增长,而投后工作停留在基础的回访和财报收集上,想要为被投资项目提供深入的建议和有效的投后管理难以实现
投后团队负责模式	投后团队能独立并持续地专注于帮助被投资企业在运营过程中解决各类管理问题,提升企业价值	随着被投资企业价值的提升,面临着绩效评估的界定问题,难以区分价值提升的归功问题
投资＋投后团队负责模式	一定程度上解决了人手和专业度的问题,也考虑到了投后团队与投资团队绩效考核冲突的问题	增加私募股权投资公司人力成本,若项目效益不佳,私募公司的经营压力增大
外部承包模式	投资团队能专心于投资板块,深挖被投资企业的价值	对前期投资环节、投资逻辑理解需要时间,不能及时了解被投资企业全貌,短期内增加私募股权投资公司时间成本与人力成本

五、投后管理的主要内容

开展投后管理的目的在于:一是通过日常监控实时跟踪被投资企业经营情况,及时发表管理意见,保障资金安全,促进企业发展;二是利用投资方自身渠道,整合资源,帮助被投资企业做大、做强;三是发挥资本市场管理运作能力,提升被投资企业成功上市的可能性,从而使投资方实现更好的退出管理。三块内容归结起来就是日常监控管理、例外事项管理、增值服务管理及退出管理。

(一)日常监控管理

私募股权投资公司有权利参与到被投资企业经营管理,既是为了监督被投资企业正确决策,也是保护自身利益,最大限度地防止被投资企业损害股东利益。

投后管理人员实现日常监控管理一般通过以下四种途径。

(1)保持定期联系,关注财务指标。保持日常联络和沟通工作,如与被投资企业管理人员微信电话、实体考察等,定期联系获取财务、业务、经营、人员等信息,以便对被投资企业提供有针对性的辅导。

（2）派驻董监高代表，参与三会审批。采取委派董监高代表形式，参加审议相关议案，借以获取与被投资企业发展相关的重要信息。

（3）定期进行项目复盘，掌控整体运行状况。对投资项目进行风险评估，分析研判，制订专项方案，发挥监控作用。

（4）紧盯所投资金去向，确保款项专款专用。关注每笔投资款项与每个被投资企业申请融资的用途是否一致，落实及监控资金使用情况，发挥资金使用效益，避免资金出逃或用于非指定用途。

（二）例外事项管理

被投资企业若出现重大、突发、非常规事件，投后管理相关人员应快速收集信息，提交投资机构内部具有决策权的机构，作出应对措施。一般来说，企业出现例外事项的概率较低，一旦出现，则可能引起较为严重的后果，直接影响投资回报，例外事项的管理应单独设立相应的机制，以实现快速响应。

（三）增值服务管理

增值服务是指投资人向被投资企业提供的一系列咨询服务，主要包括人力资源、市场拓展、技术研发、财务管理、公司治理、内部运营、战略规划、对接外部资源、后续融资等方面。从大类上，增值服务可以分为公司治理、业务发展及资本运作三方面，在企业发展的不同阶段，增值服务的重心亦有所区别，不同阶段辅以不同类型的增值服务，层层递进，最终实现企业增值。

1. 公司治理

投资机构能够帮助被投资企业完善公司治理，提升企业内部运行效率，主要从以下几方面入手。

（1）提供人力资本支持，帮助企业搭建合理的管理团队。被投资企业初期人员一般以技术型人才为主，投资机构可以帮助企业引荐、招募管理人才，特别是董事会秘书、财务总监、人力总监等关键岗位。

（2）改善公司组织架构，梳理公司治理机制。合理的内部治理结构是企业持续稳定发展的基石，早期企业一般会疏于此类设计。投资机构的介入，可以帮助企业快速规范。同时，很多投资机构在投资时要求被投资企业开放部分董事会席位，这也有助于吸收外部意见，完善公司的治理结构。

（3）提高财务、内部运营等管理规范。被投资企业早期一般难以做到内部制度的体系化，在体量较小的时期可能不会暴露问题，随着企业体量的扩大，许多内部管理上的弊病将快速暴露，成为影响企业健康发展的因素。投资机构一般拥有大量的企业实际案例，可以帮助被投资企业在前期逐步实现内部制度的体系化，为后期的快速成长打好基础。

2．业务发展

投资机构一般与社会各界有着广泛的联系，储备了大量的资源，特别是专注于某一行业的投资者，往往在这一行业的上、中、下游均有所布局。投资机构可以利用自身的社会资源，帮助被投资企业进行业务开发及市场营销。同时，投资机构也可以借助股东背景和已有关系网络，向被投资企业引荐合作伙伴，帮助企业进行生产、销售和售后服务。投资机构助力企业业务发展主要从以下几方面入手。

（1）帮助制定战略。投资机构的投资决策一般会基于深入的行业研究，其对行业的发展潜力、市场变化的趋势都有较为深刻的理解，扎实的行业研究能够为企业制定公司发展战略、产品开发策略和营销计划等方面提供有力的支撑。

（2）供应商等外部资源导入。投后团队可利用关系网为被投资企业寻找合适的供应商、客户等资源，延展上下游产业链。

（3）帮助开拓市场。被投资企业对市场营销缺乏了解，投后团队可以利用自身实力建立销售渠道等。

（4）利用投资机构的品牌，提升被投资企业的知名度。一般来说，优秀的投资机构都有一个自己的标的筛选体系，能够通过层层考验，成功入得投资机构的法眼，也从侧面说明了企业本身较为优质，具备亮点和未来成长的空间。投资机构的投资，亦是对被投资企业的品牌背书，有利于提升被投企业的知名度。

3．资本运作

长期在资本市场中打拼的投资机构，具备丰富的资本运作经验，而企业一般人才为技术人才或运营人才，很多对于资本市场不甚了解，企业的做大、做强，往往离不开与资本市场的对接，投资机构增值服务中非常重要的一块即为企业发展提供资本运作服务。投资机构助力企业资本运作主要体现在以下几方面。

（1）帮助企业募集后续资金。企业在高速发展的过程中，即使具备很好的内部造血功能，为了扩大规模、提升竞争优势，往往也需要持续的资金投入。而先进入的投资机构会在后续的融资中扮演重要的角色，通过前一阶段的机构投资，为后续轮次的投资提供了示范效应；同时，投资机构一般拥有丰富的行业资源，可以帮助企业寻找到优质的资金方。

（2）帮助企业走向资本市场。投资机构同券商、律师事务所、会计师事务所等中介机构保持密切的联系，能够向企业推荐、选择上市必备的中介机构，协助企业实施上市方案。作为投资人代表，在上市前的中介机构协调会中，投资机构也将成为企业及中介机构之间的沟通桥梁。在企业上市的过程中，会遇到方方面面的问题，如业务问题、法律问题、财务问题、内部规范问题等，投资机构凭借丰富的经验和广泛的人脉，能够帮助企业解决上市过程中的种种问题，提高成功上市的概率。

（3）帮助企业进行行业整合。基于对行业、产业链的深刻认识，借助在产业链上的诸多资源，投资机构可以通过策划上下游并购、境内外收购等资本运作，帮助企业进行高效的行业整合。

增值服务的三大内容在实施路径上存在一定的先后顺序。首先,投资机构通过优化股权、提供人力资源服务等方式完善企业内部治理,打好内部基础;其次,通过对接外部资源,帮助企业拓宽业务渠道;最后,在企业具备一定规模、内部清晰规范后,借助资本力量,谋求更大的发展和突破。

(四) 退出管理

退出管理是指私募股权基金在投资一定期限后收回投资回报的方式选择,一般有 IPO 退出、并购退出、股权转让、新三板等正常退出方式和非正常退出方式。其中,IPO 退出是私募股权基金实现最大收益的方式。

(1) 正常退出。若被投资企业通过 IPO、并购等方式上市,则配合整理相关材料,推荐券商等中介机构,待被投资企业挂牌上市后,跟踪二级市场行情,执行减持计划;若被投资企业需要股权转让,则联系同行,寻找买家;若被投资企业选择回购,则需要与大股东或实际控制人沟通,涉及诉讼时聘请律师等。

(2) 非正常退出。除被投资企业正常退出情况外的统称为非正常退出,主要情形发生于被投资企业日常管理失控或造假、未完成承诺业绩约定、被国家政策禁止或约束被投资企业发展等。若被投资企业需要清算,则组建跟进破产清算组、聘请律师审议清算相关议案等。

六、私募股权投后管理的重要性

(一) 保障投资安全

投资机构通过参与董事会、监事会,同高级管理人员保持密切沟通,降低信息不对称性,用更强和更专业的能力监督管理公司的日常经营。通过对被投资企业的监管,保证企业业务的正常开展,不存在向体外输送利益的行为,通过对财务数据的监控,保证企业财务健康,不存在因现金流短缺导致的夭折,以此确保投资安全,从而保证私募股权基金的整体收益相对稳定。

(二) 实现投资效益最大化

对于私募股权投资基金来说,投资协议的签订、交易的完成只是整个投资过程的第一步,后期要实现基金的盈利,重要的是如何将投资的效益最大化。

传统意义上,金融资本和产业之间是一种资金的供给者与需求者的关系,PE 机构的出现打破了这样的关系,投资机构可以通过控制与改造的互动形式,实现投资资本的最大增值,而"控制"与"改造"的核心又基于 PE 机构能够提供何种投后管理服务。

（三）检验投资逻辑

投前和投后并不是完全割裂的环节，两者之间存在诸多互动。投前工作到位，将大多数风险和约定以投资条款形式锁定，帮助投后人员明确权利、义务，方便开展投后业务。同时，投后人员经过长期的跟踪及回访，可以验证最初的投资逻辑，通过与投前人员的充分沟通，不断地为未来投资总结经验，在未来遇到类似项目时，可以规避雷区，提高投资决策效率。在基金投资决策中，很容易随着某一概念的爆发，大量资金涌入同类型项目，此时投后管理部门需要注意是否已有较多同质化的项目，将情况及时反馈至投前人员，未来在关注同类别项目时，要相对提高门槛或是寻求具有差异化的项目，最终实现把控每个领域的项目占比和项目质量。

（四）提升投资机构品牌价值

能够提供高质量、全方位的投后管理，意味着 PE/VC 机构能够向被投资企业提供更多的附加资源和附加服务，不仅仅是 PE/VC 机构实力的重要参考指标，也是被投资企业在选择投资方时的评判标准之一。专业化、系统化的投后管理体系，成为 PE/VC 机构品牌的彰显。在项目开发端，优质的投后管理有助于提高投资机构对项目的吸引力，更易获得投资机会；在项目退出端，长期、深入的投后管理有助于被投资企业稳健成长、持续增值、不断扩大竞争优势，这不仅是投资机构对投资安全的保障，也能通过企业的成长，分享更多的红利，提升投资机构的收益水平。

七、私募股权投后管理的发展趋势

在私募股权基金的盲目扩张时期，整个投资阶段主要分为募、投、退三阶段，随着行业的成熟和沉淀，"管"的重要性逐步凸显，目前已基本形成募、投、管、退的四阶段模式，机构声誉、行研能力、资源整合、管理团队等因素都成为检验私募股权基金实力的重要内容。

境外 PE 机构的投后管理模式也历经了从内到外、从简单到复杂的发展阶段，而推动投后管理模式更新升级的因素，也使 PE 自身规模扩大、机制不断完善协同。从早期抱着"赚快钱"心态，大量缺乏投资经验的 PE 投资者涌入，到后来因忽视投后管理被市场淘汰，再到一些优秀的 PE 巨头因其精细化的投后管理服务、创新化的多样增值服务最终实现了长期高额回报，投后管理的重要性日益凸显，逐步成为股权投资机构的核心竞争力。

总体来说，目前境内私募股权投资行业的投后管理模式仍以投资团队负责制为主，这同投资机构发展初期资金紧张、项目集中、人员配备不足等因素紧密相关。随着 PE/VC 规模的不断扩大，在投资人关系管理、投后管理服务、项目退出安排、协调上市服务中介机构等方面的事务日益增多，单凭投资经理的个人能力难以全面覆盖，成立专业化的投后管理团队成为必需。

从投后管理的工作重心和工作方式来看,早年的投后管理主要帮助被投资企业解决基础性问题,并不会太多介入企业的经营管理和资本运作,以日常监控为主。在投后管理的深化阶段,投资机构会更加积极主动,帮助企业引进外部资源,提供人力、财务、公司治理、公司战略、企业运营等多元化的增值服务。目前,投后管理已建立投资及管理的生态圈,多方合作,多种形式合作,利用资本运作帮助企业不断延长产业链,做强、做大,以此实现投资机构的投资收益最大化。

从同一项目不同时期的投后管理重心来看,投后管理的前期重心在于深入了解被投资企业,降低信息不对称性,了解企业内外部存在的各种问题,在公司战略层面同管理层达成一致的经营管理思路;投后管理进行到中期,一方面需要不断提升被投企业的规范程度,另一方面需要向被投资企业对接外部资源,实现业务层面的拓展,从内打好基础;投后管理的后期,企业已具备一定的基础,如何通过外延式发展巩固优势是企业和投资机构共同努力的方向。这一阶段,目标在于强化资本运作,一方面借助资本市场帮助企业快速成长;另一方面也可以完成企业的证券化,为后期退出奠定基础。

八、影响私募股权投后管理的因素

(一)出资人结构影响投后管理风格

从私募股权投资基金的出资人结构来看,境外市场以养老金、保险机构、FOF(fund of fund,母基金)和银行等机构投资者为主,追求长期、稳定的收益,较少关注短期回报。而境内的私募股权投资基金投资人中个人投资者仍占较大比例,偏好较高的短期收益。

由于LP结构的先天限制,境内的基金在后续运作时,为平衡LP对短期收益的偏好,项目选择时易匹配能够实现短期退出的项目,缺少和被投项目长期合作的动力,直接使得投后管理成为可有可无的设置。

(二)专业投后管理人士配备不足

中国尚未形成成熟的职业经理人群体。企业内部的管理多为行政任命、家族内部选拔等,具备企业运营管理经验的人士流动性低,很少一部分能够从企业流动到专业的PE机构中进行投后管理服务。

目前PE机构中,从事投后管理的人员多为一线投资人员,具备财务知识、法律知识、资本知识,但由于从业背景的限制,企业运营管理经验、行业经验缺失,难以胜任。专业人士的缺失直接限制了私募股权基金投后管理的专业性。

(三)投资机构持股比例

一般来说,投资机构持股比例越高,越有动力在被投项目中扮演积极的投资人角色。

从当前投资机构持股风格来看,绝大多数处于5%～20%的区间,高比例甚至控股型的持股尚未成为主流。投资机构持股比例的偏低,降低了其进行系统投后管理的动力。

(四)被投资企业心态

从当前获得PE机构投资的企业类型来看,绝大多数属于民营资本。作为企业创始人,对于一手建立的企业倾注了大量的情感,在创业初期,情感上难以将企业作为一个完全的开放平台。当有外部人员介入时,容易产生不信任感和失落感,投资者与创始人的互信和接纳需要一定的磨合时期。作为被投资企业的主心骨,创始人对外部机构的态度直接决定了双方合作是否顺畅,是否愿意配合投后管理的相关工作,是否愿意将企业存在的问题同投资方进行沟通,以便获得更多的增值服务。

(五)信息不对称导致的代理问题

由于投资机构的运作方式,投资机构需要同时关注多个项目,很难实现在单一项目上全日制地驻守。而企业时时刻刻都在运转,时时刻刻都有新情况出现,只有常年处于一线的企业内部人员对企业的实际情况、面对的外部环境更为了解,信息的不对称导致投资机构在对企业进行投后管理时,很难提供既符合企业情况又具有落地可行性的增值服务方案。

(六)被投资企业所处生命周期

被投资企业所处不同的生命周期时,所需要的核心资源是有区别的,而这一阶段企业的需求和短板也成为投资机构进行投后管理的方向与重心。

从融资轮次角度来看,各个阶段投后管理的侧重点呈现出表9-2所示特征。

表9-2　各阶段投后管理的侧重点

轮　　次	投后管理重点
A轮以前	1. 帮助企业设计合理的股权架构; 2. 物色团队关键岗位人员; 3. 帮助企业获得下一轮融资
A轮到C轮	1. 帮助企业梳理盈利模式; 2. 搭建内部财务模型,介绍营销、渠道等资源,为企业物色人员完备人员配置; 3. 结合企业文化与未来发展方向,帮助企业寻找战略投资者
D轮到Pre-IPO	1. 通过兼收并购补足企业短板; 2. 帮助企业寻找中介机构进行上市前的准备; 3. 帮助企业对接Pre-IPO的投资者; 7. 若企业愿意被并购,则帮助企业对接有收购意向的资源,帮助企业进行并购的谈判
IPO以后	1. 利用上市公司的资金、资源等优势,结合公司的战略,保持上市公司的竞争力; 2. 协助企业寻找潜在的兼收并购的标的,完善产业布局

资料来源:私募股权投资基金投后管理研究。

第三节　股权投资公司的发展模式

一、可信赖投资顾问模式

可信赖投资顾问模式是指在企业发展过程中,PE 在提供资金支持的同时,还充当可以信赖的顾问,伴随企业成长和发展,这其中最核心的内涵就是"信任",只有取得企业信任,才能全面和充分发挥 PE 的金融功能。在这一模式下,PE 首先需要筹集资金来成立专门的基金,并收取相应的管理费来维持正常的运营,然后再寻找合适的项目机会进行投资,而且这个投资过程往往是通过多轮来完成的。在这个过程中,PE 主要通过其金融资本和金融技能为企业提供支持。在资本市场上,投资者只会在赚取到相应回报后才消除价格差额,而作为专业投资人的 PE 需要在持有企业股份时判断出何时才能找到愿意付出更高价格接手的买家,这就需要 PE 有更多的技能和信任来确保投资基金的安全,且与那些需要再融资的公司一起努力保障这些收益的实现。在这里,PE 公司必须评估自己的投资在未来变现时能达到什么价格。所有这些评估都需要知识和才能,而这些知识和才能也正是区分成功 PE 公司与失败 PE 公司的关键。在这个过程中,投资还有成本和约束的存在,投资者倾向于去追求剔除成本后的投资回报,这对他们而言是最佳收益,因为不仅包括他们预期的回报,也包括他们变换客户时所需的成本。结果就是,不同的投资者被不同的客户——那些提供最高预期纯回报率的客户所吸引。这些就是浮动杠杆投资者。正如上述所示,投资者必须信任 PE 公司,让 PE 公司作出艰难的投资决策。而 PE 公司也需要通过前期的投资行为吸引不同于公众市场投资者的另一类型的投资者(有耐心、能够提供资本并忍受长时间投资的客户)的进入,因此,它们必须对自己的投资行为有一定的信心,正如一些研究中所言,PE 需要拥有更长远眼光的投资者(恰当客户),那些合适的投资者有着更长时间的再融资项目,而这种长时间的再融资项目也恰恰是私募投资的核心成分和增值属性。这种互信关系就构成了 PE 与企业、PE 与出资人之间的"信赖关系"。

具体来说,可信赖顾问模式主要有如下特征:第一,具有能为企业增加价值的知识及资源优势;第二,具有能为企业运营发展提供所需资金的资金优势,即有资金池的存在,事先募集有一定规模的基金;第三,具有常设机构,用以维持 PE 投资的日常运作;第四,固定的营收模式,通过前端收取管理费和后端收益分享的模式来获利,通常情况下是"2% ＋ 20%",即首先根据基金规模收取 2% 的固定管理费,在投资项目盈利之后按照 20% 的比例来进行利益分成;第五,所有投资者采取"被动投资模式",收益共享、风险共担,即投资者将资金投入统一的项目池中,根据份额统一分配收益与风险,投资者无主动选择权。

华尔街著名的黑石集团所采用的模式即是典型的"可信赖顾问模式"。该公司成立于 1985 年,以并购起家,目前已发展成全世界最大的独立另类资产管理机构之一。2013 年,黑石集团管理的资金池规模高达2 660亿美元,它具有庞大的常设机构,总部位于美国纽约,在亚特兰大、波士顿、芝加哥、洛杉矶、伦敦、巴黎、香港、东京等地设有办事处,并按照"2%＋20%"的模式来收取管理费和分享收益。另外,投资者将资金投入黑石集团之后,由黑石集团负责统一投资运作,在全球范围内进行相应的PE投资,在这个过程中,投资者收益共享、风险共担。

二、商人银行模式

在可信赖的投资顾问模式中,一种特殊的模式是商人银行模式(Merchant Banking Model)。这种模式起源于18世纪的欧洲商业活动,其最初业务是为商人的票据进行承兑,而后逐渐从原来的贸易融资服务发展到为政府和企业提供长期的资金以及其他专业性的服务与咨询,这种模式在美国则体现为投资银行模式。PE与"商人银行模式"存在很大的相似性,主要体现在:一是从PE的职能上看,商人银行不仅是公司可信任的投资顾问,同时也是其投资者投资组合可信赖的管理者,而PE在其所处的专业领域中不仅发挥收购或注资公司的职能,为企业充当可信赖的投资顾问角色,同时提供资本和专业运营团队,以灵活的资本和灵活运营团队的组合方式,获得再融资和投资机会。二是从二者关注的对象上来看,商人银行通常关注那些被其他资本方避开或抛弃的行业(或行业中的公司),或者是需要丰富的专业帮助才能实现重构的公司。这种机会可为商人银行提供超额回报。而PE在关注那些被其他资本方避开或抛弃的产业方面具有一定的相似性,即投资中的吃"休克鱼"现象。三是对投资对象行使有限参与的管理咨询权。商人银行及其投资团队买入公司(或持有公司的很大一部分股份)过程中,在提供股权资本的同时,也会提供拥有运营被收购公司技能的运营团队,商人银行与拥有专业领域技能的运营者一起,对公司进行改造。而目前境内PE公司也在一定限度上对企业提供顾问咨询等服务。四是它们都是建立在"信赖"基础上的。商人银行模式要获得成功,最重要的因素就是信任,商人银行与运营者之间必须互相信任,相信其各自的专业才能可以对公司进行重构,商人银行将成为公司运营者的咨询顾问和可靠顾问,在他们缺乏专业技能的金融领域提供帮助。这种合作的方式,对双方都有利。而PE与投资对象之间需要的就是这种互信的关系。五是对于资金提供方来说,PE与商人银行都是财富的管理者,并努力提供与富有客户的主营业务资产相关度很低的私有资产投资机会。这将通过可靠的分散投资组合或建立对冲技术以减少系统风险,以此保证资本的保持与增长。其是从投资者的原有资产开始,了解这些资产如何产生以及如何进一步产生更多的资产。

商人银行模式主要是指PE采取更为灵活的"个性化定制"模式,并不事先筹集资本成立基金,也不事先组建运营团队,而是采取灵活的资本、团队和项目即时组合方式,实现三者的精准化匹配。在该种模式下,资本和团队平时以一种闲散的方式存在,而一旦项目启动,商人银行作为中介,一方面迅速组建项目运营团队,另一方面迅速筹集资本,实现项目、团队和资本的快速匹配。在这种模式中,商人银行不仅充当可信赖的投资顾问,提供资本参与投资,同时提供专业运营团队。运营团队与商人银行一起,以人力资本或资金获得股份。特别是在经济危机中，真正的运营团队希望深度参与并介入公司，但缺乏资本时，商人银行就会协助运营团队进行投资。商人银行与拥有专业领域技能的运营团队共同对公司进行改造，这不同于一般的可信赖投资顾问只提供金融资本和金融技能的模式。

相比可信赖顾问模式，商人银行模式和企业关系更为长期与紧密，合作更为深广，方式更为灵活，主要有如下四个特征：第一，更为灵活的资本组合模式。没有固定的基金存在，不需要事先筹集基金然后寻找项目进行投资，而是首先寻找到合适项目，然后利用其自身良好信誉和社会关系在短时间内迅速筹集资金用于投资。第二，灵活有机的运营团队组建模式。商人银行模式下，通常只需要几个具有良好声誉和社会关系的核心人物存在，一旦项目启动，则利用其社会网络迅速网罗专业人才、组建运营团队。第三，多样化获利模式。商人银行模式下并不收取前端管理费，而是通过顾问费、期权及后期自身投资收益获利。由于不存在资金池，也没有常设机构，因此商人银行不需要收取管理费来维持日常运作和管理。第四，"个性化主动投资模式"，即投资者可以主动选择资金投向及投资额度，从而使资本、运营团队和项目三者之间实现精准化匹配。

商人银行首先是公司运营者的可靠咨询顾问，在运营者缺乏专业技能的金融及运营领域提供帮助。通常来说，商人银行、商人银行的合作投资人（客户）及运营团队会同时对公司进行投资。商人银行同时也是其客户的可信赖顾问，能够帮助客户将资金投到许多关联度低的投资机会中，分散投资风险。例如，商人银行可能会帮助客户在其主要业务活动领域部分减少系统风险，且在风险减少之后，将业务抵押，然后再次对新机会进行投资。或者是，商人银行可能会建议客户从当前业务中套现并提供套现途径，帮助客户投资到不同的机会中。

在这个过程中，商人银行也帮助其客户进行财富管理。低相关性的投资组合加上风险降低的做法，使得客户愿意与商人银行及关注增值的运营团队共同进行更为长期的投资。这里涉及财富管理范畴，而财富管理不同于资产管理。资产管理是将资本分配到股票、债券、私募股权、对冲基金等，通常不会考虑主营业务、税收、遗产税、慈善等，资产管理者倾向于售卖产品，而不是提供解决方案。但是高净值投资者希望获得针对他们问题的定制解决方案，而商人银行将通过财富管理给客户提供个性化定制方案。

在当前的中国市场上，富有群体拥有自己的产业，希望保住自己的财富并实现增长。他们需要商人银行帮助他们对资产进行个性化资产定制与分配，设计出各不相同的解决方案满足他们对资产灵活性的特定需求。中国的这些富有投资者本身拥有一定资本，但是这些资本需要用于重构或发展公司本身，而不是投资到资本市场之中，因此未来需要 PE 充当"商人银行"来帮助这些投资者建立并完善私人投资系统。

―――――――― 即测即练 ――――――――

第十章

股权投资的社会价值

投资机构对个别公司的发展产生了重大的影响,但是股权投资是否有利于社会价值的创造而不仅仅是投资人获得回报？社会价值的创造主要包括两方面:一是对被投资企业具有社会价值的产品或服务形成改变,或提高其质量,或增加其产量;二是对被投资企业的理念或实践形成改变,使其重视环境保护,完善公司治理等,这也是当今盛行的ESG(环境、社会和公司治理)投资所秉持的理念。

回答上述问题时遇到的挑战是:投资活动的绝对数量和许多变量都会对结果产生影响。由于股权投资公司的活动影响其投资的结果,人们很容易认为他们应该对投资结果负责,不论结果是好是坏。

一方面,很多案例研究表明:投资机构使一些企业家实现了他们原本无法实现的价值。以北京灵图软件技术有限公司(以下简称"灵图公司")的发展为例,这家公司为个人和公司制作电子地图。由于我国城市的街道经常会发生变动,纸质的地图在印刷之后很快就过时。因此,该公司提供的服务在国内就显得特别重要。2003年1月,灵图公司的创始人决定在战略选择方面寻求专业帮助。基于此,灵图公司的团队与戈壁投资进行了接触,戈壁投资是一家成立于2001年,专门为中国的数字媒体和信息技术公司提供早期融资的风险投资公司。在进行详尽的尽职调查之后,戈壁投资对灵图公司投资了200多万美元。在之后的几年里,戈壁投资在以下几方面对灵图公司提供了帮助:首先,帮助灵图公司优化了资源配置。其次,将灵图公司引荐给作为其有限合伙人的许多公司,这其中就包括IBM,IBM与灵图公司合作开发导航及网络地图搜索程序,并且帮助这家初创的公司在中国联通以及日本电报电话公司移动通信公司(NTT DoCoMo)的招标中赢得项目,NTT DoCoMo在之后的一轮融资中还是领投方。最后,第一轮和后续融资使灵图公司扩大了在技术和营销方面的投资。

与之相似,私募股权交易方面的案例研究发现了这样的情形:目标公司通常是通过对现有的业务进行改进,达到提高生产率的目的。例如,在对赫兹(Hertz)公司的收购中,凯雷集团、克杜瑞公司(CD&R)和美林全球私募股权(MLGPE)使赫兹摆脱了之前业务中存在的低效情况,以帮助提升其盈利能力。具体地说,这些投资者通过缩减无效率的人工支出以及将非资本性支出降到行业标准水平,减少了公司的间接成本。公司股东也让管理层激励与资本回报率紧密挂钩。与之相似,对O. M. Scott&Sons公司的收购,对其现有业务有重大的改进,一部分原因是收购为管理层提供了强有力的激励,另一部分原因则是私募股权投资者提出的具体建议。在诸如此类的案例中,被投资公司盈利能力的提高和私募股权价值的创造可能都源于公司生产率的提高。

另一方面,有其他案例表明,这些股权交易只能给所投公司带来很少的长久收益,而给整个社会带来的长久收益则更少。在一些案例中,由于各种原因,股权投资机构有时并不能使所投公司达到既定目的。例如,当伯克希尔合伙公司收购"威斯康星中央铁路"项目时,制订了提高项目生产率的规划。但是就在收购之后不久,项目出现了技术问题,这使得对实施规划极为关键的计算机化控制系统无法应用。除此之外,最初的商业计划忽视了某些成本因素,并高估了项目削减成本的能力。因此,商业计划并没有成功,公司在贷款条款上出现了技术违约。

很明显,对单个案例进行探讨只能让我们在这种程度上回答问题。为了真正回答投资机构究竟对社会整体产生何种更广泛的影响这一问题,我们需要进行广泛的研究,广泛的研究虽然不如研究某个公司案例那么引人入胜,但却是我们理解投资机构对社会造成何种影响的关键。

研究股权投资的社会价值有以下两方面原因。

(1) 从就业者的角度看,只有当风投或是并购行业的发展可能会在未来几十年内有真正的"持久性"时,选择这类公司就业才会有意义。然而,如果这个行业只是通过重组资产来赚钱,那么其长期的发展前景就会有一定局限。而且,尽管我们可能会被斥为理想主义者,我们还是会有自然和美好的愿望,追求一份不只是提供薪水的工作。因此,你自然会问私募股权行业是否为社会带来了效益。

(2) 从政策制定者的角度看,不论是寻求对可能会给经济带来风险的并购基金的有问题操作进行监管,还是鼓励更多的风投基金对初创企业进行融资,政策制定者的决策都可能会深刻地影响私募股权行业。但是如果他们对这个行业是如何影响经济的没有清晰的认识,那么就不会清楚所做的决策是否恰当。

本章将对这些重要的问题进行探讨。我们将从创业投资开始,讨论创业投资对社会和企业的影响,接下来讨论并购的影响,最后,我们将考虑其上述研究对公共政策的影响,因为政策制定者为了限制私募股权投资公司对资金的滥用,会通过法规对其进行监管,而这些法规会影响未来投资行业的发展。

第一节　创业投资的影响

一、创业投资的研究

创业企业包括处于种子期、起步期、扩张期、成熟前的过渡期等创建过程中和处于重建过程中的成长性企业,但主要是成长性的中小企业,特别是科技型中小企业。在美国、欧洲等西方经济发达国家和地区,真正促进创新并将创新的技术成果市场化的是创业投资体制。可以说,美国正是在 50 多年的风险创新体系的支持下,建立了一批像 IBM、英特尔、苹果、思科以及数以万计以不断创新为企业灵魂,有自主知识产权的中小企业,并从工业社会向以自主知识创新为特征的知识经济时代过渡。

为了评估 VC 的影响,我们必须看一下美国的研究,因为其具有最发达和成熟 VC 行业的资本市场。尽管美国的风投行业最为发达,读者们可能还是会怀疑它对创新产生显著的影响,因为在过去 30 年的大多数时间里,整个 VC 行业的总投资少于单个公司(如 IBM、通用汽车或默克集团)的研发和资本支出预算。

我们可以从风险投资对于各行业财富、就业和其他财务指标的累积影响开始探讨。追踪每一家有 VC 融资的公司的发展轨迹,并发现创新或技术在哪里终结,尽管会对研究很有帮助,但在现实中我们只能对那些已经上市的公司进行追踪研究。对于那些虽然获得 VC 融资,但已经被收购或是倒闭的公司,这样的统一信息却不存在。例如,微软收入和利润的增长该有多少归因于网络邮件服务 Hotmail(一家最开始由风投公司 Draper Fisher Jurvetson 进行投资的企业,后来被微软收购并整合到旗下 MSN 业务中)和 Visio(一家最开始由风投公司 Technology Venture Investors 和 Kleiner Perkins 进行投资的企业,后来被整合到 Microsoft Office 套件中)。但是一般情况下,对于风投资本家来说,那些最终上市的公司的投资收益比那些没有上市(被收购或是仍保持私有)的要高很多,因此聚焦于上市公司这一子类可能会让我们对 VC 的累积影响有一个合理的认识。

虽然受到衡量方法的局限,我们还是发现有 VC 融资的公司对美国的经济产生了不容置疑的影响。评估 VC 行业整体影响的一种方法就是观察有 VC 支持的公司在更大的经济背景下的经济"权重"。在 2009 年晚些时候,大约 794 家公司得到风投资本的支持后在美国上市(这其中并不包括那些上市后又被收购或是退市的公司)。获得风投资本支持后上市的公司占美国所有上市公司的 14% 以上。VC 支持后上市的公司市值达 1.9 万亿美元,占美国上市公司总市值(14 万亿美元)的 13.7%。[①]

获得风投资本支持的公司的销售额(接近 9 750 亿美元)也占到美国所有上市公司总销售额(22 万亿美元)的 4% 以上。与人们普遍认为的风投所支持的公司不盈利的看法相反,这些公司的运营利润率平均达到 7.7%,和上市公司的平均利润率 4.4% 接近。最重要的是,这些有风投资本支持的上市公司的就业人数占美国上市公司总就业人数的 8%,而且其中大多数岗位是高科技领域的高薪、技术性职位。显然,风险投资对推动美国经济发挥了重要的作用。[①]

当然,风险投资对经济中各行业的影响并不完全相同。对于那些由成熟型企业主导的行业(例如制造类行业)来说,其影响比较微弱。然而,在高度创新的行业,风险投资的影响

① 赵欣宇.政府创业投资引导基金的理论与实践研究[M].天津:天津科学技术出版社,2020.

就很大了。例如,那些在构思期就得到风投资本支持的计算机软硬件行业的公司,占该行业总价值的 75% 以上。[①] 风投资本投资的公司在生物科技、计算机服务和半导体行业也发挥着关键作用。在最近的几年里,风险投资机构的活动范围已经快速扩展到了关键的能源和环保领域,尽管这些投资的影响还有待考察。考虑到这些未来新兴行业的经济影响有可能极其重要,VC 经济影响也可能比想象中还要大。

先前的讨论使我们对 VC 更广泛的影响有了总体的认识,但仍然忽略了很多细节。Manju Puri 和 Rebecca Zarutskie 提出了一种更为精确的方法来观察有风投资本投资的企业的业绩。他们采用美国人口普查局纵向商业数据库(LBD)中的详细信息——该数据库追踪美国几乎所有的营利性机构,不管是上市的还是私营的公司。这些丰富的信息使我们可以对风投支持的公司和没有风投支持的相似公司进行细致的对比。

在论文中,他们对 LBD 中所有成立于 1981—2005 年风投支持的企业和没有风投支持的企业,按照企业成立年份跟踪它们的平均员工数和销售额。他们对这些公司进行跟踪研究直到其首次投资退出事件——投资失败、收购或首次公开发行发生的那年。由此他们获得了两个重要发现:在投资退出之前的年份中,风投支持的公司比没有风投支持的公司的员工数量和销售额更多。除此之外,两类公司之间的这种差距随着时间的推移逐渐增大,也就是说,风投支持的公司的平均增长率较高。

各位读者可能会问,有风投支持的公司之所以有更大的规模是否仅仅由这些公司的失败率更高所造成。如果风投资本家在关闭小公司时更为无情,那么我们可能会看到相似的模式,即有风投资本支持的公司增长更快,是因为那些业绩不佳的公司从样本中被剔除,风险投资家没有做什么特别积极的事情来帮助后者。

然而,论文中的分析并不支持上述观点。根据 LBD 显示的数据,风险投资家不太可能在公司得到风投资本后的 4 年内关掉它们。然而,超过 4 年形势会发生反转——那些风投资本支持的公司更可能被关闭。作者认为风险投资家给了那些公司一定的发展时间。但是如果有公司没有在规定时间达到某种目标,那么风险投资家就会失去耐心,业绩不佳的公司会相对快地被关闭。总之,上述分析表明了这样一种观点:风险投资家作为积极投资者,似乎真的有一种能够促进被投公司发展的“秘方”,然而,如果最终他们的作用在某些公司没有发挥出来,他们就会停止对其投资。

确实,Yael Hochberg 提供了一些具体的证据来说明这种“秘方”是更好的公司治理。她从三个方面研究公司治理:用可操纵会计盈余平滑利润的波动;在恶意收购发生时用股东权利协议(“毒丸”)保护管理层;董事会的独立性。她研究了 1983—1994 年上市的公司和期间发生的 2 827 笔 IPO,其中大概有 40% 为风投资本支持的公司。

她研究发现:与那些没有风投支持的公司相比,风投支持的公司更可能采用保证透明度和企业价值最大化的政策。通过操纵会计盈余可人为平滑季度利润波动,而风投支持的

---

① 赵欣宇.政府创业投资引导基金的理论与实践研究[M].天津:天津科学技术出版社,2020.

公司收益结果不太可能受这种因素的干扰。因此,股东们对这些公司的收益有更清晰的认识。同样,采用像"毒丸"这样的股东保护条款,既可以通过增加公司私有化的难度来保护在职的管理层,还可以保证所有——不管持有多少股份——的股东得到平等的对待。因此该条款可能会提升有风投资本的公司的股价。此条款的实施得到积极的反应,也表明该条款考虑了所有股东的利益。

Hochberg 还对董事会的独立性做了研究。由于由外部成员主导的董事会被认为更有可能监督、检查公司管理层的行为,并且会在业绩不佳的情况下更换 CEO,也更乐于服从像是收购兼并等重大的重组活动,因此由外部成员主导的董事会被认为是保护股东权利的另外一种方式。她表示风投支持的公司董事会中外部人士要比内部人还多很多。此外,这些公司中影响力很大的审计与薪酬委员会很可能全部由外部成员组成,进而能使审计与薪酬委员会摆脱管理层的影响。CEO 与董事长的分立也是实现公司内制衡的一种方法,这在风投支持的公司中更为常见。因此,即使是在公司上市之后,风投支持的公司也是公司治理的良好范本。

目前为止,上述研究表明了风投支持的公司比没有风投支持的公司成长得更快,公司治理也更加完善。但是我们还想知道这种快速的成长和良好的公司治理是否能对公司收益起到任何作用。如果风投支持的公司与其他公司没有其他区别,那么我们是否还应该庆幸这些金融家的存在? 一个引起越来越多关注的问题就是 VC 对于技术创新的影响。如果 VC 创造了高成长、运营良好的公司,而这些公司又能够针对世界未来几十年可能面临的紧迫问题——全球变暖、环境退化、迅速扩散的流行病、恐怖主义及其他类似的——提出创新性的解决方案,我们就能够找到 VC 对社会整体有贡献的更令人信服的例子。

但即使 VC 支持的公司不能够解决上述难题,创新仍有其特殊的社会重要性。自从有了 Morris Abramowitz 和 Robert Solow 在 20 世纪 50 年代开创性的研究,我们了解到技术创新对于经济增长的重要作用。技术进步不仅使得我们的生活比祖辈们的生活更加舒适和长久,也使我们的国家变得更加富有。许多的研究都表明:随着时间的推移,各国技术创新和经济繁荣之间有着紧密的联系。这种联系在发达国家——那些不能依靠模仿别国技术以及人口增长来实现经济增长的国家——更为明显。

有些读者可能会认为我们应该以更严格的方法评估 VC 对技术创新的影响。例如,我们可以在控制研发费用不变的情况下,通过不同的行业和时间的数据研究 VC 基金是否对创新的各个维度产生影响。但是即便是一个关于 VC、研发和创新三个变量的简单模型也表明上述方法会给出误导性的估计,因为风险基金和创新都可能与第三个没有被观察到的变量——未来的技术机会——正相关。因此,VC 活动较多时可能会有更多技术创新,并不是因为 VC 促进了创新,而是因为风险投资家对能够引发更多技术创新的基础技术革命作出了反应。

VC 和技术创新之间的关系确实非常复杂。例如,美国仙童半导体公司在 1958 年发明硅半导体。仙童半导体公司是仙童摄影器材公司的一个分支机构,它开发硅半导体项目仅仅是由于公司创始人舍尔曼·菲尔柴尔德(Sherman Fairchild)的兴趣。半导体行业过去主要依靠更昂贵的"锗"进行生产,硅半导体的出现彻底改变了之前的行业格局。此后不久,风投家就参与了开发硅半导体的项目。然而,半导体项目最著名的风险投资却是在10年之后才发生的,即阿瑟·洛克(Arthur Rock)对来自仙童半导体的罗伯特·诺伊斯(Robert Noyce)和戈登·摩尔(Gordon Moore)创建的英特尔的投资。由此来看,风投家对半导体行业技术创新的贡献有多大呢?

确实,有些风投家认为他们赚钱,并不是通过发明事物,而是通过将技术商业化。例如互联网是由美国国防部高级研究计划局(DARPA)的科学家们发明的,但是其商业化——在许多风险投资的支持下——却是在20世纪90年代早期。

Thomas Hellmann和Puri最先发表了尝试解决这方面具有挑战性问题的论文,他们对1994—1997年在硅谷成立的170家公司进行了研究,并对风投支持的公司和无风投支持的公司都进行了研究。他们根据问卷调查的信息发现,VC提供融资与创业公司的产品市场策略和成果有关。他们发现那些寻求"创新策略"的公司比那些实行"模仿策略"的公司得到VC投资的可能性高69%,而且这些创新型公司得到投资的速度更快。风投家的出现也与产品上市时间缩短密切相关,尤其是对那些创新型公司来说。除此之外,与其他融资活动(例如银行贷款)相比,这些公司更可能将得到风险投资作为它们在经营周期中的一个里程碑。这也反映了这样一个事实,那就是获得VC对于这些公司来说不仅是一种融资事件,还是一个获得认可的时刻。这些公司不断对产品创意和团队进行评估,就是希望能够无愧于风投资本的注入以及其提供的建议和帮助。

研究结果表明,VC除了能够鼓励创新型公司的发展,它们之间的相互关系也非常紧密。但是这也没有明确地回答关于风投家是否引起了技术创新的问题。例如,我们可能会看到人身伤害索赔律师为了招徕更多的顾客,在事故现场忙于分发名片。但是,我们不能仅仅因为律师在车祸现场就意味着他导致了车祸的发生。同理,还有这样的可能性,那就是更多的创新型公司选择通过VC融资,而不是VC促使这些公司更具有创新性。

Sam Kortum和Josh Lerner也对同样的问题进行了研究。他们的研究着眼于VC对经济总体水平的影响:过去的几十年里,风投家使其投资的行业有更多还是更少创新的出现?可能有人认为这种分析方法会与上述律师的例子产生同样的问题。换句话说,即使我们看到了风险投资的增加以及技术创新的发展,我们怎么能够确定是其中的一个导致另一个的出现呢?

作者通过回顾该行业的历史来解决这个因果关系的问题。正如我们之前讨论过的,特别是在20世纪70年代后期,VC行业的历史上发生了一次巨变,当时美国劳工部颁布了《雇员退休收入保障法案》,允许养老金投资于包括VC在内的各种高风险资产。这项转变导致投资该类资产类别的基金大幅增加。这种外部政策转变应该可以表明VC对创新的影响,因为政策转变不太可能与多少企业会获得融资有关系。

Kortum和Lerner的研究结果表明风投基金对技术创新确实有显著的积极影响。值得一提的是,他们发现政策转变似乎引起了大量创新的产生——通过得到专利数量来衡量。他们在回归中得到的估计系数会根据采用的估计方法的不同而不同,但是平均来说,在促进专利方面每一美元风投资本的效用是传统研发费效用的3~4倍。因此,上述回归估计结果说明,尽管1983—1992年美国平均的VC额不足平均的传统研发费的3%,但其在这期间带来的技术创新却占据那时美国工业创新的较大部分(10%)。

之前分析是针对VC和专利之间的关系,而不是针对VC和创新之间的关系,这很容易让人产生疑虑。对此可以给出的一种解释是,VC资本促使企业家用专利而不是商业秘密等其他机制来保护他们的知识产权。例如,企业家可能会通过申请更多专利蒙蔽他们的投资人,尽管其中许多专利都不是特别重要。如果真是这样的话,我们可以推断出风投支持的公司的专利质量要低于非风投支持公司的专利。

当然,针对上述问题还需要做更多的考虑。为了解决此问题,我们可以就引用某一特定专利的数量进行研究。正如已被证明的那样,因为高质量的专利将推进行业的发展,所以它们被引用的次数会比那些低质量的专利更多。同样,如果风投支持的公司的专利质量较低,这些公司就不太可能提起专利侵权的诉讼。(因为在专利诉讼方面,花费金钱来保护较低质量的专利并没有意义。)

因此,当我们用这些标准来衡量专利质量时会得到怎样的结果呢?非常巧合的是,风投支持的公司的专利更多地被其他专利引用,而且为此提起的诉讼更多。因此,我们可以得出风投支持公司的专利质量更高的结论。此外,风投支持的公司更多地提起商业秘密诉讼,这也表明了这些公司并不只是靠疯狂申请专利实现对商业秘密的保护。上述发现再次证明了这样一个观点,那就是有风投资本支持的公司比那些没有风投资本支持的同类公司更加具有创新性。

Marcos Mollica和Luigi Zingales用对比的方法对区域模式而不是行业模式进行了研究。他们将美国经济分析局划分的179个经济区域作为区域单元进行研究,这些区域由环绕都市圈的区县组成。他们通过对不同区域、不同行业以及不同时间的美国风险投资的探究,分析VC活动对技术创新和新企业创办的影响。为了解决这里的因果关系问题,他们再次用到工具变量:作为风险投资规模的标准,他们使用国家养老基金的资产规模。这个方法是基于国家养老基金容易受到政治压力的影响而将部分资金投资于一些国内的新兴企业。因此,国家养老基金的规模会改变该国现有VC的供给,这应该会帮助我们发现风险投资活动对创新的影响。

在控制上述那些变量之后,他们发现风险投资对专利产品的生产和新企业的创立都有显著的积极影响。人均VC资本每提高一个标准差就会使专利数量增加4%~15%。风险投资额每增加10%会使新企业的总数量增加2.5%。

然而,Thomas Chemmanur,Karthik Krishnan和Debarshi Nandy考察了另一种衡量技术创新的方法。他们重点关注的是被经济学家们称为全要素生产率(total factor productivity,TFP)的增长,TFP可以被定义为各种投入(如劳动力、材料和能源)的增长对产出变化的影响。换句话说,这种衡量方法关注更有创造性的活动所带来的公司成长,而不是简单的重复性操作带来的成长。

一些作者像是 Puri 和 Zarutskie,用美国人口调查局的数据对上市公司和非上市公司进行了对比。但是很多公司的生产率都很难衡量,如现实中我们该如何衡量一家咨询公司的生产率?因此他们的研究重点关注的是制造类企业。他们使用不同的衡量方法研究发现了一些有趣且与前面结果类似的模式。有风投支持的公司在得到风险融资之前的 TFP 要高于那些没有风投支持的企业,且这种差距在得到融资之后的几年里又被扩大。这些结果表明不仅仅是风投家能够找到并且投资那些更具创新性的公司,他们在对其投资后提供的监管和辅导——公司治理——也产生了很大的作用。

有趣的是,Chemmanur 和一些作者发现风投家的影响在不同公司中也存在差别。他们将风投公司分成两类:一类是在过去几年募集了大量资本的公司,另一类是募集了相对较少资本的公司(他们认为一般情况下,越成功的基金能够募集的资本应该越多)。他们几乎没有发现这两类风投公司所投资企业的 TFP 的差别。而且,那些由较为成熟的风投家投资的公司在风投交易之后 TFP 增长得更高。这里我们得出以下观点:并不是所有的私募股权公司都是一样的,更好的私募股权公司能够使其所投公司有更好的业绩表现,因此进一步提高了私募股权公司的声誉。

二、创业投资的作用

创业投资,亦译为"风险投资",但这种叫法并不贴切,它不能表达出"venture capital"的真正内涵。"venture"表示"主动进行的可能需要承担风险的行为及其取得的结果",尤指"冒险行为""创新行为""创业企业"等。如把创业企业称作"new venture","合资企业"称作"join venture"等。综上所述,把"venture capital"译为"创业投资"最为准确。创业投资是指向创业企业进行股权投资,以期所投资创业企业发育成熟或相对成熟后主要通过转让股权获得资本增值收益的投资方式。

(一)创业投资家在创业投资中的核心地位

创业投资实现高收益的每一个环节都离不开创业投资家专业化的投资管理。创业投资家是创业投资的核心和关键。在创业投资的三方主体之间,创业投资家居于核心的地位,创业投资家主导着创业资本从融资、项目选择、契约签订、投后管理和投资退出的全过程。

创业投资的起点是创业投资基金的融资,创业投资家要设计基金的组织结构、章程和合约文件,制定基金的投资策略,向创业投资者(资本提供者)进行融资并组建基金。创业投资者与创业投资家之间是一种委托代理关系,为了平衡创业投资者(资本提供者)和创业投资家的利益,创业投资家要设计合理的风险分担机制和利益分配机制。在融资阶段,创业投资家的信誉和投资管理水平是影响创业投资者决策的主要因素,有良好投资业绩、信誉水平高的创业投资家,能够募集到更多的创业资本,但受个人时间和精力的限制,一个创业投资家管理的创业资本不是"多多益善"的。

在募集到创业资本后,创业投资家要担负起创业资本的管理责任。创业投资家通过各种渠道收集信息,评价和筛选投资项目,选择真正具有发展潜力和投资价值的创业企业;通过周密的信息调查和精心设计的契约机制,最大限度地降低与创业企业家的信息不对称,克服由此而带来的道德风险。在创业资本投入创业企业之后,创业投资家与创业企业家之间就建立了一种合作的关系,创业投资家努力帮助创业企业家解决创业企业发展过程中遇到的各种问题。同时,在创业投资家与创业企业家之间也存在委托代理关系,创业投资家需要对创业企业家实施必要的监督,在极端的情况下,创业投资家与创业企业家之间也会发生冲突,甚至创业企业家遭到解雇。

(二)创业投资家在创业投资中的重要作用

1. 通过专业化的管理降低投资风险

在其他投资领域,降低投资风险的手段主要有风险转移、风险分散和套期保值。而在创业投资领域,由于市场流动性不足,风险转移和套期保值手段难以实现,通过风险分散手段降低风险也有很大限制,一个创业投资企业不能投资于数量过多的创业企业。但在创业投资领域,创业投资家采用一些独特的方式降低投资风险,这些方式主要有以下几种。

(1)通过严格的项目筛选排除风险。在创业投资家备选的创业企业中,创业企业的质量有很大差异。对于某一个具体的创业企业来说,投资风险和收益往往并不是正相关的,而表现出一种负相关的关系。高质量的创业企业,未来发展潜力大,成功的概率高,投资风险低,预期收益高;低质量的创业企业,未来发展的潜力小,成功的概率低,投资风险大,预期收益低。创业投资家通过严格的项目筛选,过滤掉那些低质量的创业企业,就可以有效地降低投资风险。

(2)通过特殊的契约安排防范风险。创业投资是一种长期投资,在投资期限内,创业企业外部环境的不确定因素和企业内部的不确定因素发生变化,以及创业企业家的道德风险行为,都可能会导致投资失败。为了控制这些风险,创业投资家采用一些专业化的契约手段,如可转换优先股、可转换债券、分阶段注资、特定的控制权安排等。

(3)通过参与董事会决策来监控风险。作为股东代表,创业投资家可以获得参与创业企业董事会的权利。董事会作为公司的决策机构,决定着公司的未来发展方向和主要利益分配。创业投资家参与创业企业决策的最主要途径就是董事会,它们利用在董事会中的知情权和投票权,对创业企业的重要决策问题进行监督,有效保护创业资本的利益。

(4)通过联合投资分散风险。创业投资企业之间联合投资是创业投资领域中的一种特殊现象,是创业投资家降低投资风险的一种手段。几家创业投资企业合作,在某一个项目上由一家创业投资企业负责领投,其他创业投资企业跟投,对于创业投资企业来说,相当于在一个项目花费了时间和精力,但能够同时在多个项目上投资,不但达到了分散化投资的效果,也不会因为投资了多个项目而不得不减少对被投资项目的审查和监控。

2. 通过专业化的管理提高投资收益

创业投资的高收益不是创业投资家通过"冒险"和"碰运气"得到的,而是通过专业化的管理手段,付出艰苦的努力换来的。创业投资家实现高收益的主要环节包括以下几个。

(1) 独具慧眼发现创业企业的潜在价值。一家创业企业究竟是"未来之星"还是"烧钱机器",在企业的早期发展阶段是很难判断的。创业投资家利用自己的知识、经验和感觉,能够独具慧眼地发现那些具备"未来之星"发展潜力的创业企业。创业投资的高收益正是来自这些少数获得成功的"未来之星"。事实上,有很多具备"未来之星"发展潜力的创业企业因为不能及时获得外部融资而丧失发展机会,创业投资家利用其专业能力把这些企业挖掘出来,及时进行投资。

(2) 通过增值服务创造价值。创业投资家除了以董事的身份代表股东利益参与董事会决策以外,他们还以教练和导师的角色参与到创业企业中,帮助创业企业制订发展战略和营销计划,为企业发展出谋划策。创业投资家通常与社会各界有着广泛的联系,利用自己的社会关系网络,其能为创业企业带来许多战略资源并将其整合为企业的优势。创业投资家为创业企业提供增值服务是价值创造的过程,这在一般的证券投资活动中是不存在的。

(3) 抓住退出时机实现价值。退出时机的把握对创业投资的收益影响很大。创业投资家要综合考虑各种因素,寻找最有利的退出时机。一方面要考虑创业企业的经营状况,创业投资家要选择在创业企业的财务状况和盈利能力或盈利前景最好的时机退出,过早退出或过晚退出,都不能实现最大收益;另一方面,还要考虑证券市场状况,创业投资家要抓住时机推动创业企业公开上市,并选择在证券市场行情最好的时机将其股权转让。

3. 通过专业化的服务帮助创业企业成长

创业投资家为创业企业提供孵化服务,帮助许多小企业成长成为伟大的企业。我们熟知的大企业如国际数据设备、联邦快递、英特尔、微软、苹果等公司,都是创业投资家"孵化"的产物。可以说,如果没有创业投资家,就没有这些企业的今天。

关于创业投资家在创业企业成长过程中的积极作用,Bygrave 和 Timmons 的实证研究给出了很好的说明。他们对 120 个创业企业家和他们的创业投资家进行了调查,对于每一个创业企业,都与企业的 CEO 和领投创业投资家进行交谈,让他们对创业投资家的管理参与活动进行描述及评价。他们将 120 个创业企业分成两组,一组是处于早期发展阶段的创业企业,另一组是处于发展后期的创业企业。对以下三个方面的管理参与活动的作用进行了调查:第一是在战略方面,包括董事会建议、管理咨询和财务支持;第二是双方的交流,包括教练指导式的交流和朋友式的平等交流;第三是在企业外部的活动,包括招募新的管理者、专业技术咨询和产业咨询。

研究结果表明,不论是创业企业家还是创业投资家,都对这种管理参与活动的作用给予了肯定的评价,而且令人惊异的是,创业企业家的评价要稍微高于创业投资家的评价。

(三)创业投资的社会影响

1. 创业投资主要投资于中小企业,壮大了主体经济的力量

从中国经济现状或者未来看,中小企业是中国经济的主体,大企业是支柱,而且随着经济的发展,中小企业的主体地位会越来越明显。工业和信息化部中小企业局局长梁志峰介绍,截至 2021 年末,全国中小微企业数量达 4 800 万户,比 2012 年末增长 2.7 倍;我国每千人企业数量为 34.28 户,是 2012 年末的 3.4 倍。2021 年,我国日均新设企业 2.48 万户,是 2012 年的 3.6 倍。中小企业快速发展壮大,是数量最大、最具活力的企业群体,成为我国经济社会发展的主力军。这充分说明了中小企业的确是国民经济的主体,应该得到支持。而创业投资的主要投资对象就是中小企业。所以说,创业投资最青睐的是中小企业,对中小企业的支持就是对中国经济最大的支持。

2. 创业投资主要投资于创新类企业,优化了经济结构

我国的经济转型在持续,高耗能、易污染、传统型的经济仍然占据了大部分。创新类的经济还处于少数地位,需要通过扶持、发展、帮助,使它们逐渐在这个结构当中提高比重。创投正好是做这样的事。创投的企业全部是创新类的企业,所以创投活跃,我国的经济结构就自然优化。

3. 创业投资主要投资于初创期和成长期的企业,解决非成熟企业的融资难和服务难的问题

投资有两种:一种是雪中送炭,一种是锦上添花,投资于初创期和成长期的属于雪中送炭,Pre—IPO 也是很需要的,当然它们属于锦上添花。不论从哪个方面来看,雪中送炭都优于锦上添花。创业投资正属于雪中送炭。这个领域的投资可能会使那些好的苗子不至于因为没有钱或者缺少服务而夭折,从而有机会脱颖而出,这是创投对经济的一个非常重要的贡献。

4. 创业投资主要投资于转型升级企业,为企业爬坡助力

创业投资实际上与转型升级紧密相关,例如,创业投资最常见的三类情况:一类是改变产品,企业产品改变后,产品质量大幅提高或产量大幅提升。更多的是第二类产品的升级,就原来你做的是低档到中档的产品,后来做高档的产品。在这个过程中,创投支持,这个我们看到比比皆是。第三类是经营模式创新,原来的企业比较传统,但是其换一个经营模式就变成很有生命力、很有特色的企业,这一类都属于转型升级企业,它应该是 VC 投资的最主要方面。我们可想而知,创业投资对国民经济的作用也是非常大的。

5. 创业投资主要投资于自我积累加"烧钱"的企业,推动企业发展方式的转变

中国企业以前的发展方式都是靠自我积累为主的,其面临一个重大的转变,自我积累

加"烧钱"为主,而不是靠自我积累为主了。这样一个转变要靠创投来助力、来推动、来实现。我们看到很多新型企业,如果你不"烧钱",这些企业是无法成长起来的,比如高科技投资大、失败多,不"烧钱"肯定不行,转型升级的企业这方面的问题也很多,不"烧钱"也不行。互联网的新模式的企业,像百度、腾讯、携程等无一不是靠"烧钱"烧出来的,如果靠自我积累,这些企业根本难以存活。连锁服务企业,你要加速扩张,如果不"烧钱"、靠自我积累挣来的钱再开辟一个店面事实上也不可能,所以这都是新型经济的特色,创投正好支持了这样一种模式。还有一种投资当中经常碰到的,从现状上来看它不需要"烧钱"了,但是它换个打法可能又缺钱,那还是要"烧钱"。比如我们有些公司过去是卖产品、卖服务的,如果你换个打法:送产品、卖服务,那么就需要钱。可见,"烧钱"对经济发展的作用非常重要。

第二节　并购的影响

私募股权基金运行数据显示,截至 2023 年一季度,私募股权基金(含创业投资基金)累计投资境内未上市未挂牌企业股权、新三板企业股权和再融资项目数量近 20 万个,为实体经济形成股权资本金超过 11.6 万亿元。注册制改革以来,近九成的科创板上市公司、六成的创业板上市公司和九成以上的北交所上市公司在上市前获得过私募股权基金支持。

2018 年以来,私募股权与创投基金是少数保持正增长的直接融资工具,为经济发展提供了宝贵的资本金。

中国证监会公开表示鼓励私募股权基金通过参与非公开发行、协议转让、大宗交易等方式,购买已上市公司股票,参与上市公司并购重组;鼓励包括私募股权基金在内的各类资管机构以更加市场化的方式募集资金,发起设立主要投资于民营企业的股权投资基金、创业投资基金及债券投资基金,积极参与民营上市公司并购重组。同时,中国证券投资基金业协会下发通知,为参与上市公司并购重组的股权私募股权基金开通备案"绿色通道",将备案申请流程缩减至最快两个工作日内完成。

监管层的表态,无疑给私募股权基金带来重大利好,私募圈人士纷纷表示,这将有利于提振市场信心,引导长期投资资金入市,拓展私募股权基金的投资空间,促进其更好发展,服务实体经济发展。上市公司并购基金的设立和运作,也会有进一步的发展。随着资管新规及其相关细则进一步落地,私募股权基金参与上市公司的资金来源将进一步拓宽,在规范、清晰、有序的框架下持续发展,为上市公司的发展注入动力。

一、并购的研究

为了研究公司并购后的运营变化,Kaplan 对在 1980—1986 年完成的 76 项大型并购的上市公司样本进行分析。这些并购交易是否增加了公司的价值？例如，通过改进运营管理或是向经理人提供新的激励。或是相反地，通过掠夺公司现有员工或公众股东手中的财富来实现价值积累。为此，他对并购之后公司价值增加与业绩变化之间的关系进行尝试性研究。

通过分析，他发现并购之后公司的经营业绩远好于同行业的其他公司，这一现象在用资产回报率和销售利润率分析时尤为明显。更重要的是，公司在并购交易之后的 3 年里资本性支出会减少，至少与同行业的其他公司相比，并购后公司的资本性支出会明显减少。我们可以从两方面来解释上述结论：这可能反映出管理团队在新的激励机制下削减浪费性支出，或者是沉重债务负担所产生的严重影响。并购之后，这些公司的运营现金流也出现大幅度的增长。

在一篇高度相关的论文中，Kaplan 探讨了这样一种可能性：并购之后公司业绩的改善也可能仅仅是由于债务利息带来的税收优惠造成，这正如我们前面所讨论的那样。并购公司在表面上大部分的业绩改善是否只是因为简单得到了税收减免？Kaplan 再次对这些大规模的公开并购进行观察后指出，虽然这些公司在并购之后的两年内只需要缴纳少量联邦税，但是从第三年就开始需要缴税了。为了进行分析，他将并购带来的税收优惠与市场认为并购所创造的价值进行比较，他认为交易所创造的价值是用并购发生之前支付给股东的市场溢价来衡量的（例如，实际交易价格和并购前估值的差）。这种溢价平均为公司并购前市场价格的 40％。税收优惠占收购公司支付的市场溢价的 21％～43％。虽然税收优惠是价值的一项重要来源，但是 Kaplan 认为它并不是并购交易所创造价值的唯一来源。简而言之，Kaplan 认为这些证据支持了之前的论点，那就是并购交易有利于运营效率的提高或/和公司激励机制的改进。

有研究试图通过更全面和更具全球性的样本对并购投资的影响进行评估。每项研究都是对并购投资过程中的某一具体的影响进行分析。

首先，Per Stromberg 对 1970—2007 年间全球范围内的 21 397 笔私募股权投资的性质和结果进行了分析。作者试图从这些投资交易的最直接的可能结果中，简单地理解其产生的影响。由此得出的主要结论如下。

在过去几年里，私募股权投资的持有期变长而非缩短。超过一半（58％）的并购基金至少在初始投资后 5 年才会退出。所谓的快速退出基金（即在两年之内退出的并购基金）只占全部并购交易的 12％，且其总量在过去几年里也有所减少。

以 IPO 方式退出的基金只占所有私募股权基金 13％，且这种退出方式的重要性似乎随着时间在逐渐降低。目前，最常见的私募股权投资退出方式是将股权出售给另外一家公司，这种方式占所有退出方式的 38％。第二种最常见的退出方式是二次并购（24％），在过去 10 年间，这种退出方式的重要性不断提高，这与坊间证据相一致。

在所有已完成退出的并购交易中，只有 6％的公司最后破产或是财务重组，这意味着并购企业的破产率或发生重大财务危机的比率为每年 1.2％。这个比率要低于美国发行债券的公司 1.6％的平均年坏账率。

当然,Stromberg 的这项研究只分析了并购交易可能造成影响的小部分,却没能回答大多数公司由于并购交易会表现更好还是更差的问题。另外,还需要注意的是,文中数据是以交易笔数而不是以交易金额计算得到的。由于最大的并购交易倾向于在市场高峰期集中发生,而且其中较高比例的交易更容易出现问题,因此,其结果可能会由于使用更广泛的样本而不同。

Nick Bloom,Raffaella Sadun 和 John Van Reenen 对来自亚洲、欧洲和美国的中等规模的 4 000 家制造类公司的管理实践进行调查,并通过使用独特的双盲管理层调查,从 18 个维度对这些由私募股权所有的公司和其他公司进行评分。这项研究的主要目标是判断私募股权与其他所有权形式相比,是否通过引进新的经理人和更好的商业规范,进而改善了公司的内部管理实践。

作者发现私募股权投资的公司通常都拥有最佳的管理。这些公司在广泛的管理实践方面表现显著好于政府、家族及私人所有的公司。即使是在控制了一系列其他企业特征包括国家、行业、规模以及员工技能等变量时,上述结论仍然成立。私募股权投资的公司特别擅长运营管理实践,比如,采用现代化的精益生产方式并坚持质量持续改进原则以及使用综合业绩文档管理程序。但是由于调查只是针对私募投资的公司现况进行的,作者并不能判断出是私募股权公司改善了这些公司的管理还是因为它们在最开始就选择了管理能力较好的公司。即使最初这些公司就拥有较好的管理,值得注意的是,私募股权公司至少没有使其管理水平降低。

关于私募股权所有权的另外一个问题涉及私募股权公司实施调整的时期。一些人认为,公司是私人所有使管理者可以实施具有挑战性的重组计划,因为公司老板不用为了季度利润的稳步增长去迎合市场需求而只关注于短期的投资。另外一些人用分配给股权投资人的特别股利,质疑私募股权投资的公司是否真的具有比其他同类上市公司更为长远的战略眼光。为了回答这个问题,Josh Lerner、Morten Sorensen 和 Stromberg 对私募股权投资的公司的长期投资进行了分析。

这项研究分析了长期投资的一种形式:对创新的投资。由于多种因素的影响,创新为上面所讨论的问题提供了非常好的试验场。这些因素包括研发支出的长期性以及它们对公司健康的重要性。除此之外,很多经济学文献都提到过,专利的特征可以被用来评估上市公司和私营公司的技术创新性。

此研究最主要的发现就是,公司的专利水平在并购前后大体上没有什么变化。不过,经历并购交易后的公司追求经济上更重要的创新,这通过私募股权投资后年份的专利引用数来衡量。私募股权投资的公司拥有的专利被引用的次数增加了很多——大约有 25%。这意味着这些公司加强了对以往目标技术的关注,且提高了它们所进行研究的质量。值得注意的是,由 Lion Capital 和黑石集团共同拥有的 Orangina 启动了一系列包括其同名饮料低热量版的研发项目。而 Orangina 之前的母公司 Cadbury 更多关注的是作为其支柱业务的巧克力和饼干业务,造成其软饮业务的研发经费缺乏。

当然,很多人最开始关注并购则是因为担心并购会导致一部分人失去工作。20 世纪七八十年代的电影《别人的钱》(*Other People's Money*)和《华尔街》(*Wall Street*)使人们意识到这样一个问题——并购意味着大幅裁员和公司倒闭。一个德国政治家公开谴责并购公司是蝗虫。批评家声称并购导致了工作机会大规模减少,然而私募股权协会和一些其他组织发布的研究表明,并购活动对工作机会具有正面影响。

Steve Davis 和共同作者在一系列文献中,研究了并购投资对就业和生产力的影响。研究以 LBD 为基础,借助 LBD,作者能够在公司和单位层面对就业情况进行分析。此处"单位"指具体的工厂、办公室、零售店和其他进行商业活动的物理场所。这里的 LBD 涵盖了所有非农私营公司,还包括大约 500 万家公司和 600 万个单位的人事任用和工资的年度数据。其中共有 5 000 家美国公司在 1980—2005 年被并购("目标公司"),且在私募股权交易时,这些被并购的公司在美国大约经营着 30 万个单位("目标单位")。

这些主要的研究结果非常有趣:在并购交易之前的 5 年中,目标公司雇用人数的增长率比对照组公司多 2%。在并购交易发生当年,这个差值升至 2.25%,这可能是由于管理层想尝试通过扩大生产来避免被并购或是雇用更多的员工以弥补资本支出不足。也就是说,相对于其他公司,这些经历过并购的公司在交易之前其雇用人数就呈现出增长的态势。

在私募股权交易之后,被并购单位的雇用人数要比对照组单位下降得快,且这种状态一直保持到样本观察的年份。在并购交易之后的 5 年里,私募股权所有的单位雇用人数与对照组单位相比降低了大概 6%,这一值远大于每年 1% 的平均值,这种现象在上市公司私有化交易中极为明显。

但是在未经报告的计算中,由私募股权投资的公司在并购交易之后的 5 年里创造的"新增就业机会"——在美国新建的设施中创造的就业机会——比对照组要高 5%。因此,并购后公司的现有单位减少的工作机会,看起来大部分会被这些公司新创造的更多的就业机会抵消。

他们的后续研究关注的是 1980—2005 年并购交易的目标公司——美国制造类公司——的生产率是否以及如何变化。作者发现私募股权机构刚并购时,这些目标公司的生产率要比同类公司高大概 4%,但是在并购后两年里这些公司生产率的增长要比同类公司高 2%。并购交易后生产率的增长差距中大约 72% 是通过对公司现有设施的更有效管理实现的,而不是以关闭或开设设施实现。(注意:私募股权投资者很可能关闭那些按照生产率衡量业绩表现不佳的公司。)并购交易之后,目标公司与对照组的生产率的差距并没有变小,且以每年 1% 的速度增加,这表明了目标公司被投资后仍保留着良好的"习惯"。

由于私募股权已经发展到了全世界,其他一些国家、地区也对私募股权的影响进行了仔细的分析。其中最重要的文献之一就来自英国。

在一组研究中,Kevin Amess 在各个维度比较了 78 家被并购公司与 156 家相似对照组公司的生产率增长。所有的公司都是中、小型机械设备的生产商。Amess 使用多种方法衡量生产率,最后研究指出被并购公司在并购交易后的生产率有所提高。

Richard Harris,Donald Siegel 和 Mike Wright 评估了一个大得多的样本——管理层并

购前后的 35 000 多个制造单位——的全要素生产率。他们发现在并购之前这些企业的生产率低于对照组企业,但是在并购交易之后它们的生产率有了极大的提高。作者认为这些企业生产率的提高看起来是由于新股东采取了降低劳动密度的生产措施,特别是它们越来越多地对生产过程中的各种投入进行外包。

Amess 和 Wright 接着分析了杠杆并购对就业的影响。他们对代表英国并购交易的1 350 笔 LBO 构成的样本进行研究。他们发现并购交易对就业增长的影响不是很明显,但是,这些公司里员工工资的增长相对对照组公司较慢。

在美国和英国之外,关于私募股权影响的研究少之又少。唯一一个例外就是法国的一项研究,该研究关注了 1994—2004 年法国的并购交易是如何影响企业成长的。在这一期间,法国的私募股权基金似乎成为中小企业成长的助推器。杠杆并购之后,这些并购公司的就业、生产率、销售额以及资产总额的增速都要高于对照组公司。这些影响在内部资本不足的行业以及资本市场疲软时期看起来比较明显。

二、并购的影响

(一)公司并购的重要意义

1. 给企业带来规模经济效应

这主要体现在以下两点。

(1)企业的生产规模经济效应。企业可以通过并购,对企业的资产进行补充和调整,达到最佳经济规模,降低企业的生产成本;并购也使企业有条件在保持整体产品结构的前提下,集中在一个工厂中进行单一品种生产,达到专业化水平;并购还能解决专业化生产带来的一系列问题,使各生产过程之间有机地配合,以产生规模经济效益。

(2)企业的经营规模经济效应。企业通过并购不同企业,可以针对不同的顾客或市场进行专门的生产和服务,满足不同消费者的需求;可能集中足够的经费用于研究、设计、开发和生产工艺改进等方面,迅速推出新产品,采用新技术;企业规模的扩大使得企业的融资相对容易等。

2. 给企业带来市场主导效应

(1)企业通过纵向并购上下游关联的企业,控制大量关键原材料和销售渠道,有力地控制竞争对手的活动,提高企业所在领域的进入壁垒和企业的差异化优势。

(2)企业通过横向并购活动,可以提高市场占有率,形成规模经济,成为市场的领军者。优势企业可以以规模与效益实施并购战略,从而使企业规模扩大、市场占有率提高、利润率提升、竞争力增强,凭借竞争对手的减少来增强对市场的控制力,从而成为市场的领军者。

导致企业以增强市场势力为目的的并购活动通常在两种情况下发生:①在需求下降、生产能力和资源过剩的情况下,企业通过并购,实现本产业资源合理化分配的目的;②在区域竞争使得区域内企业遭受区域外企业的强烈渗透和冲击的情况下,企业间可能过并购以对抗外来竞争。

3. 实现资源优化配置,达到资源共享,提高资源利用率

当今社会,资源(人力、物力、财力)日益短缺,作为企业经营的主要对象,这就造成企业对资源占有的排他性和资源经营的长期性,再加上自然资源的不可再生性,致使资源紧张和短缺问题日益突出。这就要求企业通过企业并购的形式,充分利用社会上的存量资源,利用相关企业拥有的资源,提高资源的使用效率和产出效率,实现企业间的资源优化配置、达到资源共享,从而实现强强联合。

4. 使企业最低成本地实现多元化发展

并购可以使企业在保持原有经营领域的同时,向新的领域扩张。对于大的企业集团来说,如果想进入一个新的领域,在竞争激烈、瞬息万变的市场面前,用太长的时间通过投资建厂(包括开发或引进新产品技术、招募新员工、开发市场等)是不经济的,因此企业集团在进入新产业或新业务时,更倾向于用并购的方式来快速地实现企业的多元化经营。

(二) 公司并购的社会影响

1. 有利于经济结构调整与优化

公司并购常常推动行业内的资源重新配置,促进经济结构的调整与优化。大型企业通过并购可以整合产业链,提高产业集中度,增强行业的整体竞争力。例如,在一些传统产业中,并购可以淘汰落后产能,促进先进技术和管理经验的传播,推动产业升级换代。这有助于提升整个经济的效率和质量,促进经济的可持续发展。

2. 会引起就业格局的变化

并购对就业格局产生重要影响。一方面,并购初期可能会导致一些岗位的调整和裁减,特别是在重叠业务部门,会使部分员工面临失业风险。但另一方面,并购后的新企业可能会随着业务拓展和整合,创造出新的就业机会。而且,更具竞争力的企业往往能够提供更稳定和优质的工作岗位,从长远来看,对就业市场的稳定也有一定积极作用。

3. 会引起市场竞争格局的改变

并购可能改变市场的竞争格局。大规模的并购可能导致市场集中度上升,形成少数几家大型企业主导市场的局面。这可能在一定程度上削弱市场竞争的充分性,但也可能促使企业更加注重创新和效率提升,以保持竞争优势。另外,新进入市场的企业也可能通过并购来迅速扩大规模,与现有巨头展开竞争,从而给市场带来新的活力和变数。

4. 有利于社会资源整合与利用

公司并购有利于社会资源的整合与利用。可以将闲置或低效利用的资源进行重新配置,提高资源的利用效率。例如,对土地、设备等固定资产的优化配置,以及对人力资源、品

牌资源等无形资产的有效整合,都能更好地发挥资源的价值,为社会创造更多财富。

总之,公司并购对社会的影响是多方面且复杂的,在带来积极影响的同时,也可能存在一些挑战和问题。我们需要全面、客观地认识和评估这些影响,通过合理的政策引导和企业自身的努力,最大限度地发挥公司并购的积极作用,减少其可能带来的负面影响,以实现经济和社会的协调发展。

第三节 政府的监管

私募股权基金的发行与经营活动属于金融活动的一部分,这一点各方已经达成共识,把私募股权基金纳入金融监管体系中也没有什么异议,目前各界讨论和争议最大的问题是如何进行监管。这就涉及有关监管立法的价值取向,落实到制度规定层面,就涉及是否要实行"私募股权基金的豁免设立制度"、如何界定"私募"的范畴界限、如何规制私募股权基金的允许等现实问题。对于我国金融监管立法者而言,所面临的最大挑战是如何根据全球及国内金融行业和市场变化,作出正确的监管政策决策、构建行之有效、具有弹性和应变能力的私募股权基金监管制度。

中国证监会在 2016 年颁布了"7+2"的私募股权投资基金监督管理规范,涵盖了两个指引性规范和七个行业自律性管理办法,构成了私募股权投资基金的自律体系,进行事后与事中监督管理,惩处违背行业准则的活动,实施透明、公开的登记备案管理制度,具有防范空壳或者虚假私募股权投资基金的作用,有利于建立并维护良好的市场博弈环境与秩序,带动私募股权投资基金市场的蓬勃健康发展。

然而,要做到真正在私募股权投资活动中保护投资者,最重要的是从整体上优化私募股权投资的监管制度。整体监管,不仅仅关注于相关部门的监督管理活动,更关注对私募股权投资监管目标、监管原则、监管价值理念的更新,而且必须厘清私募股权基金监管主体及其监管职能以解决实务中没人管、交叉管的现象。在监管视域下对私募股权投资者进行保护,首先,应重新定义私募股权投资的监管理念。从宏观层面上看,相较于订立监管制度和实施监管行为,确立监管原则更具指导性意义。其次,应按照"政府引导市场运作,规范管理以实行有效监管"的原则确立监管的总体目标,在合理的程度上追求私募股权投资的监管效果,引导我国私募股权投资基金进一步向前发展,以促进我国构建多层次股权投资体系战略目标的顺利实现。我国实行分业监管模式,该模式下,各监管主体的监管职能虽不相同,但却存在职能交叉的现象,而像契约型私募股权投资这类特殊的私募形式,至今仍处于监管空白状态,监管主体不明,也无监管细则。

一、私募股权基金监管立法的原则

监管部门在做出监管私募股权投资基金的行为时,始终按照一系列准则和指导性要求进行活动,即私募股权投资基金的监管原则。由于金融行业的共性同样存在于私募股权投资本身,因此针对其施行的监管首先应当遵循金融监管领域内基本的监管原则,一般认为基本的监管原则包括政府监管与自律监管结合原则、依法监管原则、监管主体独立性原则等。但除上述的基本金融监管原则外,根据私募股权投资行业的内在特点,部分特殊的监管原则也应当在这个领域内被确立并适用。

(一)适度监管

私募基金有别于公募基金,两者的差异主要体现在以下几个方面:①私募基金投资者的准入门槛高于公募基金,前者必须具备较强的辨别风险能力和承担风险能力,以便在残酷的竞争中保全自身;②私募基金投资者的数量少于后者,前者风险波及范围内的人数不多,负面影响性小于后者;③私募基金投资者在操作基金之时,可约定成立有限合伙制,实行分阶段加入资金或者约定优先股的购买等,这些方式能够有效降低当事人双方信息不对称的风险,以期自身权益之保护。

在美国这样基金制度已趋完备、基金市场相对成熟的国家,和严格的公募基金监管规则相比而言,私募基金的监管规则要宽松许多。首先,前者在设立步骤即须严格依法执行登记注册的审批程序以及依法承担信息披露的责任义务,后者则不必如此。其次,就基金管理人的市场准入资格而言,前者的自由度远低于私募基金,后者受 SEC(美国证券交易委员会)的监管程度远不及前者那样严格。2008 年金融界发生严重的危机之后,在世界范围内对私募基金进行大力度监管已是不可逆的共同发展形势。与此相对的是,部分国家和地区对强化监管持相反意见。因此诸国(地区)在小心翼翼地摸索新的基金监管模式的同时,也在积极寻找市场与监管二者之间的平衡点,构建新的私募股权基金行业监管模式既要顺应不可逆的监管强化性趋势,也要防止过度监管产生负面作用。

美国无疑是私募股权基金投资监管领域的典例,奥巴马政府虽在此前颁布了《多德-弗兰克法案》,以求在美国构建一个严格完整的金融市场监管体制,然而,对于私募股权投资,该法案仍作出了相当程度的让步。显然,政府也必须承认私募股权在金融市场上的重要地位。更甚者,2017 年,美国总统特朗普已下令全面审查《多德-弗兰克法案》,并签署下达了大幅缩减该监管系统的行政命令,从而也缓解了金融市场监管压力,使投资者有更多选择。

由于私募股权投资市场范围较窄,相关投资活动一直被看作一种存在于有钱人世界的"游戏",呈现明显的小众化特征。因此,必须强调充分发挥基金市场自身的积极性,当事人双方在市场竞争中的你追我赶,有效推进私募股权投资基金监管的发展,在市场自行推动前进的情况下,政府也就无须着手干预其内部活动。从长期发展的角度分析,不适度的监管不仅会限制市场主体自由竞争的空间,还会打击市场自身的活跃性,阻碍私募股权投资行业的可持续发展。因此,在市场经济活动中应坚持实行适度监管原则,并将其确立为我国私募股权投资基金监管的首要原则。

（二）分类监管

一方面,就私募股权投资基金行业发展的整体态势而言,其行业内部存在较大差异。首先,针对投资标的,不仅存在专注处于发展初期的企业的投资,也有针对预上市阶段的企业投资的私募股权基金;既有综合类基金,也有专业基金。其次,投资基金的组织形式各不相同,包括契约制、合伙制以及公司制。最后,投资的规模也有所差异,规模较大的管理上千亿元资金,规模较小的仅管理几千万元资金。不同的私募股权投资基金在上述三方面的差异,决定了其各自在营利方式、决策步骤、操作战术、风险防控方面也有所不同。

同时,由于目前私募股权投资基金的行业准入标准不高,市面上千千万万基金管理人的投资方向不一,信息系统不同,投资能力和规模不等,此外,在内部管制模式上也存在差异。若仅仅以统一的标准对私募股权投资基金实施监管,对部分私募股权投资基金而言有失公平,并且难以保证监管效果的充分发挥。因此,必须区分不同的私募股权投资基金并对其适当分类,进行针对性的监督管理。

另一方面,出于私募基金监管资源的有限性考虑,最好采取分类模式对其监管。中国证券投资基金业协会的统计数据表明,截至 2023 年 4 月底,在协会登记的私募基金管理人有 22 270 家,而实际市场规模可能远不止于此。同时,由于行业成长迅速,投资机构的数量暴涨,投资产品的种类激增,但相比之下,现有的监管资源由于员工编制受限、财政款项紧张等原因已十分有限,这使得监管的负担更为沉重。面对无限扩张的监管对象,必须抛弃监管聚焦而转向分类监管,以便突出监管的针对性,进而利用有限的监管资源发挥有效的监管作用,最终实现最优的监管效果。

私募基金应当根据基金在类别、规模、风险点等方面的差异,分别采取不同的监管政策和监管手段,以实行分类监管。分类监管具体而言,即在适度监管的前提下,实行有重点、差异化的监管,防止过度干预私募股权投资基金市场,不能以牺牲行业活力为代价盲目追求效率,要重视行业风险的预防控制以保持主体积极性,良性地带动效率增长,最终使投资者获利。

分类监管的原则是"抓大放小、扶优限劣"。"抓大放小"具体是指:重点监管那些规模较大、风险较高的机构,并对其采取更多的干预措施,而针对规模较小、风险较低的机构,则应以市场调节为作用基础。"扶优限劣"则指:通过监管政策支持那些具备较好的内控机制、较高的规范程度以及良好的诚信记录的私募股权投资基金,使其规模更大且竞争力更强;对于内部控制能力差且运行不规范的私募股权投资基金,若是信誉良好的机构,可以监管方式责令其提高规范水平并改良内部机制;此外,必须对背弃合同约定、欺诈投资者的恶劣机构给予严厉惩治以净化市场。

私募股权投资基金领域内分类监管的判断标准包括:有没有危害到投资主体利益,有没有可能在系统层面上形成破坏程度较强的风险,有没有打乱正常的市场运行规律。因此,监管的重心应放在上述危机的对象和步骤,就具体不同的监管措施而言,主要包括一般报备性措施,鼓励引导性措施和强制干预性措施。

目前我国市场中,存在创业型私募股权投资基金和非创业型私募股权投资基金两种不同的股权投资基金,在分类监管原则的指导下,应按照二者不同的外部性和风险性,对其实行差异化监管。创业型私募股权投资基金是私募股权投资基金的特殊种类之一,其投资对象主要是成长期的非上市企业,特别是小微企业,因此创业型 PE 有助于发展新兴行业,呈正外部性。在遵循其他基本原则的前提下,应对创业型 PE 给予更大的财税政策扶持力度;但同时不可忽视的是,其发展尚未成熟并存在市场失灵的隐患,因此要加强对创业型 PE 的监管,引导其规范运作、顺利发展。美国政府于 1958 年推出小企业投资公司计划,1971 年建立纳斯达克二级市场,打通私募风险资本的退出渠道,此后又不断降低资本增值税,甚至放开养老金进入创业投资资本领域的限制,这些举措无一不是在为创业型私募股权投资基金的发展创造良好的法律环境。美国政府虽于 2010 年开始以统一立法形式对私募基金实行监管,但也在 2011 年发布新规,宣布对创业投资基金另行差异化监管。同样,我国在《暂行办法》中也以单章形式针对创业投资基金另行规定,鼓励和引导创业投资基金投资成长期小微企业,基金业协会对创业型 PE 提供差异化行业自律及会员服务。此外,针对投资方向检查等环节,创业投资基金的监督管理也不同于其他私募基金。

(三) 协作监管

当今世界全球化趋势不可逆,由于资本自身的活跃程度极高,其在贸易经济领域内的跨境流动十分易见。根据"溢出效应",货币政策和财政政策的变动往往会由某国境内影响至他国(地区)的经贸领域。在金融全球化的现阶段,各个国家和地区间有关金融业务的联系更为密切,萌发于一国境内的金融危机必定会蔓延至他国(地区),并极有可能随之演化为全球性金融危机。金融市场全球化的客观事实一再提醒各国(地区)监管当局,必须重视国际金融监管活动的协调与配合,除切实履行自身的监管职责之外,也应关注加强国际合作,鼓励市场竞争与创新。

为吸引私募股权投资基金落户本国(地区),推动国(地区)内私募股权投资业发展,各国(地区)争相推出相关的优惠政策。因此,我国也应当将监管制度的国际协调合作纳入私募股权投资基金监管制度设计的思考范围,具体体现在:一是在比较研究各国(地区)监管制度的基础上,有所借鉴。事实上,改造私募股权基金投资环境的关键一步即为监管制度的设计,其重要性不可忽视,苛刻的监管条件往往使私募股权投资基金将注册地迁离本国(地区),而过松的监管尺度又有引发金融风险的可能性。因此,我们首先应对他国(地区)私募股权投资监管制度进行系统的研究,以求在打造监管制度时找到关键的平衡点。二是重视各个国家(地区)间监管活动的协调合作。当今世界范围内的私募股权投资很常见,我国制定私募股权投资相关制度时,应当仔细商酌如何跨境对投资主体及其行为实施监管,防止监管效果落空。

二、私募股权基金监管立法的目标

（一）维护金融体系的安全

金融是现代经济的核心。具有一个安全的金融体系是现代经济发展的内在要求,是一国经济稳健运行和健康发展的基本前提。金融安全历来受到各国政府和金融监管当局的高度重视,维护金融体系的安全是进行金融监管立法最基本的目标之一。

金融业是一种为社会提供信用工具的具有公共性、社会性和高风险性的特殊行业,作为现代服务业和虚拟经济的一个代表产业,它的经营业绩和运行状况的社会影响力是其他任何一个行业都无法比拟的。但是,金融业内潜藏的风险会给一国经济的发展和社会的安定带来不稳定因素,而一旦发生系统性的金融危机,则将给社会造成无可估量的剧烈震动。从 20 世纪日本经济的衰落、亚洲金融危机,到眼下正在肆虐全球的金融海啸,人们对现代金融业所包含的巨大风险可谓深有体会。如何通过金融监管立法建立一套有关金融风险的防范、监控、预警、化解的规则和制度,为整个金融体系的安全和稳健运行奠定法制基础,这无疑是各国立法者都在努力奋斗的事情。

在历次金融海啸中,各种私募股权基金所产生的破坏性能量是有目共睹的,恐怕在今后很长一段时间内,维护金融体系安全问题会成为各国在对私募股权基金进行监管时考虑的首要目标之一。

（二）保护投资者的利益

私募股权市场的持续存在及发展都要依赖投资主体的存在,若要维持好市场运行轨道,就必须把保护投资者合法利益摆在监管目标的首位。私募股权投资是金融消费的一种,法律应当对投资者的合法利益予以同一般消费者的保护。一旦自身的基本利益无法得到保障,投资者便很可能作出退出市场的选择,而市场失去投资者意味着没有"买方",显然,整个私募股权市场也将分崩离析。因此,必须对私募股权基金投资主体权益给予全方位保障。在此前提下,投资者才能放心地投入自有资金,基金也能借此实现自身作用的发挥。

基金的投资对象往往是信息披露极少的非上市公司,投资者很难借此准确判断基金管理人真正的管理水平。同时,在主要实行有限合伙制的私募股权投资中,投资者对私募股权投资基金具体运营信息的了解不够充分,这主要碍于其以有限合伙人的身份是无权直接管理投资基金的。

此外,私募股权投资基金管理人的管理水平差别巨大,但若仅考察市场上当前可获知的信息,投资者难以得知基金管理人的过往业绩。信息上的劣势地位使得投资者在选择合适的基金管理人时失去主动权,而且在缺失外部监管的条件下,占据信息优势地位的恶劣基金管理人很可能借此损害投资主体利益。

投资者是金融市场的出资者。作为金融业的支撑者,投资者的财产权利和其他权益应当受到全面的保护,只有这样,才能不断巩固和增强他们对国家金融系统的信心,而一国金融业的生存和发展也在很大程度上维系在投资者的信任和信心之上。金融监管立法除了在构建安全的金融体系方面付诸努力以从根本上保护投资者的利益外,还应作出一系列关于投资者在金融交易活动中的合法权益不受侵害的规定,这也是金融监管立法的一项重要使命。

私募股权基金由于其内在的特点,其投资者相对于公募基金的投资者而言,所面临的风险更大。鉴于私募股权基金在当前各国的金融业中所占的比重已经非常之大,如何合理、有效地保护其投资者已经成为维护金融体系安全的重要构成和切入点之一。因此,对私募股权投资者进行适当的外部监管保护,不仅可以有效平衡当事人间的利益,也能使社会公众对整个私募股权投资行业重拾信心,夯实行业的发展基石。

(三)提升金融运行效率

金融运行效率是指一国的金融活动在配置资金资源方面的有效性状况,而提升金融运行效率就是要使一国的金融活动不断增强资金配置的合理性和有效性,以较小的金融交易成本较大地满足社会的融资需求,最有力地支持社会经济发展,促进就业及人民生活质量的提升。提升金融运行效率需要充分发挥市场机制的作用,同时辅以政府规制,以弥补市场的不足。金融监管立法所要做的是合理设置监管者的权限和被监管者应有的权力,不使金融监管机关的职权过度扩张,保障金融机构经营上的独立性和自主性,使金融机构能够按照市场规律和法则,以最有效的方式利用金融资源,最大限度地降低金融交易费用,并不断地在全社会范围内建立金融资源优化配置和利用的机制。私募股权基金的特色和优势就在于它的融资效率高,对于私募发行人而言,私募意味着发行成本的节约和发行进程的加快;对于私募股权基金本身而言,私募发行无须遵守证券法上的诸多信息披露义务,有利于其财务信息与控制权的保护,从而提高其经营效率。从美国私募股权基金监管立法的历史来看,每当经济形势不佳、需要为本国经济发展提供更多融资时,金融监管当局(SEC)就会倾向于放松对私募股权基金监管的尺度(往往表现为对私募发行的从宽认定和适用);而当经济出现泡沫/危机时,又会倾向于加强对私募股权基金的监管(有时还表现为出台一些法规以限制/压缩对私募发行的豁免)。从美国私募股权基金立法和执法变化与当期经济社会发展状况的历史对照来看,美国的私募股权基金监管制度就是在这样的"宽严往复"中螺旋进化发展而来的。

(四)促进不同投资背景的私募股权基金之间公平竞争

开展公平竞争是一国金融业保持生机活力并不断取得发展的最重要动力。公平竞争可以使所有金融机构平等地获得市场机会,从而促使金融企业不断创新进取、拓展业务领域和提高服务质量。公平竞争也可以促使一国金融资源优化配置。建立一国金融业内的公平竞争机制是金融监管立法的任务之一。金融监管立法在这方面首先要做的是确认金融机构平等的法律地位，确保各金融机构享有均等的市场机会，进而积极倡导、鼓励金融机构开展公平竞争。与此同时，规范竞争行为，制止不正当竞争和垄断，营造公平竞争的法律环境，才能保证一国金融业的健康发展。

私募股权投资基金是金融创新的产物，在合适的环境下才能健康发展。首先，私募股权投资对市场活跃性程度要求较高。投资者出于逐利之心实施投资行为，私募基金对企业投入资金仅仅也是为了涨价抛出，而非经营企业。因此，可顺利通行的投资渠道和相对活跃的交易市场对私募股权投资基金来说至关重要，否则其行业发展将受到严重影响。其次，私募股权投资对创业环境的宽松度要求较高。实际上，创业企业家才是私募股权基金的投资对象。因此，若整个创业环境均处于十分紧张的情势，市场上缺失众多数量的创业者，私募股权投资基金行业将毫无疑问地陷入窘境。最后，需要良好的诚信和法制环境。高风险性和信息不对称性是私募股权投资基金固有的特点，这也决定了当事人的诚信度对整个运营过程中的每一步骤而言都很重要，不论是在前期资金的募集阶段还是在后期的清算阶段，并且在此过程中也要求有较好的法制环境，即要做到明确预期种种可能的法律后果。只有如此，私募股权基金的投资者才能看到潜藏在长投资期、高风险性背后的投资希望，对其投资行为保持信心。

以上要求分别从外部市场层面和监管层面强调了私募股权投资基金对市场效率和监管制度的高要求。政府监管应当积极回应这些环境要求，保证私募股权投资基金稳定、安全且高效地发展。

考虑到我国行业发展的现实情况，营造良性竞争的市场环境具体如下。

第一，维护市场主体间的公平竞争秩序。目前，私募股权投资市场存在各种严重破坏市场公平竞争秩序的恶性竞争行为，为防止此类行为将行业发展环境变得乌烟瘴气，严格的监管措施势在必行。

第二，对地方政府的"畸形政策"进行规制。部分地方政府为鼓励发展私募股权投资基金而制定了有关的优惠政策或限制政策，其中虽有合理的行政举措，但也不乏因盲目追求发展滋生的"畸形政策"，个别地方政府甚至制定了地方保护政策以剥夺外地基金在本地与同行公平竞争的机会，前者导致的政策不一和后者造成的地方壁垒均在不同程度上使得市场竞争秩序严重受损。为了保证政策法规的公正合理性，以维护经济发展的正常秩序，有必要确立高法律层级的统一制度来规范各地的竞争性优惠政策。

上述这些关于促进公平竞争以保证金融业健康的理论可以直接适用于我国私募股权基金的监管立法活动中。而且，如何保证和促进具有不同投资背景（国有、外资、民营）的私募股权基金之间的公平竞争，已经成为我国立法者必须面对和妥善解决的一个大问题。

有学者按照我国私募股权投资基金的投资背景将之分为四类：外资背景型、政府主导型、金融机构背景型和民营背景型。按照笔者的观点，从终极投资背景而言，其实就是三类：外资背景型、政府主导型和民营背景型。前些年，外资背景型的私募股权基金，如凯雷、华平、摩根、新桥、英联、黑石、KKR 等，在国内叱咤风云，一些著名的成功案例大都是由它们运作的，如蒙牛、无锡尚德、盛大网络、李宁等。而近年来，国有性质的政府主导型基金凭借政府在资金和项目等方面的全力支持，一时间占尽优势。但从本质上讲，国有资本由于其自身的内在体制特点并不适宜在私募股权基金这种高度竞争的经济领域发展。从我国国有创投基金发展的历史来看，这些国有创投基金或是严重亏损倒闭，或是靠一些垄断性的保护政策勉强维持，根本没有真正担负起其设立时被赋予的重任。眼下这新一轮的国有基金热（包括产业投资基金、股权投资基金）从各方面特征上看，与 20 多年前那些国有创投、风投基金并没有什么实质性的区别，无非是换了个新名称而已，目前之所以看起来风头比以往的更盛，只不过是因为我国政府的财力支持比以往更大。

对于中国当前私募股权基金监管的立法价值取向而言，如何切实维护投资者权益和确保不同投资背景的私募股权基金之间的公平竞争，是一个关系到维护我国金融体系效率与安全大局的关键性和前提性问题。如果不能解决好这个问题，我国私募股权基金业的健康发展将很难实现，公平有效的监管也将流于形式。如何克服各种现存的制度障碍和利益集团掣肘，保证实现这一监管价值目标，着实将考验我国立法者的智慧和勇气。

经济危机之后，政府加强了对 VC 和私募行业的干预。政府采取了两个措施：一是刺激 VC 和增长型股权，这是政府为了创业公司的发展采取的广泛措施。二是开始关注关于是否以及如何规范包括私募股权基金等在内的另类投资者的问题。

三、政府的刺激措施

（一）关于政府投资促进风险投资发展的探讨

当我们观察世界上正在崛起的伟大的创业活动中枢地区时，如硅谷、新加坡、特拉维加、班加罗尔、广东以及浙江，总是会有政府的身影出现。在建设其中每一个经济地区时，政府的适当干预都起到了关键作用。

但是政府干预都是在经历了数十次甚至成百上千次的失败后才获得成功，这就意味着政府为此要付出大量的财政资金。例如，在欧洲、日本和美国的许多州政府为了促进风险投资和创业融资的发展已经花费了巨额资金，却都没有得到持久的收益。

上述对政府公共投资结果的分析可能会使读者得出这样的结论：政府部门对创业集群发展的追求就像一个巨大的赌局。有些人可能会认为政府部门是在完全没有成功保证的情况下去下注，因此，也就不能在建立创业中心的成功和失败的经历中吸取经验和教训。

然而，真实情况却不是那样。在很多案例中，政府为了推动风险投资以及创业活动而采取措施导致失败是完全可以预测到的。这些几乎从一开始就注定会失败的措施具有共同的缺陷。

当然，从一个抽象的角度看，政府投资能够促进风险投资是有一定理由的。这个论点基于两大支撑。

（1）目前技术创新对经济增长的推动作用已被广泛认可。事实上，各国政府的政策声明都强调了技术创新在推动维持经济增长和繁荣方面的重要性。

（2）正如我们所讨论到的，学术研究已经表明创业者和风险投资对技术创新的促进作用。风投基金及其投资的创业者永远不能取代其他创新的源泉。如充满活力的大学和企业的研究实验室（在一个理想世界，这些机构的成长将会相互促进）。但是，在一个创新的体制下，一个健全的企业部门和风险投资也会是技术创新的重要因素。

如果只就上述观点看，政府干预的优点将会是非常令人信服的。但是政府采取干预措施还基于第三条论点：政府能够有效地促进创业和风险投资。然而，这并不是一个稳健的假设。

当然，创业市场的一些特征使我们能够发现政府在推动创业市场变革中的天然作用。企业就是回报不断增加的一种商业活动。换句话说，如果有 10 位其他创业者在附近，那么成立一家新的创业公司就容易得多。在很多方面，创业者和风险资本家都受益于他们的同行。在一些与创业者和 VC 相关的商业活动中，任何一方的行动都可能会对他们的相关行业产生正面的影响或是溢出效应。在这种情况下，政府总能作为催化剂发挥其积极作用。

这个结论得到了大量案例的证实，许多政府干预成功地带动了 VC 公司的成长。很多早期的 VC 基金及其行业中领先的中介机构，像是律师行和数据提供商，其业务先是面向美国中小企业投资公司（SBIC）基金，然后逐渐将其业务重心转移至独立的风险资本家。同理，政府公共项目对引发全球主要风投市场的爆发性增长也起到了重要的作用。

但是出于很多方面的原因，我们需要谨慎看待政府干预的效果。特别是能够扰乱政府的规划的两个主要问题：第一个问题是不恰当的基金分配方式可能会影响政府的干预措施，甚至使政府干预产生反作用。很多文献研究对那些能够影响政府干预效果的因素做过一般性的研究，研究指出那些更富裕、有更多元化人口以及基于英国法律传统的国家的政府干预更可能获得成功。经济学家们将第二个问题描述为"监管俘获"（regulatory capture）理论。这些著作表明私营和公共部门的实体会创立以获取公共部门提供的直接或间接的补贴。例如，旨在提振新兴企业的项目，可能会相反地最终提升了国家统治者或立法者的权势。政府风险投资项目的统计年鉴中，充满了用这种方式扰乱政府干预措施的例子。

可惜，在这些积极的成效后面，还存在强烈的政治压力和利益冲突。

总之，政府基金在提供各种支持，包括财务支持等方面可能会有一定的作用。而当政府实际控制商业决策时，政府基金就没那么有用了，这可能是由于政治腐败现象的蔓延。只有当政府 VC 受到私人基金的约束时，它的效用才会达到最大。

（二）近些年政府发布的刺激措施

2020 年 2 月 7 日，中国证券投资基金业协会表示，支持私募股权基金充分发挥投融资与赋能功能,积极帮助中小企业渡过难关。

私募股权基金在支持中小企业创新创业方面发挥着独特的、不可替代的作用。

(1)私募股权基金可以直接满足中小企业融资需求,形成企业股权资本,成本低、周期长,直接分担企业的发展风险。

(2)私募股权基金投资中小企业股权成为股东,与中小企业形成收益共享、风险共担的全生命周期的命运共同体,最有动力了解企业经营状况、通过投后管理整合动员所需资源支持帮助企业快速成长。

(3)与政府行政手段不同,私募股权基金对企业的支持是完全的市场化方式,更能激发企业发展的内生动力。因此,私募股权基金行业可以帮助中小企业渡过难关、走上可持续发展之路。

现阶段,当务之急是发动私募股权基金行业更加积极、坚定地践行价值投资、长期投资、责任投资理念,加大对中小企业的投资和投后赋能力度。这样不仅能缓解中小创业企业的资金压力,而且能以偏低的估值投资优质项目、有望获得更高的投资回报,实现与被投中小企业的双赢局面。

中长期,呼吁相关部门研究解决私募股权基金发展中遇到的突出问题,支持私募股权基金行业高质量发展,培育壮大支持中小企业发展的市场力量。

近年来,随着我国经济转型升级、迈向高质量发展进程的加快,作为中小企业直接融资重要来源的私募股权基金得到快速发展,但也面临行业治理能力不强、长期资金来源缺乏、税制改革不到位、税收优惠政策落地难等突出问题,行业发展环境亟待优化改善。因此,私募股权基金行业也呼吁,一是加快修订基金法、出台私募投资基金管理暂行条例、修订私募股权基金监督管理暂行办法等进程,回归私募股权基金本质,推动形成信义文化,提高行业治理体系和治理能力现代化水平;二是积极推动养老资金、社保资金等长期资金投资私募股权基金,为中小企业直接融资汇聚更多社会资本,进一步打通直接融资渠道;三是研究推进符合私募股权基金投资运作规律特点,有利于促进长期资本、创新资本形成的税制改革,把当前创投基金已有税收优惠政策落实到位;四是推动改善营商环境,为私募股权基金高质量发展提供良好外部条件等。

2022年4月7日,深圳市地方金融监督管理局发布了《关于促进深圳风投创投持续高质量发展的若干措施》,其一是优化市场准入和治理机制;其二是鼓励各类市场主体在深发展,具体包括六项:吸引风投创投机构在深落户,扶持重点风投创投机构发展,引导风投创投投早投小投科技,激发天使投资活力,优化空间保障和人才奖励,健全市区联动招商机制;其三是推动募投管退联动发展,具体包括高品质规划国际风投创投集聚区、拓宽募资对接渠道、丰富退出渠道、畅通创新产业投资渠道、有序推动创新开放、优化政府基金管理体系六项;其四是完善国际化法治化营商环境。

2022年8月30日,陕西省地方金融监督管理局等八部门印发《关于促进私募股权投资行业高质量发展的若干措施》的通知,从畅通机构准入渠道、支持合规募集资金、优化国资基金管理等 12 个方面出台具体措施,发挥创新资本在创新驱动发展中的重要作用,深化金融与科技、产业、人才的融合发展,助推服务地方经济高质量发展。

四、政府的监管措施

(一)政府监管职能的定位

私募证券投资基金的法定监管机构是中国证监会,中国证监会在进行监管行为时既要充分了解监管的成本,也要重视提高效率,实现监管效益,重视证券交易所在管理自身方面所能起到的关键作用,通过这种自律行为节约监管的成本。中国证监会要参与制定具体的监管规则,以此区分公募基金与私募基金,一般的投资者和私募基金投资者是完全不同的,要看到二者多方面的差异。最后,针对私募股权交易领域内偶有发生的不正常交易,证券交易所要利用自身较强的专业能力,及时甄别风险并作出相应安排,避免发生大范围传播的市场风险。

2023 年,我国不再保留中国银行保险监督管理委员会,而在中国银行保险监督管理委员会基础上组建国家金融监督管理总局。国家金融监督管理总局统一负责除证券业之外的金融业监管,强化机构监管、行为监管、功能监管、穿透式监管、持续监管,统筹负责金融消费者权益保护,加强风险管理和防范处置,依法查处违法违规行为,作为国务院直属机构。

同时,中国人民银行对金融控股公司等金融集团的日常监管职责、有关金融消费者保护职责,以及中国证监会的投资者保护职责等划入国家金融监督管理总局的承担范畴。金融控股原来归人民银行监管,现在移交给国家金融监督管理总局。这意味着,不管是以金融主体发起的金融控股公司,还是以其他非金融主体发起的金融控股公司,都纳入一个机构来进行监管,有助于实现监管行为的统一,避免监管套利。同时,中国证监会的机构也有相应调整,分出去了投资者保护职能,接收了国家发改委的公司(企业)债券发行审核工作,也变成了国务院直属机构。

此外,行为监管集中到国家金融监督管理总局。这意味着行为监管得到了进一步的统一和强化,从而进一步提升金融监管的平衡性,审慎监管、行为监管能够在新的金融监管体系内得到进一步强化。

具体而言,不同机构仍有不同的监管侧重点,不同的监管侧重点也使之形成了各自不同的监管方式和最后不同的效果。由于私募股权投资基金监管的侧重点与中国证监会的监管目标重合,即同样在于投资人利益之保护,将私募股权投资基金一并纳入中国证监会的监管范围则是顺理成章。根据《中华人民共和国证券投资基金法》,中国证监会承担以下职责:拟订监管私募基金的规则、实施细则;拟订私募基金合格投资者标准、信息披露规则等;负责私募基金的信息统计和风险监测工作;组织对私募基金开展监督检查;牵头负责私募基金风险处置工作；指导中国证券投资基金业协会开展登记备案工作；负责私募基金的投资者教育保护、国际交往合作等工作。

（二）近些年政府发布的监管措施

近年来，随着居民财富的增长和理财需求的提升，我国私募股权基金行业发展迅速，已成为资产管理行业的重要组成部分。

在私募行业高速发展过程中，备案手续办理、重要信息披露、基金管理原则遵循等方面的不合规运作问题以及"伪私募"等乱象也时有发生。

2022年9月16日，中国证券投资基金业协会对近期发现不符合私募股权基金备案要求的案例进行了公示，包括投资者不具备实缴出资能力、"借道"私募股权基金进行监管套利、与"黑中介"联合开展违规业务三种情形。深圳证监局则在2022年7月中旬发布的《深圳私募基金监管情况通报》中指出了私募监管发现的三大典型问题：一是未经登记开展私募业务；二是买"壳"、卖"壳"屡禁不止；三是私募股权基金管理人管理未备案的私募股权基金。

为进一步消除"乱象"，证券监管部门积极采取行动，持续完善私募行业监管及相关法律法规，同时加速推进穿透式监管，行业专业化、规范化程度不断提升。

2020年12月，中国证监会发布《关于加强私募投资基金监管的若干规定》，私募监管新规正式开始实施。2021年7月，中共中央办公厅、国务院办公厅印发《关于依法从严打击证券违法活动的意见》，提出强化私募违法行为的法律责任。在2022年4月召开的2022年私募股权基金与区域性股权市场监管、打非与清整工作会议中，中国证监会表示，要完善私募股权基金监管规则，优化私募股权基金监管和服务，稳妥化解行业风险，推动行业健康发展等。

针对底层私募机构的穿透式监管稳步实施。2022年8月至今，北京、上海、天津、浙江、四川、深圳等多地证监局针对私募机构违规行为开出罚单，涉及问题包括管理未备案基金、向非合格投资者募集、未及时向投资者披露基金的投资组合情况等多个方面。

"扶优"与"限劣"同步进行。2020年年初，中国证券投资基金业协会开展了私募股权基金产品备案分道制试点工作，纳入试点名单的私募股权基金管理人提交的基金备案申请，将进入自动办理业务范围，实现"先备案、后抽查"，使得资源逐渐向优质私募倾斜，从而引导行业合规发展。同时，完善分道制管理人名单动态管理，建立分道—抽查—管理的闭环，科学调整抽查比例和频次，对存在合规问题管理人建立淘汰机制。

"私募行业正在进入理性发展期。'分道制＋抽查制'方式办理私募股权基金产品备案有助于在促进行业合规发展的同时，降低时间成本。"睿勤（Preqin）大中华区数据团队副总裁黎子彬表示，穿透式监管增加了整个行业的透明度，更能引导私募股权基金管理人合规运营，加强私募股权基金行业的诚信，让更多投资机构愿意配置资产到另类投资中来。随着严监管及"扶优限劣"的持续升级，优质私募机构将会脱颖而出，并成为投资人的潜在选择,而部分中小型机构或面临更为激烈的竞争。在此背景下,私募机构如何经营品牌、积累信用将成为工作重点。

2022年9月,对外经济贸易大学金融学院副教授屈源育也在接受采访时表示,随着私募行业监管机制的不断完善,私募机构的管理能力也面临更高的要求。他认为,未来私募行业领域乱象将会越来越少,违规收益来源持续缩减,竞争的关键会落到机构的投资能力和风控能力上。只有那些真正具有投资能力、对市场有着准确判断的私募机构,才能在其中脱颖而出,更受投资者青睐。

业界一直呼吁出台专门的法律法规来监管私募基金的业务活动,以更好保护投资者合法权益,促进私募基金行业规范健康发展。2023年7月《私募投资基金监督管理条例》(以下简称《私募条例》)的出台,是私募基金领域的一个重要里程碑,意味着中国私募市场将迈向更专业、更规范、更透明的方向。以下内容来自中国证监会对《私募条例》的解读。

1. 立法背景

在中国金融业发展过程中,伴随着特定行业的发展,通常主管部门会根据行业发展成熟度"自下而上"(效力由低到高)立法,即先部门规章(国务院各部门颁布)、再行政法规(国务院颁布),进而是法律(全国人大或其常委会颁布)。私募股权投资行业在行政法规层面依据不足的问题由来已久。全国人大常委会2003年10月通过的《证券投资基金法》仅用于规范公募基金。2012年12月《证券投资基金法》修订时,把私募证券投资基金也纳入监管范围,但私募股权投资基金因为当时还处于发展初期、存在较大分歧而最终未能被明确纳入其中。自此,私募股权基金的相关立法历经漫漫10年,虽部门监管规范与行业自律政策频频颁布,但行业一直缺少顶层设计,法律或行政法规层级的上位法缺位。

早在2013年6月,《中央编办关于私募股权基金管理职责分工的通知》就明确了由中国证监会负责私募股权投资基金的监督管理,国家发改委负责组织拟订促进私募股权基金发展的政策措施。中国证监会接手监管职能后,于2014年8月先行发布《私募投资基金监督管理暂行办法》,并于2020年12月发布了《关于加强私募投资基金监管的若干规定》,构成了中国证监会对于私募基金监管的主要部门规章规范性文件体系,并授权协会具体负责私募基金管理人登记和私募基金备案等工作,履行行业自律监管职能。此外,其他部门亦出台了私募基金行业相关的规定,如财政部于2015年11月发布《政府投资基金暂行管理办法》、国家发改委于2016年12月发布了《政府出资产业投资基金管理暂行办法》。

但上述规定都属于部门规章、规范性文件,相互之间并不完全兼容,私募股权基金长期面临上位法缺失、法律地位不明确、缺乏统一规范、监管依据不充足等问题。私募行业一直期盼出台更高层级的法律或行政法规,以明确监管框架、统一监管口径、消除监管分歧,促进行业发展。将私募股权基金纳入法治化、规范化的轨道是推动行业规范发展的必要措施之一,这一点也得到了党中央、国务院的高度重视。本着统筹发展和安全、规范监管与尊重市场规律相结合的思路,《私募投资基金管理暂行条例(征求意见稿)》终于在2017年8月面世。其后历经 6 年修改完善，国务院在 2023 年 6 月 16 日审议通过了《私募投资基金监督管理条例（草案）》，并于 7 月初正式公布《私募条例》，自 2023 年 9 月 1 日起施行。《私募条例》属于行政法规，是目前专门针对私募股权基金行业的效力级别最高的法律规范。

2．内容结构

《私募条例》一共 7 章、62 条，从内容上看，主要包括以下几个方面。

（1）明确扩大适用范围，完善顶层设计以强化监管。凡以非公开方式募集资金、并由私募基金管理人或普通合伙人管理、为投资者的利益进行投资活动而设立的投资基金和以进行投资活动为目的依法设立公司、合伙企业，都被纳入监管范围。《私募条例》首次提出"以进行投资活动为目的依法设立公司、合伙企业"这一与"投资基金"并行的概念，明确契约型、公司型、合伙型等不同组织形式的私募投资基金等均纳入适用范围，对实践中各种组织形式的私募基金全覆盖，并对规避协会登记备案义务等违规行为加大了惩处打击力度，将有利于私募基金行业的全面整体规范。

（2）对私募基金管理人提出多方面规范要求，并明确要求管理合伙型私募基金的普通合伙人亦适用《私募条例》关于管理人的规定。《私募条例》首先列举了不得担任管理人及其控股股东、普通合伙人、实控人的情形，且管理人的董事、监事和高管人员等亦适用于负面清单管理。其次，《私募条例》规定管理人开展业务应当依法履行登记手续，明确了管理人的相关职责、持续监管要求以及谨慎勤勉等义务。再次，《私募条例》明确要求管理人的股东、实控人、合伙人不得虚假或抽逃出资、不得代持出资，且管理人的法定代表人、执行事务合伙人或者委派代表、负责投资管理的高管人员应持有一定比例的管理人的股权份额。这将有助于提高私募基金管理人的专业水平和服务质量，促进管理团队与投资人的利益一致性，防范利益冲突和利益输送等违法行为。

（3）重点规范了私募基金资金募集和投资运作环节，核心要求进一步细化和具体化。例如禁止变相公开募集、禁止突破投资者人数限制、禁止承诺保本保收益，强化合格投资者标准并敦促机构履行投资者适当性管理义务。《私募条例》明确了私募基金备案流程，强化了管理人的信息提供和报送义务，并严格规范关联交易，防范利益冲突和利益输送行为。这将有助于健全投资专业化管理，保护投资者的权益，规范市场秩序。值得注意的是，对于基金财产，《私募条例》提出了私募基金财产独立原则，明确基金财产可投资于股份有限公司股份、有限公司股权、债券、基金份额、其他证券及其衍生品种，但基金财产不得用于经营或变相经营资金拆借、贷款等业务，不得要求地方政府承诺回购本金。

（4）差异化管理，加快创新发展。《私募条例》对私募股权投资基金中更偏重于早期项目投资的创业投资基金做了专章规定，明确了创投基金应当符合的条件，并提出了对创投基金实施差异化管理和政策支持，例如简化登记备案手续、在资金募集和投资退出方面提供便利等，以吸引更多市场资金加入"投早投小、投硬科技"的行列。目前创投基金确实面临"募资难、退出难"的困境，市场期待着更多促进创投基金发展的扶持政策和差异化管理措施尽快出台。

（5）拓宽监管手段，明确法律责任。《私募条例》要求监管部门贯彻党和国家方针，明确了监管部门的职责和可以采取的措施，推进信息共享和风险处置机制，并对违法违规行为的法律责任作出了具体规定。这将有助于从更高层级加强对私募基金行业的监督和管理，维护市场秩序和投资者合法权益。

3．亮点意义

在中国金融体系中，私募股权基金早已成为科技型企业重要的孵化器和助推器，在丰富资本市场的多样性、支持企业创新和创业、促进融资结构调整等方面有着不可替代的作用。从早期零监管生态下的野蛮生长，到中国证监会部门规章及协会行业自律规范的部门监管和行业自律管理，再到本次《私募条例》从行政法规层面的严格规范，私募基金行业监管力度根据行业发展的需要在不断加强。《私募条例》也表明了监管机构对私募行业健康发展的关切，对局部出现的乱象零容忍的治理态度，其实施将有助于重塑私募基金的行业发展格局。

从《私募条例》的重点内容来看，其旨在强调发展与监管并重，在有效规范行为的同时，亦关注保持机构的市场活力，体现了诸多亮点。

一是长期以来私募股权基金监管的上位法依据不足，此次进行上位法调整并把私募股权基金统一纳入规范范围，有利于进一步完善健全私募基金的法律体系，维护金融生态稳定，促进私募基金行业规范创新发展。

二是在对私募股权投资基金进行底线监管的同时，充分考虑发挥其积极作用。《私募条例》中专章提出对创投基金实行差异化监管，这体现了党的二十大报告中加快促进创新发展等的战略要求，将有助于促进成长性、创新性创业企业的持续健康发展，激活国家的重大科技成果转化和高科技创新能力。

三是强化风险源头管控，对可能出现的私募风险加大打击力度。《私募条例》着力加强私募基金管理人监管，加大对管理人违法违规行为的处罚力度。这将有助于加强管理人执业的底线行为规范，优化私募基金行业的竞争环境，为投资者权益保护提供法律保障。

四是强化监管职责、完善执法手段以提升监管效能。中国证监会可依照《私募条例》对私募基金进行严格管理，派出机构可依照授权履行职责，倒逼私募基金管理人等机构更加规范运营。

五是完善退出机制，构建"进出有序"的行业生态。《私募条例》不仅规定了管理人的注销登记等流程要求，针对近年来管理人无法正常履职或者出现重大风险，导致私募基金无法正常运作的情形，明确给予投资者退出救济的法律渠道。

综上而言，《私募条例》的出台对规范私募基金行业具有重要的历史意义和法律意义，它尊重市场规则，回应了中国私募基金行业发展的现实需要，也为私募基金行业下一步的稳健发展提供了更高位阶的法律支撑和依据，可以更好地保护投资者合法权益，防范金融风险,促进私募基金行业更加规范健康发展。在日趋完善的法治监管环境下,《私募条例》也将为我国创新资本所支持的高科技企业快速、健康发展奠定基础。中国创业企业将不断提高其市场地位,在国际资本市场崭露头角,为中国经济带来更加强有力的支持。

即测即练

参 考 文 献

[1] 刘曼红. 风险投资学[M]. 北京：对外经济贸易大学出版社，2011.

[2] 刘曼红. 风险投资：创新与金融[M]. 北京：中国人民大学出版社，1998.

[3] 勒纳，利蒙，哈迪蒙. 风险投资、私募股权与创业融资[M]. 路跃兵，刘晋泽，译. 北京：清华大学出版社，2015.

[4] 成思危，陈工孟，孙昌群. 风险投资在中国[M]. 上海：上海交通大学出版社，2007.

[5] 马拉比. 风险投资史[M]. 田轩，译. 杭州：浙江教育出版社，2023.

[6] 李斌，冯兵，等. 私募股权投资基金：中国机会[M]. 北京：中国经济出版社，2007.

[7] 徐子尧，刘益志. 私募股权投资、董事会特征与公司绩效[J]. 软科学，2015，29(10)：69-73.

[8] 闫小龙. 公司治理中的利益冲突与平衡[D]. 长沙：中南大学，2003.

[9] 苏立军. 私募股权基金投后管理中的企业治理问题探析[J]. 经济师，2022(2)：67-68.

[10] 李硕. 私募股权投资参与公司治理的案例研究[D]. 北京：对外经济贸易大学，2014.

[11] 邓易辰. 我国私募股权投资对公司治理的影响研究[D]. 成都：西南财经大学，2013.

[12] 任学武. 私募股权投资入门与实战策略——图解案例版[M]. 北京：中国铁道出版社，2018.

[13] 周浩荣. 私募股权投资与企业成长性关系研究[M]. 武汉：中国地质大学出版社，2012.

[14] 私募股权的投后管理和价值创造[EB/OL]. (2019-09-30). https://www.jianshu.com/p/292f6e433182.

[15] 李连发，李波. 私募股权投资基金理论及案例[M]. 北京：中国发展出版社，2008.

[16] 清科研究中心. 2022年中国股权投资市场研究报告[R]. 清科创业，2023.

[17] 潘启龙. 私募股权投资实务与案例[M]. 北京：经济科学出版社，2011.

[18] 私募股权投资退出方式全解读[EB/OL]. (2022-08-30)[2023-12-29]. https://finance.sina.com.cn/money/fund/fundzmt/2022-08-30/doc-imiziraw0355963.shtml.

[19] 李昀臻，车军. 私募股权投资收益率的测算与评价：研究现状与展望[J]. 特区经济，2020(8)：90-93.

[20] 聊聊股权基金业绩常用指标：IRR、TVPI、MOC、DPI[EB/OL]. (2021-02-04)[2023-12-29]. https://zhuanlan.zhihu.com/p/349299008? utm_id=0.

[21] 王博. 有限合伙型、公司型、契约型私募股权投资基金的运作特点及税务分析[J]. 财会学习，2016(13)：237-238.

[22] 张成. 浅谈私募股权投资领域的契约型基金[J]. 大众理财顾问，2016(2)：94-96.

[23] 吴茜. 私募股权投资基金不同组织形式及优劣比较[EB/OL]. (2022-11-15)[2023-12-29]. https://zhuanlan.zhihu.com/p/583536393.

[24] 白雪. 私募股权基金投后管理有效性研究[D]. 合肥：安徽大学，2020.

[25] 陈海波. 股权投资基金项目投后管理研究[J]. 现代经济信息，2021(35)：123-125.

[26] 刘晨. J私募股权投资公司投后管理优化研究[D]. 南昌：江西财经大学，2021.

[27] 张苏江，李心丹，俞红海. 中国私募股权功能及未来发展模式探析[J]. 南京社会科学，2014(6)：23-28.

[28] 刘亮，张翔宇. 中国私募股权投资(PE)的功能及未来发展模式选择[J]. 福建论坛(人文社会科学版)，2015(5)：191-196.

[29] 张艳慧，燕敏. 企业并购的动因及对经济社会的影响[J]. 中国商界，2011(11)：251.

[30] 靳海涛. 诠释创业投资对国民经济发展的先导性作用[J]. 科技创业月刊，2011(12)：11-13.

[31] 李吉栋. 创业投资引导基金的理论与实践[M]. 北京：冶金工业出版社，2011.

[32] 刘永斌.【股权基金】PE投资协议的框架结构详解[EB/OL]. (2020-03-23)[2023-12-29]. https://

www.sohu.com/a/382457257_481798.

[33] 秦杰. 私募股权投资者的法律保护[D]. 重庆：西南政法大学,2019.

[34] 监管与发展并重的私募新篇章——《私募投资基金监督管理条例》解读[EB/OL].(2023-07-11)
[2023-12-09]. www.csrc.gov.cn/csrc/c100039/c7419302/content.shtml.

[35] 林杨. 私募股权投资基金投后管理研究[D]. 成都：西南财经大学,2017.

[36] 格鲁伯,约翰逊. 美国创新简史[M]. 穆凤良,译. 北京：中信出版集团,2021.

结 束 语

　　虽然在过去 20 多年我国股权投资市场的发展突飞猛进，但是，我们现在进入一个前景更加复杂的时期。一方面，我国经济增长速度放缓，但势头依然强劲；另一方面，人们越来越担心地缘政治动荡，俄乌战争、巴以战争等无不说明世界局势复杂、变幻莫测，部分市场流动性过剩以及市场需求不足导致广泛的经济下滑等因素对于市场的影响都是巨大的。

　　我国正由出口导向型经济转向国内国外双循环的经济，在国内经济大循环的状态下，国内创业活动逐渐繁荣，为股权投资创造了大量的机会。2019 年，上海证券交易所科创板正式开板，为国内科技公司引入新的融资渠道；2020 年，中国证监会出台了转板上市制度，推行资本市场全面实行注册制等资本市场改革举措，利好股权投资市场"投资—退出—再投资"循环的形成，发挥股权投资市场对中小企业的支持作用。

　　我国经济正在由高速增长的阶段转化为高质量发展阶段，经济由投资驱动转换为创新驱动，监管部门曾多次表示，要进一步加大支持力度，鼓励私募股权基金投小、投早、投科技等方向，增强自身专业化运作水平和合规经营意识。"十四五"规划和 2035 远景目标纲要提出，完善资本市场基础制度，健全多层次资本市场体系，大力发展机构投资者，提高直接融资特别是股权融资比重。未来我国经济高质量发展需要充分发挥直接融资特别是股权融资风险共担、利益共享机制的独特作用。

　　2035 年我国要基本实现社会主义现代化，要迈入中等发达国家的门槛，虽然现在投资市场上处于增量放缓的阶段，但在接下来的十数年间，投资市场定会越来越繁荣，现在投资机构要做的是穿越周期，真正把握住产业发展的根本性机会，提升投资能力和风险控制水平，最终要回归于价值投资，投资出具有真正价值的伟大企业，通过积极的投后管理，从价值发现到价值创造，为我国经济的转型升级作出贡献。

教师服务

感谢您选用清华大学出版社的教材！为了更好地服务教学，我们为授课教师提供本书的教学辅助资源，以及本学科重点教材信息。请您扫码获取。

▶▶ 教辅获取

本书教辅资源，授课教师扫码获取

▶▶ 样书赠送

财政与金融类重点教材，教师扫码获取样书

 清华大学出版社

E-mail: tupfuwu@163.com
电话：010-83470332 / 83470142
地址：北京市海淀区双清路学研大厦 B 座 509

网址：https://www.tup.com.cn/
传真：8610-83470107
邮编：100084